UEBERREUTER
WIRTSCHAFT

Claudia Daeubner / Daniela Hennrich

Weltweit verhandeln

Mit Kompetenz durch die internationale Geschäftswelt

Die Deutsche Bibliothek – CIP-Einheitsaufnahme

Daeubner, Claudia
Weltweit verhandeln : Mit Kompetenz durch die internationale Geschäftswelt /
Claudia Daeubner ; Daniela Hennrich – Frankfurt/Wien : Wirtschaftsverlag Ueberreuter, 2001
ISBN 3-7064-0827-9

Danksagung

Wir bedanken uns bei allen Interviewpartnern für ihre wertvolle Unterstützung.

Unsere Web-Adressen:

http://www.ueberreuter.at
http://www.ueberreuter.de

1 2 3 / 2003 2002 2001

Umschlag: INIT, Büro für Gestaltung, Bielefeld
Coverabbildung: *stone,* München
Illustrationen: Josef Koo

Printed in the Czech Republic

INHALT

VORWORT
von Dkfm. Hanno Bäurle

„Am Anfang war das Wort", so steht es in der Heiligen Schrift. Wer wollte bestreiten, dass es erst das gesprochene Wort ist, das uns zum Menschen macht.

Die Gabe des Sprechens ist für uns Menschen ein kraftvolles Werkzeug: Worte vermögen zu trösten, aufzubauen, zu erheitern, besinnlich zu machen, zu erklären und zu belehren, zu loben und zu tadeln. Worte können Verbindungen knüpfen und Freundschaften stiften, Worte können aber auch verletzen und zerstören, Missverständnisse schaffen, Zwietracht säen. Es liegt an uns, dieses Werkzeug „richtig" einzusetzen, so zu verwenden, dass unsere Absichten und Ziele jeweils am besten erreicht werden können.

Die gute und richtige Führung jeden Werkzeugs setzt handwerkliche Fähigkeiten voraus. Auch unsere natürliche Sprachbegabung lässt sich durch Lernen vervollkommnen. Und Lernbedarf hat jeder, insbesondere derjenige, der in der weiten Welt sein Brot verdient und neben den vielschichtigen Aspekten zwischenmenschlicher Verständigung in seinen Verhandlungen auch noch unterschiedlichste Kulturen und Mentalitäten begreifen, berücksichtigen und zu seinem Vorteil umzumünzen verstehen sollte.

Es ist wohl unbestritten, dass auch im beruflichen Alltag das Gespräch zwischen den Menschen durch nichts zu ersetzen ist. Diese Aussage gilt auch und gerade im Zeitalter des „global village" und der elektronischen Kommunikationsmittel. Bei all deren unbestrittenen Vorteilen sind sie letztlich nicht geeignet, das gesprochene Wort völlig zu ersetzen, einfach deshalb, weil wir eben Menschen sind und keine Maschinen, weil uns nicht nur der Verstand gegeben ist, sondern auch eine ganze Welt von Gefühlen. Wir treffen unsere Entscheidungen niemals alleine auf der Sachebene, sondern immer auch „aus dem Bauch heraus", auf der emotionalen Ebene.

Wir hören nicht nur die Worte unserer Gesprächspartner, wir registrieren nicht nur deren Argumente, wir lauschen bei jedem Gespräch unbewusst auch den Zwischentönen, dem Klang der Stimme, und wir beobachten unser Gegenüber und schaffen uns so aus alledem ein Bild, welches fortan unsere Meinung über die betreffende Person und damit die Beziehung zu ihr prägen soll.

Gefühle und Verstand sind uns in die Wiege gelegt, aber Erziehung und das Umfeld, in welchem wir aufwachsen, helfen entscheidend mit, uns Menschen zu prägen. Jeder

von uns ist einzigartig und unverwechselbar, und doch ist jeder, gleich welcher Rasse oder Nation, gewissen Grundtypen zuzuordnen.
Wer andere verstehen möchte, wer sich anderen mitteilen möchte, wer sich mit seinen Geschäftspartnern so verständigen möchte, dass auf beiden Seiten auch bei schwierigen Unterredungen Verständnis und Übereinstimmung erzielt wird, der muss lernen, sich selbst zu verstehen und zu erkennen.
Das vorliegende Buch bietet dem Leser nicht nur auf diesem Weg der Selbsterkenntnis wertvolle Hilfe, indem mit klarer und unprätentiöser Sprache die komplexen Zusammenhänge zwischenmenschlicher Verständigung dargelegt und erläutert werden, es erweist sich darüber hinaus gerade für den Manager im internationalen Umfeld als praxisnaher und verlässlicher Ratgeber und Knigge.
Als Nachsatz ein Beispiel aus meiner beruflichen Praxis:
Istanbul, vor ca. zwei Jahren. Ein türkischer Unternehmer plant und errichtet im Alleingang einen multifunktionalen Gebäudekomplex mit einer Investitionssumme von USD 1 Milliarde. Wir, mein türkischer Geschäftsführer, dessen Verkaufsleiter und meine Wenigkeit, machen dem Investor eine Aufwartung. Es geht um Lieferungen im Umfang von zig Millionen. Der Kunde lässt uns zunächst in einem kargen Kämmerlein in seinem spartanischen Hauptquartier eine Weile warten. Dann dürfen wir zu ihm. Er erwartet uns in seinem Büro, wo der Charme der türkischen 50er-Jahre fröhliche Urständ feiert. Er selbst alt, grau und völlig unscheinbar. Und sehr ungepflegt. Könnte auch ein alter Mann irgendwo auf den staubigen Straßen der großen Stadt sein. Wir durften Platz nehmen. Er, hinter seinem Schreibtisch mit Bergen von Papier, wir auf niedrigen, unbequemen Stühlchen davor, gut einen Kopf niedriger als er. Wir kamen uns reichlich overdressed vor. Es war mörderisch heiß. Klimaanlage gab es entweder keine, oder sie war ausgeschaltet. Wir lobten unsere Ware. Er hörte uns kommentarlos zu. Wir lobten seinen unternehmerischen Mut. Er verzog keine Miene. Endlich sagte er etwas, sogar etwas recht Erfreuliches: Er kenne unser Haus und unsere Produkte und schätze beides sehr. Wir schienen unserem Ziel recht nahe. Da bellte er etwas ins Interkom. Wenig später erschien ein dienstbarer Geist und brachte ihm eine Schüssel mit Wasser. Seelenruhig, ohne uns noch eines weiteren Blickes oder Wortes zu würdigen, streifte der alte Herr seine Socken ab und begann, seine Füße zu waschen. Wir waren offenbar verabschiedet. Er bereitete sich auf das Mittagsgebet vor. Wir hatten wohl um ein Gespräch zum falschen Zeitpunkt ersucht. Unser Tag sollte optimal genutzt werden. Das Unternehmen des Kunden lag auf dem Weg zum Flugplatz. Den Auftrag bekamen wir nicht. Da gab es wohl einen Mitbewerber, der Bescheid wusste, dass der alte Herr ein strenggläubiger Muslime war …

Einleitung

Im globalen Dorf von heute ist es unmöglich, über alle Kulturen bis in jede Einzelheit Bescheid zu wissen. In der kompetitiven Geschäftswelt reüssieren jedoch jene Verhandler, die die wichtigsten kulturellen Unterschiede kennen, um Friktionen und Missverständnisse weitgehend auszuklammern.

Was ist Kultur? Kultur ist die Summe der sozial weitergegebenen Werte, Glaubensmuster, Normen und Verhaltensmuster eines Landes. Es gibt somit eine Art kulturelle Sprache und drei wichtige Sprachebenen zu beachten:
1. die verbale,
2. die non-verbale,
3. die kulturelle.

Wenn sich Personen unterhalten, müssen die Zuhörer jeweils spekulieren und interpretieren, was der andere meint. Bereits zu diesem Zeitpunkt kommt es aufgrund von individuellen Sichtweisen, Gefühlsmustern und unterschiedlichen Erfahrungen zu unzähligen Missverständnissen. Zwischen dem Inhalt, der „gesendet" wird, und dem Inhalt, der „empfangen" wird, liegen oft Welten. Kommunizieren bedeutet jedoch, dafür zu sorgen, dass der andere versteht, was man meint. Wir reagieren schließlich immer auf das, was wir empfangen, und nie auf das, was der Gesprächspartner sendet.

Erfolgreiche Verhandler wissen um die Normen und Werte anderer Kulturen sowie vor allem um den Toleranzbereich – den Bereich gerade noch akzeptierter Abweichungen – der Verhandlungspartner genau Bescheid. Sie passen sich an die besonders hervorstechenden Gepflogenheiten und Umgangsformen zumindest teilweise an. Exzellente Verhandler beachten jedoch nicht nur die kulturelle Verhaltensweise eines Verhandlungspartners, sondern berücksichtigen auch seine Persönlichkeitsstruktur. Wir alle sind natürlich Mischtypen: Wir verkörpern in einem jeweils besonderen Verhältnis verschiedene Eigenschaften aller unten angeführten Typen. Dennoch verfallen wir, wenn wir unter Stress stehen, in ein vorherrschendes Basisverhalten.

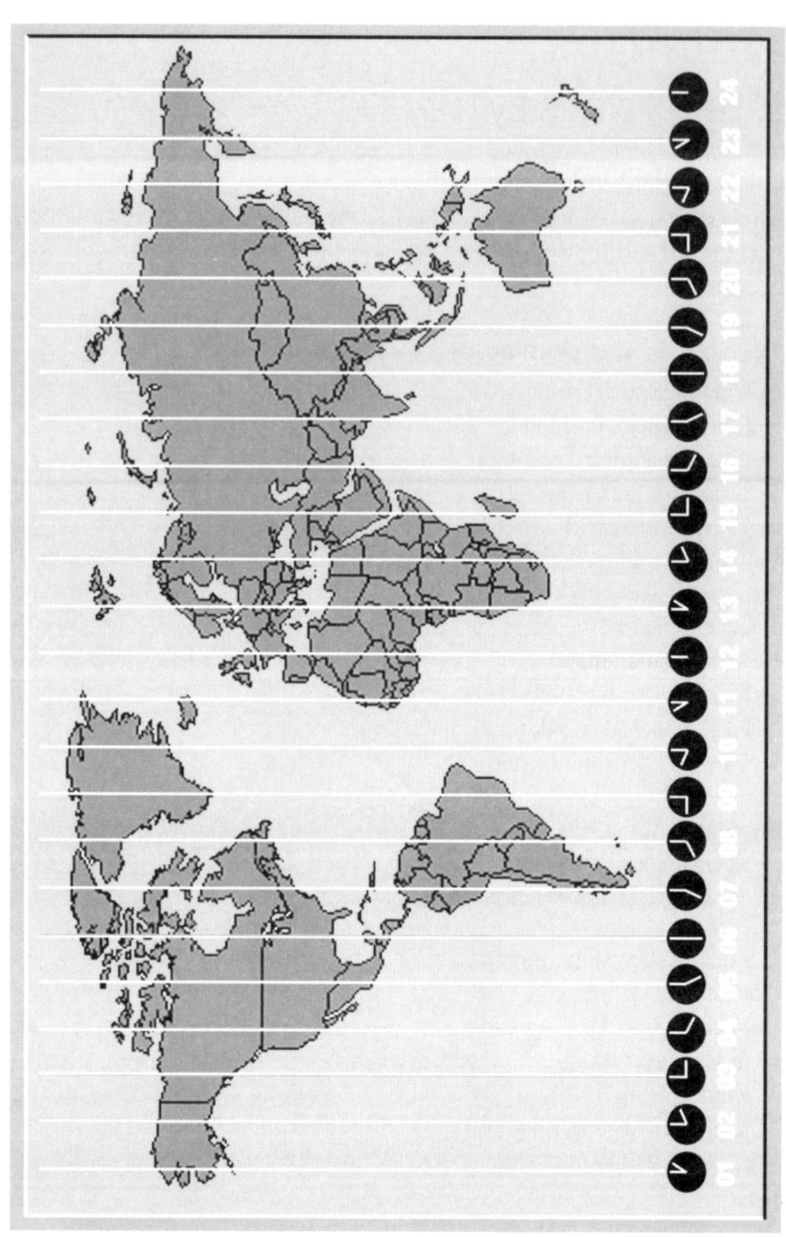
01
02
03
04
05
06
07
08
09
10
11
12
13
14
15
16
17
18
19
20
21
22
23
24

Teil 1

Die Basistypen

Zu jedem Gerät, von der Kaffeemaschine bis zum Computer, gibt es Bedienungsanleitungen, nur für Menschen nicht. Nachstehend sollen Sie daher einen Überblick über die vier wichtigsten Basistypen und das ihnen gemäße, typengerechte Verhalten erhalten:

Typ Nr. 1: **Der dominante Durchpeitscher**

- Will Dinge rasch erledigt wissen.
- Ist willensstark und dominant.
- Ist extrem fordernd und ergebnisorientiert.
- Trifft rasch Entscheidungen.
- Besitzt eine hohe Risikobereitschaft.

Hat Angst vor Kontrollverlust.
Sein Hauptinteresse gilt der Sache.

Erkennungsmerkmale:

- Spricht knapp und ohne Floskeln (wortkarg).
- Wirkt ständig ungeduldig.
- Ernst und emotionslos, mit Tendenz zum Pokerface.

Bei Stress:

- Übt extremen Druck aus.
- Wird aggressiv und verletzend (z. B. durch Zynismus).

Der richtige Umgang, wenn dieser Typ in das Extremverhalten fällt:
Don'ts:

- Nehmen Sie seine Aggressionen und Beleidigungen nicht persönlich. Er schießt nicht selten weit über das Ziel hinaus und merkt oft nicht, wie sein Verhalten wirkt.
- Keine Verteidigung, keine Rechtfertigung, aber auch kein Gegenschlag.
- Auf keinen Fall Angst zeigen oder sich zurückziehen, sonst verlieren Sie Respekt.

Do's:

- Respekt verschaffen Sie sich, indem Sie seine Äußerungen wiederholen. Beispiel:

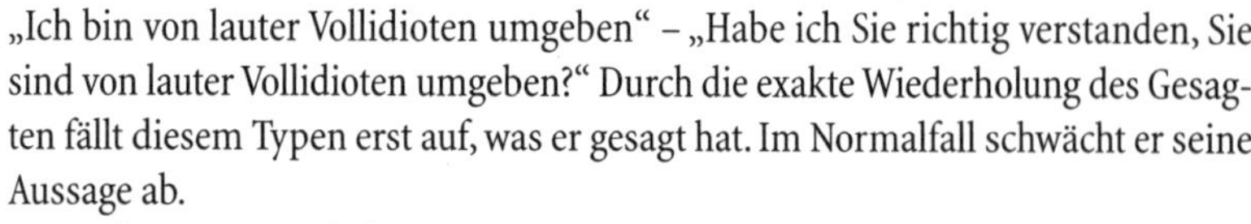

„Ich bin von lauter Vollidioten umgeben" – „Habe ich Sie richtig verstanden, Sie sind von lauter Vollidioten umgeben?" Durch die exakte Wiederholung des Gesagten fällt diesem Typen erst auf, was er gesagt hat. Im Normalfall schwächt er seine Aussage ab.

- Wenn dieser Typ explodiert, ist er taub für alle logischen Argumente. Hier hilft es nur noch, seinen Namen zu sagen. Beispiel: „Herr/Frau X! Um zu einem schnellen Ergebnis zu kommen ..."

Typ Nr. 2: **Der analytische Perfektionist**

- Will Dinge perfekt erledigt wissen und erwartet diesen Perfektionismus auch von anderen.
- Ist extrem analytisch und detailverliebt.
- Benötigt Regeln und stellt diese auch für andere auf.
- Enorme Entscheidungsschwierigkeiten.
- Zero-Toleranz für Unsicherheiten und Risiken.

Hat Angst vor Kritik.
Sein Hauptinteresse gilt der Sache.

Erkennungsmerkmale:

- Spricht eher monoton, gibt viele Details.
- Wirkt ernst und emotionslos, mit Tendenz zum Pokerface.
- Neigt zu Schulmeisterei.

Bei Stress:

- Mutiert zum unbequemen Skeptiker und Schwarzseher.
- Verbreitet schlechte Stimmung und wird zum „Know-it-all" (Vorsicht: „Infiziert" andere und ist oft Auslöser, dass die Stimmung kippt.).

Der richtige Umgang, wenn dieser Typ in das Extremverhalten fällt:
Don'ts:

- Ihn aufzumuntern oder zu motivieren ist vergeudete Liebesmüh.
- Gegenargumente – darauf hören Sie nur immer dasselbe.
- Zustimmen.

Do's:

- Geduldig zuhören, das Gehörte kurz wiederholen. „Das heißt also ...", „Habe ich Sie richtig verstanden ...".

- Wenn die Person über eine Spur Humor verfügt (aber nur dann!), kann man die Schwarzseherei ad absurdum führen, z. B. durch extreme Übertreibung („Am besten ist es, wir stoppen das Projekt und entlassen alle Mitarbeiter!").
- Im Übrigen zuhören und um eine Lösung bitten, z. B. „Mhm, Sie scheinen sich ja sehr intensiv mit der Sache beschäftigt zu haben. Am besten geben Sie mir bis ... einige konkrete Lösungsvorschläge." Grund: Nur die Lösungen, die vom skeptischen Schwarzseher selbst stammen, finden Gnade vor seinem perfekten analytischen Denken.

Typ Nr. 3: **Der risikobereite Regelbrecher**

- Will Anerkennung.
- Ist extrem kreativ, kann sich und andere gut motivieren und begeistern.
- Hasst Regeln, umgeht und bricht sie.
- Trifft rasch Entscheidungen, verändert jedoch laufend die Prioritäten.
- Extrem hohe Risikobereitschaft und Flexibilität.

Hat Angst vor Unbeliebtsein.
Sein Hauptinteresse gilt der Beziehung.

Erkennungsmerkmale:

- Spricht schnell, gestenreich und viel, und dies mit ausgeprägter Sprachmelodie.
- Zeigt Emotionen.

Bei Stress:

- Zeigt emotionale Überreaktionen.
- Buhlt um Anerkennung, mutiert zum Sprücheklopfer und Blender, neigt zu Ausreden und feilt an der Wahrheit.
- Macht Scherze auf Kosten anderer.

Der richtige Umgang, wenn dieser Typ in das Extremverhalten fällt:

Don'ts:

- Stellen Sie ihn keinesfalls vor anderen bloß und treiben Sie ihn nicht in die Enge.
- Behandeln Sie ihn nicht von oben herab und übergehen Sie ihn und seine Meinung nicht (auch wenn sie noch so unsinnig ist!). Üben Sie konstruktive Kritik nur unter vier Augen.
- Reagieren Sie immer sofort, wenn er auf Ihre Kosten Witze macht.

Do's:

- Wenn er zum „Think-I-know-it-all" wird, geben Sie ihm Anerkennung. Ein paar lobende Worte – und schon ist er zufrieden (z. B. „Sehr gute Idee!", und dann führen Sie Ihre Punkte weiter aus.).
- Wenn er unterbricht, z. B. bei Vorträgen, danken Sie ihm: „Vielen Dank für Ihren Einwand, ich werde später gerne darauf zurückkommen ...". „Gut, dass Sie das sagen ...", und dann gehen Sie wieder zur Tagesordnung über.
- Wenn er auf Ihre Kosten Witze macht, kontern Sie mit der Frage: „Was hat das mit der Sache zu tun?" Bei der Gegenfrage: „Verstehen Sie keinen Spaß?" lautet die passende Antwort: „Doch, aber ich verstehe immer noch nicht, was das mit der Sache zu tun hat."

Typ Nr. 4: **Der harmoniebedürftige Ausgleicher**

- Will mit allen gut auskommen und ist extrem verständnisvoll.
- Strebt um jeden Preis Harmonie an.
- Signifikante Entscheidungsschwierigkeiten (möchte niemanden benachteiligen), bezieht keine Position.
- Stellt eigene Interessen in den Hintergrund.
- Geringe Risikobereitschaft, scheut die Verantwortung, große Loyalität, verbunden mit extremer Bescheidenheit.

Hat Angst vor Konflikten sowie Unsicherheit.
Sein Hauptinteresse gilt der Beziehung.

Erkennungsmerkmale:

- Spricht sehr langsam und monoton, mit wenig Gesten, ist äußerst geduldig.
- Ist ein extrem guter Zuhörer.

Bei Stress:

- Mutiert er zum konfliktscheuen Jasager (Vorsicht: Schluckt alles und explodiert Wochen, Monate oder gar Jahre später, wobei er dann sämtliche Begebenheiten, die ihm all die Zeit über Probleme bereitet haben, im Detail aufzählt).
- Neigt zu totalem Rückzug, hüllt sich in Schweigen.
- Macht unter Druck getroffene Entscheidungen rückgängig, sobald Druck von jemand anderem kommt.
- Neigt zu unbewussten Sabotageakten, „overpromises" and „underdelivers".

Der richtige Umgang:

Don'ts:

- Keinen Druck ausüben.
- Auf keinen Fall niederreden.

Do's:

- Geduld, Geduld, Geduld.
- Sich persönlich betroffen zeigen, z. B. „Ich bin sehr enttäuscht …". „Ich bin frustriert …"
- Um eine persönliche Zusage für das nächste Mal bitten – aussprechen, welche Konsequenzen für Sie eintreten, wenn er sein Wort, respektive seine Zusage nicht hält.
- Vertrauensbildende Maßnahmen ergreifen.
- Stärken Sie die Beziehung, z. B. „Ich weiß, dass ich mich auf Sie das nächste Mal verlassen kann."
- Zur Entscheidung führen: „Wenn Sie ‚wahrscheinlich' oder ‚eigentlich' sagen, klingt das für mich nicht endgültig." „Ich weiß, Sie werden eine Entscheidung treffen. Wenn Sie bis jetzt keine Entscheidung getroffen haben, werden Sie Ihre guten Gründe dafür haben."
- „Was haben wir beide daraus gelernt?" sowie andere offene Fragen (W-Fragen), ausgenommen Warum- oder Wieso-Fragen, da diese immer eine Rechtfertigung nach sich ziehen!
- Schweigen direkt ansprechen, z. B.: „Gut, wenn Sie keinen weiteren Beitrag leisten, kann ich das akzeptieren, das wird aber sicherlich der Teamarbeit sowie der Beziehung nicht zuträglich sein." Oder: „Fein, wenn Sie sich bezüglich dieser Angelegenheit nicht mehr mit mir unterhalten wollen, kann ich das akzeptieren, es wird jedoch jeder Menge Missverständnisse Raum geben, und das ist sicherlich nicht produktiv." Wenn er endlich spricht: ZUHÖREN! ZUHÖREN! ZUHÖREN!

Exzellente Verhandler erkennen ihr Gegenüber an der Sprechweise und stellen sich auf diese ein, d. h. sie nehmen in kritischen Situationen deren Sprechweise selbst an (diese Technik nennt man „Mirroring"). Die Kunst liegt in der extrem vorsichtigen und geschickten Durchführung, denn Goethe sagte bereits: „Erkennt man die Absicht, ist man verstimmt." Geschickte Verhandler kennen ihr eigenes Basisverhalten, vor allem in schwierigen Verhandlungen. Entweder durch oft gehörtes und akzeptiertes Feedback (selten, vor allem in höheren Positionen) oder durch die intensive Selbstbeobachtung bei Rollensimulationen. Denn nur eine detaillierte Videoanalyse holt näher, was in der Welt des Alltäglichen unbeachtet bleibt.

Je weniger das Selbst- mit dem Fremdbild übereinstimmt, desto größer ist das Unverständnis für die Reaktion anderer.

Selbstbild = Wie man sich selbst sieht bzw. wie man denkt, dass einen die anderen sehen.
Fremdbild = Wie man von anderen gesehen wird.
Je besser Fremd- und Selbstbild in Einklang gebracht werden, desto rascher beschreiten Sie die Siegerstraße der Verhandlung.
Eine weitere signifikante Erfolgskomponente ist das Verständnis für unterschiedliche Sichtweisen. Eine unterschiedliche Sichtweise führt unweigerlich in die Verhandlungstristesse. Vor allem, wenn man nicht begreift, dass der Inhalt neutral ist und nur die Sichtweisen unterschiedlich sind. Denn egal, wie man es betrachtet, der Mittelteil der nachstehenden Zeichnung ist gleich lang!

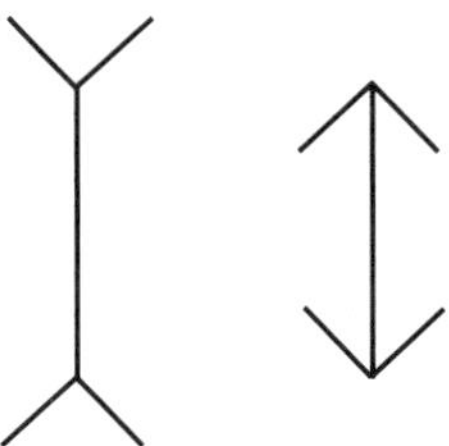

Der beste Weg von der Konfrontation zur Kooperation führt in diesen Fällen über die richtige Einstellung. Ein eingeworfenes „Let's agree to disagree" hilft, die Situation zu entschärfen.

* Es ist bezeichnend, dass die deutsche Sprache dafür nicht einmal einen geläufigen Ausdruck hat.

Für jede Art von Kommunikation, jedoch besonders für Verhandlungen, die auf dem internationalen Parkett stattfinden, ist das Verständnis für die selektive Wahrnehmung wichtig.

Interkulturelle Verhandlungsprofis kennen die Tücken der selektiven Wahrnehmung. Das folgende Bild veranschaulicht auf humorvolle Weise das Desaster der selektiven Wahrnehmung. Fünf Blinde beschreiben einen Elefanten:

Wir alle nehmen andere und die Welt um uns herum durch einen Filter wahr. Diesen Filter bezeichnen wir als „selektive Wahrnehmung". Er beeinflusst unser Denken, Werten und Handeln. Woraus besteht nun dieser ominöse Filter?

Persönlichkeit: Siehe Typologien auf S. 11 ff.
Werte: Normen und Richtlinien zur Ausführung und zur Beurteilung von Verhaltensweisen. Sie werden geprägt durch Erziehung, Religion, Ideologie, Profession, Firmenkultur sowie die derzeitige Position. Sie werden vom Individuum als völlig natürlich erlebt. Die Abweichung wird als Fehlverhalten angesehen.
Erfahrung: Darunter versteht man die Summe aller bewusst oder unbewusst gespeicherten Erlebnisse.
Aktuelle körperliche und emotionale Befindlichkeit: Diese wird bestimmt durch die momentanen Empfindungen: z. B. hungrig, satt, müde, fit, gestresst, entspannt, ärgerlich, glücklich usw.
Vorsicht: Sie wirken auf jeden anders.
Das gleiche Basisverhalten wird als angenehm empfunden, und es kommt zu einer „Inselüberschneidung“:

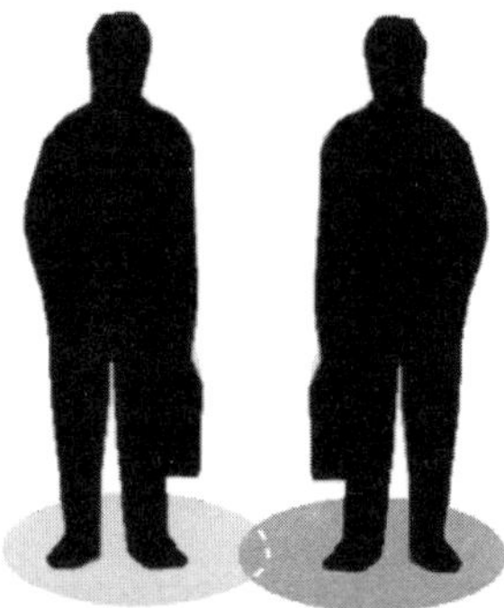

Das gegensätzliche Basisverhalten wird als extrem störend empfunden. Hier heißt es, eine „Brücke“ (=typengerechtes Verhalten) zu bauen:

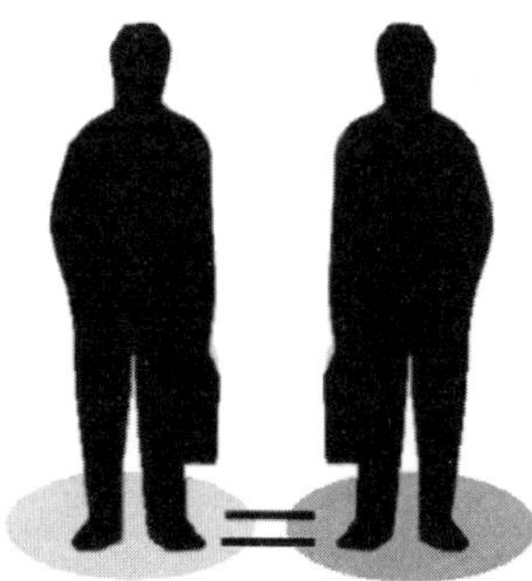

Interessanterweise hält jeder seinen Filter für den richtigen und schließt daraus, alles, was anders ist, ist falsch – und nicht, wie es korrekt wäre, einfach nur **anders**. Exzellente Verhandler trachten danach, den Verhandlungsfilter des anderen zu erkennen und ihn zu verstehen. Sie behandeln den Gesprächspartner also angemessen. Erfolgskomponente Einfühlungsvermögen: Wenn Sie den Wahrnehmungsfilter des anderen analysiert haben, ist es umso leichter, seine Wahrnehmung, und somit ihn als Verhandlungspartner zu beeinflussen. Der Amerikaner bringt es auf den Punkt, und zwar mit der Wendung „shape the perception". Denn Image entsteht durch die Wahrnehmung des anderen und ist somit planbar.
Verhandlungsprofis wissen außerdem, dass eine Kommunikation nur auf der rationalen Ebene unmöglich ist. Emotionen sind ständig wie Hintergrundmusik vorhanden – auch wenn sie nicht gezeigt werden. Gewiefte Verhandler können brillant sowohl mit gezeigten (manchmal auch vorgetäuschten) wie auch mit verborgenen Gefühlen umgehen. Diese versteckten Emotionen nennen die Amerikaner das „monster under the table", das „Ungeheuer unter dem Tisch", wie das nachstehende Modell zeigt:

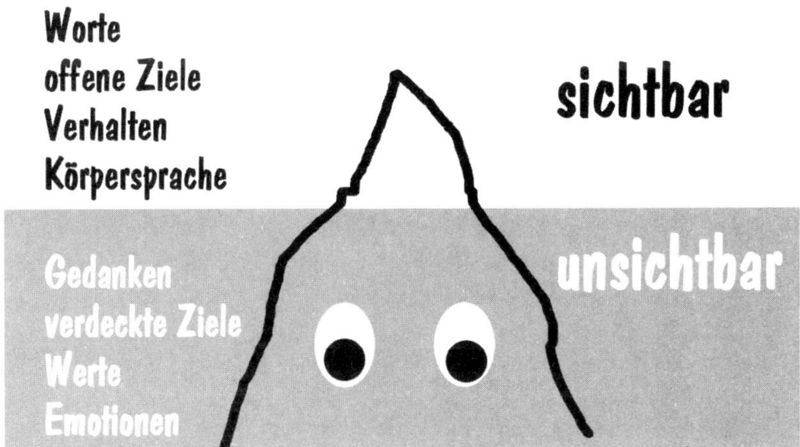

Je besser Sie die Körpersprache und das Verhalten Ihres Gegenübers lesen und interpretieren können, umso erfolgreicher werden Sie im Abschätzen des unsichtbaren Teiles Ihres Gegenübers sein. Von entscheidender Bedeutung ist, dass Sie während der gesamten Verhandlung Ihr Hauptinteresse und Ihren Fokus auf das **Echo** Ihres Gegenübers und nicht auf das **Ego** legen. Durch die vorsichtige Anwendung der ver-

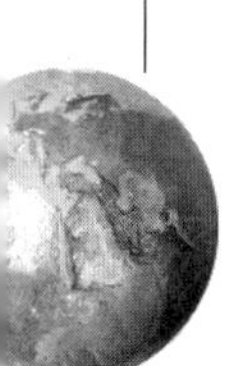

schiedenen Techniken (z. B. Neurolinguistisches Programmieren) und Taktiken können Sie dann die Emotionen des Verhandlungspartners erfolgreich beeinflussen.

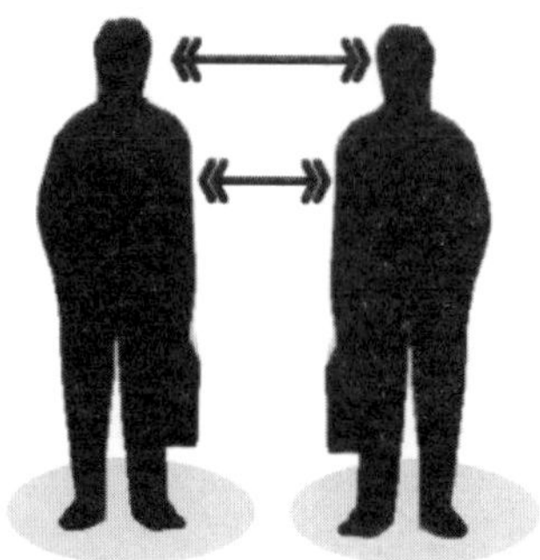

Rational

Emotional

Beide Gesprächsebenen müssen vor allem beim Verhandeln mit anderen Kulturen konstant berücksichtigt werden.
Kulturelle Unterschiede (es gibt auch eine Firmenkultur, respektive eine Branchen- und Professionskultur) müssen unbedingt beachtet werden.

- Lernen Sie so viel wie möglich über die andere Kultur – vor allem über deren Werte!
- Bleiben Sie flexibel – denken Sie nicht in Stereotypen!
- Bauen Sie Vertrauen auf, strahlen Sie Wärme aus, lassen Sie Nähe zu, bleiben Sie trotzdem (innerlich) auf Distanz!
- Suchen Sie nach Wegen, wie Sie die kulturelle Kluft überbrücken und kulturelle Barrieren durchbrechen können!
  - Akzeptieren Sie das andersartige Verhalten!
  - Passen Sie Ihr eigenes Verhalten an das fremde so gut wie möglich an (denn alles, was einem ähnlich ist, ist einem vertraut und somit akzeptabel)! Bleiben Sie trotzdem authentisch und mutieren Sie keinesfalls zum Chamäleon!
  - Managen Sie Ihre eigene Einstellung – anders ist nur anders und nicht falsch!
  - Konzentrieren Sie sich auf das Echo, nicht auf das Ego!
  - Achten Sie sehr genau auf nonverbale Signale!

Verräterisches am Verhandlungstisch

oder Das Pokerface ist sinnlos, wenn die Körpersprache Bände spricht

Wer Körpersprache richtig deutet, erhält am internationalen Verhandlungstisch wichtige zusätzliche Informationen. Körpersprache wird weltweit gleich gesprochen. Gemeint sind jedoch nicht angelernte Gesten, wie Nicken, das ja bekanntlich in Indien oder Bulgarien „Nein“ bedeutet.

Permanent sendet der Körper Signale aus, denn Gedanken und Körper sind untrennbar miteinander verbunden. Kaum jemand ist sich jedoch des Phänomens der Gleichzeitigkeit von Denken und körperlichem Ausdruck bewusst. Ein weiteres Phänomen ist, dass wir wie beim Stiegensteigen unbewusst auf die Signale anderer reagieren. Auch während des Stiegensteigens läuft ein beachtlich komplizierter Gedankenprozess völlig unbewusst ab.

Mehrere internationale Studien haben bewiesen, dass wir Menschen verblüffenderweise nicht zu 100% auf den Inhalt einer Message reagieren, sondern zu ca. 55% auf nonverbale Signale (Mimik & Gestik), zu ca. 38% auf Tonfall, Sprachtempo und Sprachvolumen und nur zu ca. 7% auf den Inhalt.

Im Baby- und Kleinkindalter können wir die komplexe Sprache der Erwachsenen nicht verstehen. In dieser Zeit orientieren wir uns ausschließlich an Mimik, Gestik und Tonfall.

Selbstverständlich ist die Interpretation der Körpersprache und des Tonfalls spekulativ. Jedoch auch bei der Erfassung des Inhalts sind wir auf konstante Spekulation angewiesen. Darauf basieren auch die Myriaden von Missverständnissen während der Kommunikation.

Halbwissen ist in diesem Bereich besonders gefährlich, denn unbewusst würden wir die Gesten richtig deuten. Eine weit verbreitete Fehlinterpretation betrifft das „Arme-vor-der-Brust-Verschränken“. Es wird fast durchweg als Abwehrhaltung gesehen. Das ist jedoch nicht immer der Fall – ist der Kopf leicht zur Seite geneigt (wird der verletzbare Hals nicht geschützt), dann ist dies lediglich ein Zeichen von Bequemlichkeit und Nichthandeln. Ist aber der Kopf gerade, dann wandelt sich diese Haltung sehr wohl in eine Abwehrgeste.

Weitere Abwehrgesten sind:

Aneinander gelegte Fingerkuppen:

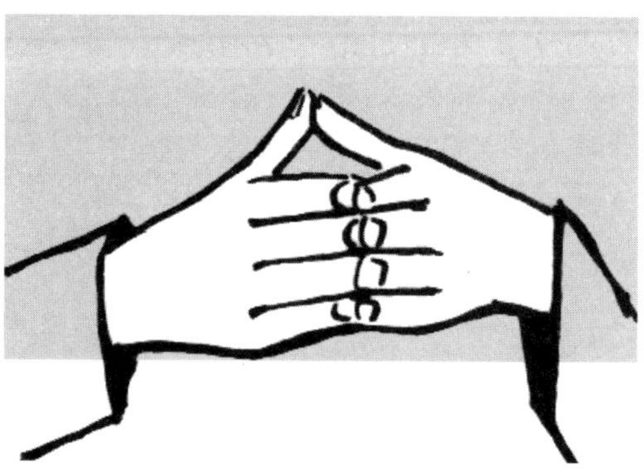

Ineinander verschränkte Finger:

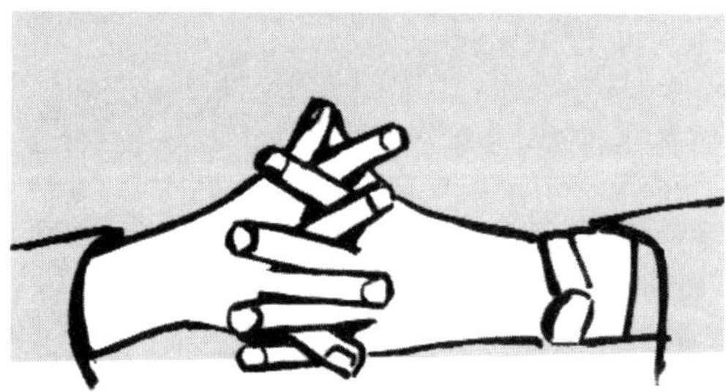

Beachtung sollte man auch dem so genannten „Bremsfuß“ schenken – der sich vom Boden abhebt und die Sohle auf den Sprecher richtet.

Achten Sie auch darauf, mit welcher Hand Ihr Gegenüber spricht, denn daran können Sie erkennen, ob er (im Moment) eher analytisch oder nur emotional spricht. Für geborene (nicht umgelernte) Rechtshänder gilt immer: Die linke Hand ist die emotionale Hand (da sie mit der rechten/emotionalen Gehirnhälfte verbunden ist), die rechte Hand ist die analytische Hand (da sie mit der linken/analytischen Gehirnhälfte verbunden ist). Bei geborenen (nicht umgelernten) Linkshändern ist es genau umgekehrt.

Typisches Anzeichen, dass Ihr Gegenüber gerade einen unangenehmen Gedanken

hegt (wahrscheinlich aufgrund Ihrer Äußerungen) ist der rasche Griff an das Auge (oder die Brille), die Nase oder das Ohr.
Auch Requisiten sprechen Bände: Unangenehmes spült man gerne mit einem Schluck hinunter. Selbst ein leeres Glas oder eine leere Tasse spielen bei dieser Reflexhandlung keine Rolle. Oft versucht Ihr Gegenüber auch, Sie mit einem Schreibstift in Schach zu halten, dann richtet er den Stift auf Sie. Manchmal wird der Schreibstift auch als Mauer verwendet, dann wird er quer vor den Sprecher hingelegt, der sich dahinter verbarrikadieren möchte:

Das Kauen an der Unterlippe signalisiert nicht einen erhöhten Bedarf an Pflegestiften, sondern dass der Gesprächspartner an einem Problem nagt.
Vorsicht: Beobachten Sie sich bei der Verhandlung nicht selbst, sondern Ihr Gegenüber, und erstarren Sie nicht zur verbindlichen Granitsäule!

TEIL II

Interkulturelle Verhandlungs-Checkliste

- Gibt es bereits eine Verhandlungsvergangenheit – entweder zwischen den Firmen oder den agierenden Personen? Falls ja, finden Sie so viel wie möglich darüber heraus.
- Eruieren Sie, welche Verhandlungssprache verwendet wird, geben Sie notfalls eine vor. Wird es Übersetzer geben? Gibt es bereits einen vertrauten Übersetzer von Ihrer Seite?
- Gibt es eine Möglichkeit, den Übersetzer vorher kennen zu lernen und ihn zu briefen (Firmenspezifika etc.)?
- Wie lange könnte die Verhandlung schlimmstenfalls dauern – halten Sie sich Ihren weiteren Tagesablauf so weit wie möglich offen und versuchen Sie auch, die andere Partei dazu zu animieren (telefonisch oder per E-Mail).
- Bringen Sie vor allem Ihren Verhandlungspartner dazu, auch über diesen Punkt nachzudenken.
- Wo wird die Verhandlung stattfinden? Können Sie sich mit der Umgebung/dem Raum vorher vertraut machen?
- Wenn Sie mit Flugverspätungen rechnen, dann versuchen Sie, am Vorabend anzureisen.
- Gehen Sie früh ins Bett, versuchen Sie, ausgeschlafen zu sein. Bei Einschlafschwierigkeiten nehmen Sie notfalls eine Einschlafhilfe wie Melatonin (erhält man in vielen Ländern rezeptfrei).

Vorsicht: Kein Alkohol mit Schlafmitteln, Sie haben dann keinen klaren Kopf.

- Bei Langstreckenflügen mit Ankunftszeitpunkt kurz vor der Verhandlung: Schlafen Sie so viel wie möglich im Flugzeug. Business-Class-Umgebung, Schlafbrille, Ohropax sowie, wenn nötig, Einschlafhilfen wie Melatonin (siehe oben) sind sehr hilfreich. Überprüfen Sie vor dem Einschlafen nochmals, ob sie alle notwendigen Unterlagen (Akten, Disketten etc.) haben.

Vorsicht: Checken Sie wichtiges Material niemals ein!

- Welche Nationalitäten haben Sie in Ihrem Verhandlungsteam, aus welchen Ländern kommen die Verhandlungspartner? In der heutigen Welt haben Sie es oft mit mindestens drei Nationalitäten auf der eigenen wie auch auf der anderen Seite zu tun. Können Sie einen „match“ herstellen?

- Kennen Sie Ihr Ziel genau?
- Versuchen Sie, Verhandlungsziel und Hauptinteresse des Verhandlungspartners zu erfassen.
- Gibt es eine Agenda? Ist die Agenda mit der anderen Seite abgestimmt? Lässt die Agenda zu, dass Sie von der anderen Seite mit völlig überraschenden und eventuell unangenehmen Verhandlungspunkten konfrontiert werden? Ist die Agenda so aufgebaut, dass die schwierigsten und heikelsten Punkte an einer dem Verhandlungsland angemessenen Stelle – nämlich entweder in der Mitte (Sandwich-Prinzip), am Anfang oder am Ende – stehen?
- Wissen Sie, wer die wichtigste Person (offiziell und inoffiziell) auf der anderen Seite des Verhandlungstisches ist? (Besonders in Asien ist dies extrem schwierig herauszufinden.)
- Bestimmen Sie genau Ihren Einsatz: Minimum ebenso wie Maximum.
- Überlegen Sie, welchen Minimum- und Maximum-Einsatz Ihr Verhandlungspartner haben könnte.
- Welche Alternativen haben Sie, falls Sie das geplante Ziel nicht erreichen?
- Welche Alternativen hat Ihr Verhandlungspartner?
- Haben Sie überlegt, ob Sie dem Verhandlungspartner Einblick in die Entscheidungsautorität Ihres Teams gewähren wollen?
- Wollen Sie eine „Good guy-bad guy"-Taktik einbauen? Wenn ja, Vorsicht – diese Taktik ist weltweit bekannt! Eventuell kann sie sich als Verwirrungstaktik bei plötzlichem Wechsel (d. h. „Good guy" wird plötzlich schwierig, „Bad guy" wird plötzlich handzahm) sowie bei einer Rückkehr zur Ausgangssituation des ursprünglichen „Good guy-bad guy"-Szenarios als hilfreich erweisen.
- Für den Fall, dass Sie die Verhandlung eröffnen müssen – wie sieht das „opening statement" im Detail aus? Was kann die andere Seite hineininterpretieren, was soll sie hineininterpretieren?
- Gibt es von Ihrer Seite einen schriftlichen Vorvertrag – wann soll er präsentiert werden?
- Wenn die andere Seite einen Vorvertrag präsentiert, wie soll die Reaktion darauf aussehen?
- Bei Verhandlungen mit mehreren Personen von Ihrer Seite, besprechen Sie rechtzeitig die Rollenverteilung sowie eine eventuell notwendige Umverteilung, falls es „Chemieprobleme" mit einem oder mehreren Verhandlungspartnern gibt. Überlegen Sie genau, wer welche Stärken und Schwächen zum Verhandlungstisch mitbringt.

- Bestimmen Sie jemanden von Ihrer Seite, der Protokoll führt – sollte die andere Seite Protokoll führen, schreiben Sie trotzdem mit, das schützt Sie vor „Miniprotokollen" der anderen Seite.
- Überlegen Sie genau, welche Verhandlungskompetenzen Sie, respektive Ihr Team in letzter Konsequenz haben. („Can you make or break the deal?")
- Finden Sie heraus, wer genau Ihr Verhandlungspartner ist und ob eventuell noch andere Personen involviert werden oder involviert werden sollten – wenn ja, diskutieren Sie die Situation rechtzeitig mit Ihrem Ansprechpartner.
- Stellen Sie fest, ob Ihre Hausaufgaben gemacht sind – haben Sie alle notwendigen Informationen über Ihren Verhandlungspartner? Eruieren Sie anhand einer selbst erstellten „Verhandlungspartner-Checkliste" (von Fall zu Fall und Land zu Land verschieden) den Status quo des Informationsstandes – organisieren Sie sich, falls notwendig, Zusatzinformationen.
- Haben Sie ausreichende Informationen über die rechtliche Lage in dem jeweiligen Land? Außenhandelsstellen sind günstige Anlaufstellen. Ein Erfahrungsaustausch mit nicht kompetitiven Firmen mit Langzeiterfahrung (im besten Fall) ist extrem hilfreich.
- Welche Berater oder Experten (z. B. Rechtsanwälte) benötigen Sie – sollen diese bei den Verhandlungen dabei sein? Ist die Abstimmung darüber mit dem Verhandlungspartner erfolgt?
- Gibt es ein Fremdwährungsrisiko, wenn ja, wie wollen Sie im besten bzw. im schlimmsten Fall mit der Situation umgehen („best case – worst case")?
- Welche Konsequenzen hat es für Sie persönlich, wenn Sie das Ziel nicht erreichen, welche für Ihr Unternehmen?
- Überlegen Sie die Folgen für sich persönlich und Ihr Unternehmen, wenn Sie Ihr Ziel erreichen.
- Mit welchen Vor- und Nachteilen werden Sie während der Verhandlung zu rechnen haben?
- Welche Vor- und Nachteile hat Ihr Verhandlungspartner?
- Wurde bei mehrtägigen Verhandlungen berücksichtigt, wie die Nachbesprechung, respektive die Vorbesprechung für den nächsten Tag aussieht (Tagesagenda-Erstellung)?

Nach der Verhandlung:

1) Berücksichtigen Sie, dass sich ein Verhandlungspartner, der sich über den Tisch gezogen fühlt, revanchieren, wenn nicht sogar rächen wird (z. B. schlechte Qualität, Minderleistungen usw.).
2) Überlegungen anstellen, wie der Vertrag strukturiert werden muss, um künftige Probleme zu vermeiden, respektive zu minimieren.
3) Prinzipiell darüber nachdenken, was der Vertrag für die andere Seite bedeutet (Vorsicht: Speziell in Asien wird ein Vertrag nur als Ausgangsbasis gesehen!).
4) Wie sehen sämtliche Beziehungen des Verhandlungsteams aus – intern sowie mit dem Verhandlungspartner? Etwaige Risse müssen jetzt auf der Beziehungsebene unbedingt gekittet werden. Sonst drohen offene oder verborgene Hürden.
5) Wie hoch ist das maximale Risiko, das Sie selbst übernehmen möchten?
6) Ziehen Sie das Risiko einer Nachverhandlung in Betracht, speziell wenn sich eine Partei nicht an den Vertrag hält.
7) Ziehen Sie besondere zusätzliche Projektverhandlungen in Betracht, vor allem wenn eine Partei nicht performed.

Teil III

Verhandlungstaktiken

Jeder Verhandlung sollte das „Give and take"-Prinzip zugrunde liegen. Die wirkliche Kunst besteht in der Fähigkeit zu entscheiden, was, wann, warum und wie viel man gibt, aber auch zu wissen, was man dafür zu erwarten hat. Ein hervorragender Verhandler zeichnet sich durch gute Manövrierfähigkeit aus und verfügt über ein breites Spektrum an Verhandlungstaktiken. Schlechte Verhandler kennen und können nur ein bis zwei Verhandlungstaktiken.
Verhandlungsprofis wenden einzeln oder verknüpft – je nach Situation – folgende Taktiken an (alphabetisch geordnet):

Ablenkungstaktik

Mit Hilfe der Ablenkungstaktik peilt man offiziell ein ganz anderes Ziel an, um das eigentliche auf dem Weg dorthin mitzunehmen (so kann ein Angestellter z. B. mit seinem Chef über eine Beförderung verhandeln, während sein eigentliches Ziel eine Gehaltserhöhung ist).

Aufs Ganze Gehen

Den geringstmöglichen Einsatz anpeilen, danach gegensteuern mit der Salamitaktik. Vorsicht: Ist sehr gefährlich, der andere könnte noch vor Ihren Gegensteuerungsmaßnahmen die Verhandlung abbrechen.

Backtracking

Einzusetzen in kritischen Verhandlungsphasen. Das genaue Wiederholen von Worten oder Satzteilen von anderen (z. B. „Habe ich Sie richtig verstanden, dass ...", dann exakte Wiederholung der Worte). Das Gegenüber hört die eigenen Worte und empfindet das unbewusst als angenehm. **Vorsicht**: Es darf vom Gegenüber niemals bewusst wahrgenommen werden.

Beschränkte Befugnis

Das Verweisen an eine höhere Stelle, respektive das Einholen von Zusagen und Genehmigungen ist eine exzellente Taktik, um a) Zeit zu gewinnen, b) weiterhin als „Good guy" agieren zu können. Diese Praktik wird oft und gerne im asiatischen

Raum eingesetzt, ebenso wie das mehrmalige Austauschen der Verhandlungsteams, und dient dort dem „Mürbemachen" des Verhandlungspartners.

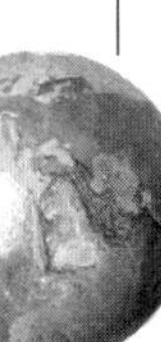

Fait accompli

Dabei stellen Sie den Verhandlungspartner vor vollendete Tatsachen – sehr riskant (z. B. Klagsandrohungen).

Fristentaktik

Zielt voll auf Zeitdruck. Je genauer wir über die Fristen der Verhandlungspartner Bescheid wissen, desto besser können wir agieren.

Good guy/Bad guy

Ein Mitglied eines Verhandlungsteams vertritt eine harte Verhandlungslinie, während ein anderes zu Zugeständnissen bereit ist. Vorsicht, weit verbreitet! Eventuell als Verwirrungstaktik hilfreich bei plötzlichem Wechsel (d. h. „Good guy" wird plötzlich schwierig, „Bad guy" wird plötzlich handzahm) sowie Rückkehr zur Ausgangssituation des ursprünglichen „Good guy-bad guy"-Szenarios.

Konsens

Gegenvorschläge sorgfältig berücksichtigen und sich in der Mitte treffen.

Mirroring

In kritischen Situationen nimmt man kurz und unauffällig die Körperhaltung sowie die Sprechweise des anderen an, um im Unterbewusstsein des anderen Vertrautheit zu schaffen. **Vorsicht**: Auch das darf niemals bewusst vom Verhandlungspartner wahrgenommen werden.

Salamitaktik

Bei der Salamitaktik versucht man, ein Ziel kontinuierlich „scheibchenweise" zu erreichen. Kinder sind Meister in dieser Taktik.

Momentaner, scheinbarer Rückzug

Der scheinbare Rückzug, respektive das vorübergehende Desinteresse an einem Verhandlungspunkt ist eine perfekte Verzögerungs- und Ablenkungstaktik. Diese Taktik soll das Gegenüber zum Positionswechsel animieren.

Standardpraktik

Das ist eine Taktik, die man verwendet, um andere dazu zu bringen, etwas mit Rücksicht auf so genannte Branchenpraktiken entweder zu tun oder zu unterlassen. Gewiefte Verhandler akzeptieren einen Standardvertrag jedoch nicht in Reinform.

Vertagen

Überdenken der Verhandlungsposition – Geduld macht sich oft bezahlt.

Yes-Momentum

In schwierigen Situationen mindestens zwei geschlossene Fragen stellen, die ganz sicher mit Ja beantwortet werden (z. B. Habe ich Sie richtig verstanden, dass ...). Sie werden damit dem Verhandlungspartner wieder angenehmer.

Flexibilität und Kreativität sind Trumpf. Verfolgt man lediglich eine Verhandlungstaktik, ist das gleichzusetzen mit der Tatsache, dass eine Werkzeugkiste nur mit einem Hammer ausgestattet ist. Albert Einstein kommentierte das bereits so: „Wer nur einen Hammer hat, sieht überall Nägel."
Exzellente Verhandler sind Kenner und Könner der nonverbalen Kommunikation. Sie wissen, dass bewusstes und unbewusstes Denken untrennbar mit dem Körper verbunden ist. Sie verstehen, dass Gedanken auf den Körper übertragen werden. Da wir nicht Gedanken lesen können, erlernen Verhandlungsprofis bewusst, Körpersprache zu interpretieren. Unbewusst kann es jedes Kind (da Kleinkinder die Worte nicht verstehen, die wir verwenden, lernen sie als Erstes, Körpersprache zu lesen). Wie beim Treppensteigen reagieren wir völlig unbewusst auf die nonverbale Kommunikation anderer. Scheinbar harmlose Gesten bewirken oft eine geladene Atmosphäre. Dennoch vergessen Verhandlungsexperten nie, dass die Interpretation der Körpersprache nur spekulativ ist. Genauso wie wir auch bei der verbalen Kommunikation spekulieren (z. B. was meint der andere). Hier wie dort kommt es selbstverständlich zu Missverständnissen. Gute Verhandler wissen auch um die blitzschnelle „Schubladisierung" bei der ersten Begegnung: Circa 60 % laufen über die Optik, ca. 30 % über die Akustik und nur ca. 10 % über den Inhalt. Eine an unzähligen Teilnehmern durchgeführte Studie zeigte außerdem, dass wir im selben Ausmaß auf Kommunikation reagieren:
1) Zu 60% reagieren wir unbewusst auf nonverbale Signale (Mimik und Gestik).
2) Zu 30% reagieren wir unbewusst auf den wahrgenommenen Klang.
3) Zu 10% reagieren wir auf den Inhalt.

Eine aggressive Message mit einladender, netter Mimik und einfühlsamem, verbindlichem Tonfall wird z. B. als nett empfunden. Eine schmeichelnde Aussage, mit abweisender Mimik und kaltem Ton gesprochen, wird als aggressiv wahrgenommen. **Gute Verhandler sind außerdem exzellente Fragensteller:**

Pick-list für Fragen

- Was genau möchten Sie damit erreichen?
  What exactly do you want to achieve?
- Was sind Ihre Hauptbedenken?
  What are your key concerns?
- Warum nicht? Was stört Sie daran?
  Why not? What would be wrong with this?
- Wow – wie setzt sich denn diese Zahl (Preis/Honorar/usw.) zusammen?
  Where does that number come from?
- Warum denken Sie, dass wir/ich dem zustimmen sollte/n?
  Why do you think we should do that?
- Wie, denken Sie, kann ich das intern rechtfertigen?
  How do you think I could justify this internally?
- Könnten wir gemeinsam über dieses Problem nachdenken?
  Could we brainstorm on this problem?
- Hätten Sie eine Idee, wie die Sache für uns beide besser aussehen könnte?
  How do you think we could make this a better deal for both of us?
- Ich denke, wir sollten das gemeinsam ausarbeiten – was denken Sie?
  I would prefer to work out something jointly – how about you?

- Was ist der genaue Grund des heutigen Treffens?
  What is the purpose of this meeting?

- Haben Sie die Vollmacht, heute zu unterzeichnen?
  Do you have the authority to make the decision today?

- Benötigen wir noch jemand anderen, um zum Abschluss zu kommen?
  Do others need to be here to get this done?

- Vergessen wir mal alles andere – warum brauchen wir das?
  Leaving aside everything else – why do we need this?

- Helfen Sie mir, besser zu verstehen, wie Sie auf das gekommen sind?
  Could you help me understand more about how you reached that conclusion?

- Lassen Sie mich Schritt für Schritt verstehen, wie Sie darauf gekommen sind?
  Please walk me through your thinking steps?

- Verstehe ich Sie richtig, dass ...?
  Do I understand you correctly ...?

- Was haben Sie angenommen?
  What did you hear me saying?

- Wie geht es Ihnen damit?
  How are you feeling about this?

- Fühlen Sie sich wohl damit? Geht es Ihnen gut mit der Sache, gefällt Ihnen das?
  Do you feel comfortable with this?

- Habe ich Sie in irgendeiner Art und Weise verletzt?
  Have I said or done anything to insult you?

- Ist die Sache in Ordnung für Sie?
  Do you feel OK with this?

- Wie geht es Ihnen jetzt mit der Sache?
  How are you feeling with this right now?

- Lassen Sie mich das besser verstehen?
  Help me to understand this better?

Verhandlungsstrategien ins Desaster

SO SCHEITERN IHRE VERHANDLUNGEN SICHER!

- Bereiten Sie sich im letzten Moment vor.
- Kommen Sie abgehetzt und wenn möglich transpirierend zum Termin.
- Führen Sie möglichst lange Monologe, unterbrechen Sie sofort, sollte der andere doch einmal zu Wort kommen.
- Lässt sich Ihr Gegenüber nicht vom Sprechen abhalten, lassen Sie Geistesabwesenheit erkennen oder konzentrieren Sie sich voll auf Ihre nächste Aussage.
- Ignorieren Sie Gestik und Mimik des anderen, schweifen Sie mit Ihrem Blick ab oder tragen Sie Sonnenbrillen.
- Stellen Sie keine Fragen oder wenn, dann ausschließlich geschlossene, die mit Ja oder Nein zu beantworten sind.
- Argumentationslawinen und Nebelbomben halten den Partner erfolgreich vom Thema fern.
- Erklären von Fachbegriffen nimmt Ihnen den Nimbus des Spezialisten und animiert zu unnötigem Mitdenken.
- Ignorierte Wortmeldesignale stärken erfolgreich die Aggression der anderen.
- Lassen Sie keinen Zweifel an Ihren Zielen und setzen Sie sie aggressiv durch.
- Am Verhandlungstisch verhalten Sie sich am besten so:

TEIL IV

Die größten Unterschiede auf dem internationalen Verhandlungsparkett

Im Folgenden finden Sie eine zusammenfassende Darstellung der größten Unterschiede bei internationalen Verhandlungen. Genannt werden jeweils jene Länder, die signifikante Unterscheidungsmerkmale repräsentieren.

Dimension Zeit:

monochron versus polychron (nach E. T. Hall, Understanding cultural differences)

Monochrones Verhalten / **Menschen, die Zeit einteilen**	Polychrones Verhalten / **Menschen, die Zeit zerteilen**
– Zeitplanung, Pünktlichkeit von größter Wichtigkeit	– Beziehungen sind extrem wichtig
– Nehmen zeitliche Verpflichtungen ernst (Termine, Zeitpläne)	– Messen zeitlichen Verpflichtungen keine große Bedeutung zu
– Halten sich an Pläne	– Stoßen Pläne um
– Konzentration auf je eine Tätigkeit	– Tagesordnungspunkte spielen keine Rolle
– Erledigen immer eins nach dem anderen	– Erledigen viele Dinge gleichzeitig
– Konzentrieren sich auf ihre Arbeit	– Lassen sich leicht ablenken
– Identifizieren sich mit ihrer Arbeit	– Identifizieren sich mit Familie, Freunden, Kunden, Auftraggebern
– Neigen zu kurzlebigen Beziehungen	– Bauen Beziehungen auf, die ein Leben lang halten
– Haben hohe Achtung vor Privatbesitz, leihen und verleihen selten Gegenstände	– Wenig Achtung vor Privatbesitz, leihen oder verleihen häufig Gegenstände

Monochrone Länder mit hoher Zeitsensibilität sind z. B.: USA, Deutschland (ehemals West), Schweiz etc.
Polychrone Länder mit niedriger Zeitsensibilität, einer „Alle-Zeit-der-Welt"-Einstellung und einer Aversion gegen Termindruck sind z. B.: Ägypten, Brasilien, Griechenland, Indien, Malaysien, Mexiko, Philippinen, Thailand usw.

Dimension Hierarchie:

geringe Machtdistanz versus große Machtdistanz (nach G. Hofstede, Interkulturelle Zusammenarbeit)

Geringe Machtdistanz	Große Machtdistanz
– Ungleichheit unter den Menschen sollte so gering wie möglich sein	– Ungleichheit unter den Menschen wird erwartet und ist erwünscht
– Der ideale Vorgesetzte ist der einfallsreiche Demokrat	– Der ideale Vorgesetzte ist der wohlwollende Autokrat
– Privilegien und Statussymbole stoßen auf Missbilligung	– Privilegien und Statussymbole für Manager werden erwartet und sind populär
– Mitarbeiter erwarten, in Entscheidungen mit einbezogen zu werden	– Mitarbeiter erwarten, Anweisungen zu erhalten
– In den Theorien über Management wird die Rolle des Angestellten herausgestellt	– In den Theorien über Management wird die Rolle der Führungskraft herausgestellt
– Der Einsatz von Macht muss legitimiert sein	– Macht geht vor Recht
– Alle haben die gleichen Rechte	– Die Mächtigen genießen Privilegien

Länder mit niedriger Machtdistanz sind z. B.: Österreich, Israel, Dänemark, Neuseeland, Irland, Schweden, Norwegen, Finnland, Schweiz, Großbritannien, Deutschland, Australien, Niederlande, Kanada, USA etc.
Länder mit hoher Machtdistanz sind z. B.: Malaysia, Guatemala, Panama, Philippinen, Mexiko, Venezuela, arabische Länder, Ecuador, Indonesien, Indien, Westafrika, Singapur, Frankreich, Hongkong etc.

Dimension Risiko:

starke Unsicherheitsvermeidung versus schwache Unsicherheitsvermeidung

Starke Unsicherheits-vermeidung	Schwache Unsicherheits-vermeidung
– Die dem Leben innewohnende Unsicherheit wird als ständige Bedrohung empfunden, die es zu bekämpfen gilt	– Unsicherheit (Ungewissheit) ist eine normale Erscheinung im Leben und wird täglich hingenommen, wie sie gerade kommt
– Unsicherheit bereitet großen Stress, subjektives Gefühl der Angst	– Unsicherheit bereitet geringen Stress, subjektives Gefühl des Wohlbefindens
– Akzeptanz bekannter Risiken: Angst vor uneindeutigen Situationen und unbekannten Risiken	– Uneindeutige Situationen mit unbekanntem Risiko werden akzeptiert
– Zeit ist Geld	– Zeit ist ein Orientierungsrahmen
– Viele exakte Gesetze und Regeln	– Wenige allgemeine Gesetze und Regeln

Länder mit starker Unsicherheitsvermeidung sind z. B.: Singapur, Japan, Dänemark, Schweden, Hongkong, Irland, Großbritannien etc.
Länder mit mittlerer Unsicherheitsvermeidung sind z. B.: USA, Kanada, Neuseeland, Australien, Niederlande, Schweiz etc.
Länder mit schwacher Unsicherheitsvermeidung sind z. B.: Griechenland, Portugal, Guatemala, Uruguay, El Salvador, Spanien, Peru, Türkei, Mexiko etc.

Dimension Individualismus versus Kollektivismus:

Individualistisch	Kollektivistisch
– Die Identität ist im Individuum begründet	– Die Identität ist im sozialen Netzwerk begründet, dem man angehört
– Aufgabe hat Vorrang vor Beziehung	– Beziehung hat Vorrang vor Aufgabe
– Individuelle Interessen dominieren vor kollektiven Interessen	– Kollektive Interessen dominieren vor individuellen Interessen
– Man erwartet von jedem eine eigene Meinung	– Meinungen werden durch Gruppenzugehörigkeit vorbestimmt
– Seine Meinung zu äußern ist Kennzeichen eines aufrichtigen Menschen	– Man sollte immer Harmonie bewahren und direkte Auseinandersetzungen vermeiden (= Gesichtswahrung auch der Gruppe)
– Selbstverwirklichung eines jeden Individuums stellt eines der höchsten Ziele dar	– Harmonie und Konsens in der Gesellschaft stellen höchste Ziele dar
– Einstellungs- und Beförderungsentscheidungen sollen ausschließlich auf Fertigkeiten und Regelungen beruhen	– Einstellungs- und Beförderungsentscheidungen berücksichtigen die Wir-Gruppe des Mitarbeiters
– Management bedeutet Management von Individuen	– Management bedeutet Management von Gruppen

Länder mit sehr hohem Individualismusindex sind z. B.: USA, Australien, Großbritannien, Kanada, Niederlande, Italien, Belgien, Dänemark, Schweden, Schweiz usw.

Länder mit sehr hohem Kollektivismusindex sind: die meisten lateinamerikanischen Länder (inkl. Guatemala, Ecuador, Panama, Venezuela, Kolumbien, Peru, El Salvador) sowie Indonesien, Pakistan, Taiwan, Südkorea, Thailand, Singapur, Hongkong, Westafrika usw.

Dimension Leistungsorientierung versus Beziehungsorientierung:

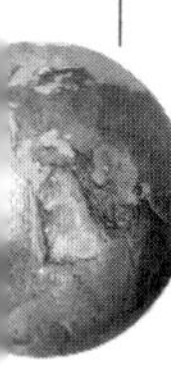

Leistungsorientierung (maskulin)	Beziehungsorientierung (feminin)
– Geld und Dinge sind wichtig	– Menschen und intakte zwischenmenschliche Beziehungen sind wichtig
– Vorherrschende Werte sind materieller Erfolg und Fortkommen	– Vorherrschende Werte sind das Kümmern um Mitmenschen und Bewahren der Werte
– Sympathie mit den Starken	– Sympathie mit den Schwachen
– Ideal: Leistungsgesellschaft	– Ideal: Wohlfahrtsstaat
– Leben, um zu arbeiten	– Arbeiten, um zu leben
– Konflikte werden beigelegt, indem man sie austrägt	– Konflikte werden beigelegt, indem man miteinander verhandelt und nach einem Kompromiss sucht

Länder mit sehr hoher Leistungsorientierung sind z. B.: Japan, Österreich, Irland, Großbritannien, Deutschland (ehemals West), Südafrika etc.
Länder mit sehr hoher Beziehungsorientierung sind z. B.: Schweden, Norwegen, Niederlande, Dänemark, Finnland etc.

Dimension: Vertrag

Länder, die bei Schwierigkeiten voll auf einen Vertrag setzen, sind z. B.: Nord- und Westeuropa, Nordamerika, Australien, Neuseeland, Südafrika etc.
Länder, die bei Schwierigkeiten voll auf die Beziehung und die Handschlagqualität setzen (Vertrag = Nebensache), sind z. B.: arabische Länder, Afrika, der größte Teil Lateinamerikas, der größte Teil Asiens etc.
Länder, die bei Schwierigkeiten die Beziehung bemühen sowie sich auf den Vertrag beziehen, sind z. B.: Süd- und Osteuropa, Mittelmeerraum, Hongkong etc.

Dimension Kommunikation:

Länder, die sich eines direkten Kommunikationsstiles bedienen, sind z. B.: USA, Deutschland etc.

Länder, die sich eines indirekten Kommunikationsstiles bedienen (sich Dinge durch die Blume mitteilen aufgrund der Angst vor eigenem Gesichtsverlust sowie dem Gesichtsverlust des Verhandlungspartners), sind z. B.: Japan, China, Österreich etc.

Dimension Emotion:

Länder, in denen das Zeigen von Emotionen durch ein Pokerface abgedeckt wird, sind z. B.: Deutschland, UK, Japan etc.

Länder, in denen das Zeigen von Emotionen üblich ist, sind z. B.: der größte Teil Lateinamerikas, der größte Teil Südeuropas etc.

Im nächsten Teil folgen nun die wichtigsten Do's und Don'ts für 66 Länder, denn oft zahlt man Erfahrungen teuer, obwohl man sie gebraucht billig haben könnte.

Apropos Missverständnisse

What the British say: "That's not bad."
What the British mean: "That's good or very good."
What is understood: "That's poor or mediocre."

What the British say: "Quite good."
What the British mean: "A bit disappointing."
What is understood: "Quite good."

What the British say: "Very interesting."
What the British mean: "I don't agree/I don't believe you."
What is understood: "They are impressed."

What the British say: "Could we consider some other options."
What the British mean: "I don't like your idea."
What is understood: "They have not yet decided."

What the British say: "I'll bear it in mind."
What the British mean: "I will do nothing about it."
What is understood: "They will probably do it."

What the British say: "Please think about that some more."
What the British mean: "It's a bad idea: don't do it."
What is understood: "It's a good idea, keep developing it."

What the British say: "I'm sure it's my fault."
What the British mean: "It is your fault."
What is understood: "It was their fault."

What the British say: "That is an original point of view."
What the British mean: "You must be crazy."
What is understood: "They like my ideas."

Teil 5

ABC der Länder

FIT FÜR INTERNATIONALE GESCHÄFTE

Wer die Regeln der unterschiedlichen Business-Kulturen beherrscht, hat die besseren Chancen.

Andere Länder, andere Sitten – aber auch andere Gepflogenheiten, wenn es um Geschäfte und um den Umgang mit Konflikten geht.
Die Verwirrung beginnt schon beim kleinen Wörtchen „Nein": Während Amerikaner und Deutsche sehr leicht ein klares „Nein" über die Lippen bringen, sagt's der Österreicher gern durch die Blume und ist froh, wenn sein Ausweichmanöver nicht näher hinterfragt wird. In Asien und im Orient ist es geradezu unhöflich, „Nein" zu sagen, besonders, wenn das Gegenüber dadurch „sein Gesicht verlieren" würde. Und in Japan gibt es mehr als fünf verschiedene Wege, ‚Nein' zu sagen – verbal und durch Gesten. Diese versteckten Signale zu kennen, ist gerade bei Verhandlungen mit Asiaten von enormer Wichtigkeit. So mancher Europäer, der die höfliche Form des Ablehnens nicht kennt, ist bereits in so manches Fettnäpfchen getappt – auf Kosten seiner guten Geschäftsbeziehungen.
Das professionelle Lesen von Mimik und Gestik bringt allerdings auch nicht überall Erfolg: In Bulgarien oder Griechenland zum Beispiel nicken die Leute mit dem Kopf, wenn sie „Nein" meinen. Daher ist es unerlässlich, sich über die Umgangsformen der verschiedenen Länder zu informieren. Das hilft beim gesellschaftlichen Leben, im Berufsleben, wenn man mit unterschiedlichen Nationen zu tun hat, genauso wie bei der Verhandlungstaktik auf der Geschäftsreise ...

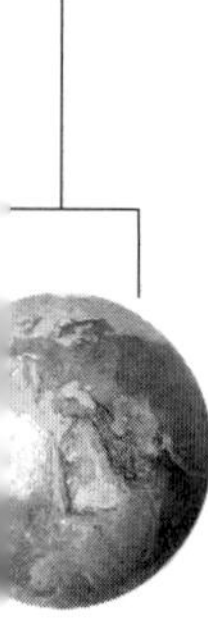

Ägypten

Arabische Republik Ägypten
Einwohner: ca. 61 Millionen
BSP/Einwohner: 1290 $
Hauptstadt: Kairo
Amtssprache: Arabisch
Religion: Islam
Wichtigste Außenhandelspartner: USA, Deutschland, Italien, Frankreich, Japan und Großbritannien

Entscheidungen im Einklang mit Emotion & Ratio

Das Land der Pharaonen ist mit einer Fläche von über einer Million Quadratkilometer fast doppelt so groß wie Deutschland. Trotzdem zählt Ägypten mit seinen 61 Millionen Einwohnern zu den dichtest bevölkerten Ländern der Erde. Denn: Nur sechs Prozent der Fläche des Landes sind bewohnt, der Rest besteht aus Wüste. Lebensader ist der Nil, hier haben sich die meisten Menschen angesiedelt. Und hier sind auch die meisten Kulturdenkmäler zu sehen.

Ägypten will allerdings schon lange mehr, als nur Touristen anlocken, und zeigt vor allem an wirtschaftlichen Investoren Interesse. Die ägyptischen Geschäftsleute sind offen für alle möglichen Geschäftsideen, stehen neuen Produkten und Anlagen erst einmal positiv gegenüber und sind sehr interessiert an der Gründung von Joint Ventures mit ausländischen Partnern.

Generell gilt für Geschäftsverhandlungen: Je besser die persönliche Basis, desto Erfolg versprechender die Geschäfte. In dieser Hinsicht läuft's in Ägypten genauso wie in seinen arabischen Nachbarländern – mit denen die Ägypter übrigens nicht in einen Topf geworfen werden möchten. Sie fühlen sich aufgrund ihrer alten Kultur und ihrer Errungenschaften in Kunst und Wissenschaft als etwas Besonderes.

Wie dem auch sei, Ägypter sind höfliche und ausgesprochen gastfreundliche Menschen. Die kurze, knappe und – für Deutsche – effiziente Vorgehensweise ist ihnen fremd. Das Sprichwort „Abwarten und Tee trinken" könnte aus Ägypten stammen. Denn: Wo immer Sie auch einen Termin haben, zuerst müssen Sie einmal Platz nehmen, warten und eben Tee trinken. Stellen Sie sich darauf ein, dass das Warten länger dauern kann … . „Obwohl sich die Unpünktlichkeit meiner ägyptischen Kunden in den vergangenen Jahren zunehmend gebessert hat", erzählt ein Hotelausstatter, der häufig in Ägypten zu tun hat. Sein Erfolgsrezept: Sich Zeit nehmen, den Geschäftspartner gut kennen zu lernen. Das funktioniert in der Regel bei Einladungen, sei es ins Restaurant oder auch zum Golfspielen. Und noch ein Tipp: „Da grundsätzlich alle Entscheidungen immer auf der höchsten Hierarchieebene getroffen werden, sollten Sie sich über Status und Entscheidungsmacht Ihres Verhandlungspartners gründlich informieren."

Do's & Don'ts

Geschäftssprache: Englisch, Französisch und Arabisch. Ausländer müssen nicht die arabische Sprache beherrschen. Verständliches Englisch wird aber erwartet. Ebenso, dass sämtliche Unterlagen ins Englische – wenn möglich sogar ins Arabische übersetzt worden sind. Ein paar Worte Arabisch, wie „schukran" (danke) und „salam aleikum" (guten Tag), signalisieren Interesse an Land und Leuten.

Pünktlichkeit: Vom Ausländer wird Pünktlichkeit erwartet, vom ägyptischen Geschäftspartner nicht immer eingehalten. Das ist keine böswillige Absicht, sondern ein Zeichen seiner „Unbekümmertheit".

Dresscode: Für das erste Treffen eher formell, zum Beispiel Sommeranzug mit Krawatte, für Frauen Kostüm oder Hosenanzug – Schultern und Schenkel müssen unbedingt bedeckt sein (Islamische Religion).

Umgangsformen: Die meisten ägyptischen Geschäftsleute sind sehr kultiviert und legen auf gutes Benehmen sehr großen Wert. Halten Sie sich auf jeden Fall mit Belehrungen zurück, Höflichkeit im Umgang miteinander ist eine Selbstverständlichkeit. Aufpassen, dass keiner „sein Gesicht verliert". Das geht so weit, dass ein „Nein" regelrecht vermieden wird. Aber auch ein „Ja" heißt bestenfalls „Vielleicht". Ansonsten gelten alle moslemischen Regeln: kein Schweinefleisch, kein Alkohol, nur die rechte Hand verwenden, die Füße auf dem Boden halten, niemals dem Gesprächspartner die Schuhsohle zeigen. Das ist eine Beleidigung.

Geschenke: Geschenke mit regionalem Bezug werden sehr geschätzt, wie goldverziertes Porzellan (Hutschenreuther), klassische Musik, Lindt-Schokolade oder Mozart-Kugeln. Die Ägypter lieben Süßigkeiten – allerdings dürfen diese keinen Alkohol oder Schweinefett beinhalten. Ein netter Geschenktipp für Anhänger des Islam: ein besonders hübsch gefertigter Kompass. So weiß der Moslem immer, in welcher Richtung Mekka liegt, auch wenn er auf Reisen ist.

Geschäftsessen/Einladungen: Die Ägypter sind in der Regel sehr gastfreundlich, kümmern sich rührend um ihre europäischen Partner und kommen auch gern nach Deutschland, Österreich oder in die Schweiz. Besonders beeindruckt sind sie von den

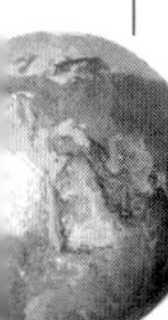

Bergen, aber auch vom kulturellen Angebot in Metropolen wie Berlin, Hamburg, München, Wien und Zürich. Bei privaten Einladungen, manchmal auch im Restaurant, Schuhe ausziehen! Nicht den Teller leer essen, ein kleiner Rest signalisiert dem Gastgeber, dass man wirklich satt ist. Niemals das Essen nachsalzen, das gilt als Beleidigung.

Gesprächsthemen/Tabus: Politik, Religion und Frauen gehören zu den Tabuthemen. Vorsicht bei Diskussionen übers Weltgeschehen. Unbedingt auf arabische Ansichten sensibel Rücksicht nehmen. Auch wenn der Ägypter selbst über sein Land und die Bürokratie schimpft, nichts Negatives sagen. Sehr geschätzt werden Komplimente über die große Kultur Ägyptens, die Lebensweise und die ägyptische Küche. Sich vorher über sportliche Ereignisse informieren. Wer hier mitreden kann, punktet ungemein (Boxen und Fußball, aber auch Segeln und Schwimmen).

Sicherheit: In Bezug auf klassische Kriminalität – ausgenommen Taschendiebstahl – relativ sicher. Anders sieht es mit der Gefährdung durch islamische Terroristen aus. Davon sind meistens die Touristenhochburgen betroffen.

Visitenkarten: Genügend mitnehmen und jedem eine geben. Auf Ihrer Visitenkarte können Sie ruhig etwas übertreiben. Titel und Stellung einer Person spielen in Ägypten eine große Rolle. Eine Seite sollte in englischer Sprache gehalten sein und die andere in Arabisch.

Unternehmenskultur/Entscheidungsträger: Hier muss zwischen patriarchalisch geführten Unternehmen und New Economy unterschieden werden. Um Verhandlungspartner auf möglichst hoher Ebene zu finden, empfiehlt sich der Einsatz eines ägyptischen Vertreters mit guten Kontakten.

Verhandlungstaktik: Dem ägyptischen Geschäftspartner den Verlauf des Geschäftsgespräches überlassen, erfahrungsgemäß wird er ziemlich bald selbst auf den Punkt kommen. Als Einleitung in ein Gespräch empfehlen sich Fragen nach dem persönlichen Wohlbefinden und nach der Familie. Auch wichtige Verhandlungen werden häufig durch Telefonate oder sogar Besucher unterbrochen. Planen Sie immer genug Zeit ein. Langwieriges Verhandeln über Preis und Konditionen gehört in Ägypten zur normalen Verhandlungstaktik. Lassen Sie sich von der „Basarmentalität" nicht irritieren. Wird der Kaffee serviert, ist das Ende der Verhandlung in Sicht. Zahlreiche Ägypter ziehen auch für wichtige Geschäftsgespräche die lockere Atmosphäre auf dem Golfplatz, im Restaurant oder in den eigenen vier Wänden vor. Nach einem Besuch in Ägypten ist ein sorgfältiges Follow-up sehr wichtig, da sonst der ganze Besuch in Vergessenheit gerät.

Verträge: Wenn alle Details bis ins Kleinste besprochen sind, kann unterzeichnet werden. Ändern sich in Ägypten die Konditionen bezüglich Inflationsrate, Gesetzesänderungen etc., wird häufig versucht, nachzuverhandeln.

Umgang mit Konflikten: Der kultivierte Ägypter scheint zwar alles sehr gelassen zu nehmen, reagiert aber auf Kritik sehr empfindlich und ist schnell beleidigt. Gesichtsverlust vermeiden – auf beiden Seiten. Man selbst verliert zum Beispiel bei Ärger das Gesicht, der andere, wenn er durch Ungeduld und Eile unter Druck gesetzt wird.

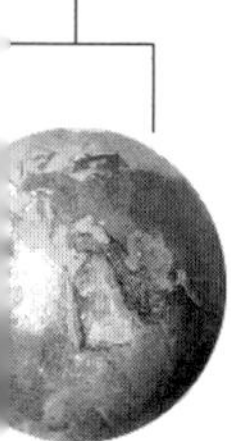

Algerien

Demokratische Volksrepublik Algerien
Einwohner: 30 Millionen
BSP/Einwohner: 1550 $
Hauptstadt: Algier
Amtssprache: Arabisch
Religion: Islam
Wichtigste Außenhandelspartner: Frankreich, Italien, USA, Spanien, Deutschland

Mit Geduld und Fingerspitzengefühl ans Ziel

Algerien, das zweitgrößte Land Afrikas, erstreckt sich von der Mittelmeerküste bis tief in die Sahara. Vier Fünftel des Algerischen Territoriums bedeckt allerdings die Sahara mit ihrem heißem Wüstenklima. Und nur ein Dreißigstel des Landes ist bewässert und landwirtschaftlich genutzt. Etwa die Hälfte aller Erwerbstätigen ist in der Landwirtschaft beschäftigt, doch kann Algerien nicht einmal ein Drittel des Eigenbedarfs an Nahrungsmitteln decken, sodass es auf den Import von Nahrungsgütern angewiesen ist. Angebaut werden Weizen, Gerste, Kartoffeln, Tomaten, Zitrusfrüchte, Wein und Datteln. Dürreperioden und Heuschreckenplagen haben der Landwirtschaft in den vergangenen Jahren schwere Verluste zugefügt.
Auf der anderen Seite ist Algerien weltgrößter Korklieferant. Die Hauptstütze der algerischen Wirtschaft bilden allerdings die Bodenschätze, vor allem Erdöl und Erdgas. Immer neue Vorkommen werden erschlossen. Aber auch andere Bodenschätze wie Eisen, Zink, Blei, Phosphat, Steinkohle und Uranerz sind von wirtschaftlicher Bedeutung.
Lange Zeit war Algerien ein guter Handelspartner von Deutschland und Österreich. Aber politische Unruhen und mangelnde Sicherheitsstandards haben dazu geführt, dass wirtschaftliche Kontakte auf Eis gelegt wurden.
Um die Hintergründe der Terroraktionen und die Mentalität der Algerier zu verstehen, muss man sich ein wenig mit der Geschichte des Landes auseinandersetzen: Im Laufe der Jahrtausende wurden die Berber, die ursprünglichen Bewohner Algeriens, durch eine Vielzahl fremder Völker ethnisch überlagert und assimiliert. Phönizier, Römer, Byzantiner, Normannen, Türken, Spanier und Franzosen – alle hinterließen ihre Spuren. Erst 1962 konnte sich Algerien von der 130-jährigen französischen Kolonialherrschaft befreien. Auf der Suche nach einer eigenen Identität kommt es immer wieder zu Eskalationen. Die Regierung ist bestrebt, die politischen Ausei-

nandersetzungen abzubauen. Präsident Bouteflika besuchte im Jahr 2000 Paris, Algerien erhofft sich von Frankreich Unterstützung bei der Anwerbung ausländischer Investitionen und Fürsprache bei der Europäischen Union hinsichtlich einer Wiederaufnahme der Verhandlungen über einen Assoziierungsvertrag. Seit Mai 2000 hält sich zum ersten Mal seit fünf Jahren eine Delegation von Amnesty International im Land auf und konstatiert eine deutliche Verbesserung der Sicherheits- und Menschenrechtslage. Es scheint tatsächlich wieder bergauf zu gehen.

Do's & Don'ts

Geschäftssprache: Ohne Französischkenntnisse können Geschäftsreisende gleich einpacken. Und auch alle Angebote, Verträge, technischen Unterlagen und Bedienungsanleitungen sollten ins Französische übersetzt sein.

Pünktlichkeit: Wird vom ausländischen Partner erwartet. Selbst haben die Algerier häufig ein Problem mit optimalem Timemanagement.

Dresscode: Konventionell im Anzug. Frauen sollten ebenfalls einen Hosenanzug oder ein Kostüm mit langem Rock wählen. Knie- und schulterfrei gekleidete Frauen, aber auch Männer sind in diesem moslemischen Land weder in der Freizeit noch im Business angemessen gekleidet.

Umgangsformen: Freundlich, herzlich und vor allen Dingen höflich. Da es unhöflich ist, Wünsche direkt abzulehnen, gewinnen wir vielfach den Eindruck, Algerier stehen nicht zu ihrem Wort. Das stimmt aber nicht. Man muss nur genau hinhören: Statements wie „Ich werde Ihr Anliegen prüfen“ oder „Ich werde mich bemühen“ – sind meistens als Ablehnung gemeint. Wer seinen algerischen Geschäftspartner allzusehr bedrängt, stößt häufig auf solche Ausflüchte. Und hat bald den Ruf, ein unangenehmer Zeitgenosse zu sein. Weniger negativ, aber genauso nichtssagend: „Insh allah – so Gott will!“

Geschenke: Als Mitbringsel eignen sich Geschenke mit Regionalbezug, wie Hutschenreuther-Porzellan aus Deutschland, klassische Musik, Mozart-Kugeln und Sachertorte aus Österreich etc. Die Algerier lieben Süßigkeiten – allerdings dürfen diese weder Alkohol noch Schweinefett beinhalten. Eine netter Geschenktipp für Anhänger des Islam: ein besonders hübsch gefertigter Kompass. So weiß der Moslem immer, in welcher Richtung Mekka liegt, auch wenn er auf Reisen ist. Die Geschenke werden nicht in Gegenwart des Schenkenden ausgepackt. Die Praxis zeigt, dass auch mit Geld gefüllte Briefumschläge üblich sind. Je nach zu erwartendem Auftragsvolumen liegen die Summen zwischen 400 und 1000 Euro.

Geschäftsessen/Einladungen: Zu Mittag oder auch abends im Restaurant. Gegeneinladungen seitens des Verhandlungspartners sollten in dessen Hotel stattfinden. Da dieses Hotel auch gleichzeitig als Visitenkarte des Geschäftspartners angesehen wird, ist es wichtig, eine Unterkunft der Extraklasse zu wählen: zum Beispiel das Sheraton in Algier. Außerdem lieben die Algerier Einladungen in gute Hotelrestaurants.

Abendessen in privaten Haushalten sind eher selten und als besonderer Vertrauensbeweis anzusehen. Da die Algerier mit einer stark eingeschränkten Reisefreiheit leben, kommen Einladungen zu uns besonders gut an. Deklariert als Schulung, Abnahme oder Werbeaktionen, freuen sie sich besonders über ein abwechslungsreiches Kulturprogramm und über die Gesellschaft ihres Gastgebers. So kann man gute Kontakte knüpfen, die auf Vertrauen und Respekt basieren. Denn die persönliche Beziehung zählt in Algerien viel mehr als geschriebene Verträge.

Gesprächsthemen/Tabus: Tabu sind Gespräche über Frauen, Religion und Politik.

Sicherheit: Fahrten über Land sind nicht empfehlenswert. Meistens muss man sich bei der Polizei melden. Diese organisiert Fahrten im Konvoi, vom Militär eskortiert.

Visitenkarten: Auf Französisch.

Unternehmenskultur/Entscheidungsträger: Hierarchischer Aufbau. Verhandlungen sollten gleich an höchster Stelle – auf gleicher Ebene – aufgenommen werden. Die Führungspositionen in algerischen Unternehmen heißen PDG, Président Directeur Général (Generaldirektor), DGA, Directeur Général Adjoint (sein Stellvertreter) oder Gérant (Geschäftsführer).

Verhandlungstaktik: Verhandlungen erfordern Geduld und Flexibilität. Die alte Basarmentalität hat sich zur gewieften Verhandlungstaktik entwickelt. „Beschouia, beschouia" – sich langsam annähern und zuerst eine persönliche Beziehung aufbauen, ist das Geheimnis des Erfolgs in Algerien. Ungeduldiges Verhalten sollte auf jeden Fall vermieden werden. Die schnelle Unterbreitung eines fertigen und aus deutscher Sicht für beide Seiten profitablen Angebotes ist nicht opportun. Häufige Präsenz, Fingerspitzengefühl und Respekt vor der unterschiedlichen Kultur führen eher zum Ziel.

Verträge: Nach langen Gesprächsrunden ist es ratsam, die Vereinbarungen in einem möglichst detaillierten und umfassenden Vertrag schriftlich zu fixieren. Trotzdem ist mit Nachverhandlungen und eigenwilligen Interpretationen zu rechnen.

Umgang mit Konflikten: Kritik am besten vermeiden. Wenn dies nicht möglich ist, nur auf der Sachebene argumentieren. Keine Schuldzuweisungen!

Argentinien

Argentinische Republik
Einwohner: 36 Millionen
BSP/Einwohner: 8030$
Hauptstadt: Buenos Aires
Amtssprache: Spanisch
Religion: 91 % Katholiken, 2 % Protestanten
Wichtigste Außenhandelspartner: Brasilien, USA, Deutschland

Mit Respekt & Diplomatie zum Erfolg

Argentinien ist ein typisches Einwanderungsland. Fast jeder Argentinier hat europäische Wurzeln. Aus Italien, Spanien, Frankreich, Deutschland, Russland und aus vielen anderen Ländern kamen zwischen 1856 und 1932 die Immigraten, auch politische und ethnisch verfolgte Flüchtlinge fanden in Argentinien eine neue Heimat. Und so kommt uns das lateinamerikanische Land gar nicht fremd vor. Wenn man in Buenos Aires landet, hat man den Eindruck, man ist in einer europäischen Großstadt. In Mailand oder Barcelona. Europäische Architektur und modisch gekleidete, gut aussehende Menschen stechen ins Auge. Und sie ähneln in ihrem Verhalten unseren temperamentvollen Nachbarn aus Süditalien oder Spanien. Mit einem Unterschied: Zeit ist – wie mittlerweile auch in Südeuropa – Geld. Die gemütlichen Siesta-Zeiten und das „Mañana"-Denken sind längst vorbei. Im argentinischen Wirtschaftsleben scheint die Zeit allerdings in manchen Branchen stehen geblieben zu sein. Pünktlichkeit ist angesichts des Verkehrschaos in Buenos Aires sowieso immer schwierig. So sind Verspätungen von einer Stunde, die im Laufe des Tages immer größer werden, keine Seltenheit. Noch immer steht in den meisten Unternehmen der Patriarch als Entscheidungsträger an der Spitze und moderne Managementkonzepte stecken in den Kinderschuhen. Außer bei den Filialen multinationaler Konzerne, wie zum Beispiel in der Autoindustrie. Dort bemüht man sich, die Unternehmenskultur weltweit gleichzuschalten. Gute Kontakte sind auch in diesem lateinamerikanischen Land der Motor für Geschäfte. Generelles Verhalten: Seien Sie höflich, diplomatisch, aber entschlossen. Und gehen Sie respektvoll mit Ihren Geschäftspartnern um. Die Basis guter Geschäftsverbindungen ist wirkliches Interesse füreinander. Sie sollten wissen, welchen Fußballclub ihr potentieller Kunde bevorzugt, ob er verheiratet ist, Familie hat, was die Kinder machen und wann er Geburtstag hat. Glückwünsche per

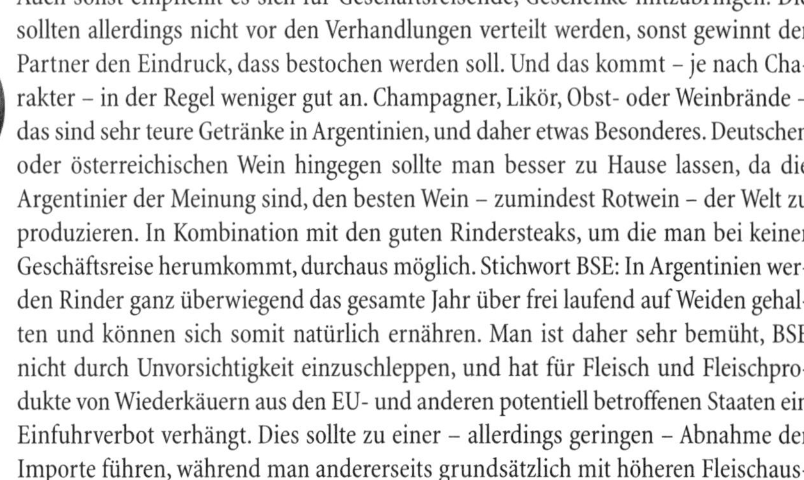

Telefon oder ein kleines Geschenk, persönlich überbracht, schmeichelt dem Kunden und bleibt positiv in Erinnerung.

Auch sonst empfiehlt es sich für Geschäftsreisende, Geschenke mitzubringen. Die sollten allerdings nicht vor den Verhandlungen verteilt werden, sonst gewinnt der Partner den Eindruck, dass bestochen werden soll. Und das kommt – je nach Charakter – in der Regel weniger gut an. Champagner, Likör, Obst- oder Weinbrände – das sind sehr teure Getränke in Argentinien, und daher etwas Besonderes. Deutschen oder österreichischen Wein hingegen sollte man besser zu Hause lassen, da die Argentinier der Meinung sind, den besten Wein – zumindest Rotwein – der Welt zu produzieren. In Kombination mit den guten Rindersteaks, um die man bei keiner Geschäftsreise herumkommt, durchaus möglich. Stichwort BSE: In Argentinien werden Rinder ganz überwiegend das gesamte Jahr über frei laufend auf Weiden gehalten und können sich somit natürlich ernähren. Man ist daher sehr bemüht, BSE nicht durch Unvorsichtigkeit einzuschleppen, und hat für Fleisch und Fleischprodukte von Wiederkäuern aus den EU- und anderen potentiell betroffenen Staaten ein Einfuhrverbot verhängt. Dies sollte zu einer – allerdings geringen – Abnahme der Importe führen, während man andererseits grundsätzlich mit höheren Fleischausfuhren rechnen könnte. Da die Nachfrage nach Rindfleisch in den betroffenen Ländern aber generell stark zurückgegangen ist und die EU die Einfuhr von Rindfleisch seit Jahren kontingentiert (so genannte „Hiltonquote"), wird Argentinien von der neuen Lage wohl erst mittelfristig profitieren können.

Do's & Don'ts

Geschäftssprache: Spanisch. Unternehmer klein- oder mittelständischer Betriebe sprechen meistens nichts anderes, in Filialen multinationaler Konzerne ist die Konzernsprache oft Englisch. Viele sprechen auch Deutsch. Trotzdem ist es besser, Spanisch zu beherrschen, wenn auch fehlerhaft oder gebrochen. Das signalisiert dem potentiellen Kunden wirkliches Interesse an seiner Person. Werbeunterlagen, Angebote und Verträge müssen sowieso ins Spanische übersetzt werden.

Pünktlichkeit: Wird nicht gerade groß geschrieben. Ist auch in Buenos Aires schwer möglich, entweder man kalkuliert so großzügig, dass man im Zweifelsfall eine Stunde zu früh ist, oder man riskiert eine saftige Verspätung. Daher sind Terminabsprachen wie „Ich komme im Laufe des Vormittags" durchaus üblich.

Dresscode: In den Großstädten sind die Geschäftsleute formell gekleidet, in manchen Branchen herrscht Krawattenpflicht. Auf dem Land ist alles lockerer, dort ist man im Anzug overdressed.

Umgangsformen: Man begrüßt sich mit einem Kuss auf die linke Wange und benimmt sich freundlich, herzlich und höflich. Die Höflichkeit reicht so weit, dass vermieden wird, Negatives oder „Nein" zu sagen. Daher sind Deutsche oft orientierungslos, was die Einschätzung der Marktchancen betrifft. Frauen gegenüber sind die Argentinier besonders galant. Das ist keine Anmache, sondern übliches Machogehabe.

Geschenke: Kleine Geschenke erhalten die Freundschaft. CDs von Mozart oder Strauß, Likör, Obstbrände, Whisky oder Champagner, Süßigkeiten. Besonders gut kommen persönliche Aufmerksamkeiten, auch für Gattin und Kinder des Geschäftspartners, an. Hier gilt es gut hinzuhören. Keinen Wein, auch Lederwaren und Messer eignen sich nicht.

Geschäftsessen/Einladungen: Finden im Restaurant statt, häufig zu Mittag (ab 14 Uhr), seltener am Abend (ab 22 Uhr). Es sei denn, es gilt, einen Geschäftsabschluss zu feiern. Dann gehen die Argentinier gerne mit ihren ausländischen Gästen in ein Tangolokal, dort läuft die ganze Nacht eine Show, man isst, plaudert und bewundert die eleganten Abendkleider der Damen. Dementsprechend gehört Abendgarderobe auch in den Koffer des Geschäftsreisenden.

Können auch im Privaten stattfinden. Besonders, wenn es um große Geschäfte geht, der argentinische Partner in einem vorzeigbaren Ambiente lebt und ein guter persönlicher Draht besteht. Hier kann man sich auf einiges gefasst machen: Die Hausfrau kocht groß auf, der Hausherr grillt Unmengen an Fleisch (das argentinische Rindfleisch gilt als das beste der Welt und ist bis jetzt noch frei von BSE), und man lernt die ganze Familie kennen. Schokolade oder Getränke (Whisky, Champagner) mitbringen.

Gesprächsthemen/Tabus: Wer sich im Sport auskennt, punktet. Kompetenz in Sachen Fußball ist besonders wichtig, aber auch Tennis und Motorsport sind in. Ansonsten ist auch die Familie ein gutes Thema, die gemeinsamen Wurzeln und der hohe Bildungsstand der Argentinier. Über Politik (Millitärdiktatur und Falkland Inseln), Wirtschaftskrisen und die hohe Kriminalitätsquote (Überfälle, Geldwäsche) sollte man sich besser nicht auslassen.

Sicherheit: Der Geschäftsreisende ist hauptsächlich mit relativ harmlosen Taschendiebstählen konfrontiert. Es kann aber auch zu Überfällen in Taxis und Mietautos kommen. Daher: Taxis nicht an der Straße heranwinken, sondern immer im Hotel oder Büro des Geschäftspartners bestellen (Unternehmen, Name des Fahrers, Autonummer notieren), in einsamen Gegenden nicht an roten Ampeln halten, sondern langsam weiterfahren.

Visitenkarten: Ins Spanische übersetzen lassen.

Unternehmenskultur/Entscheidungsträger: Klein- und mittelständische Unternehmen sind vorwiegend im Familienbesitz und patriarchalisch geführt. Ableger der Multis verfügen über moderne Managementkonzepte, die Hierarchien werden zunehmend flacher.

Verhandlungstaktik: Nicht mit der Tür ins Haus fallen, sondern erst ein wenig Small Talk machen (Reise, Familie, Neuigkeiten aus Europa etc.) Für große Geschäfte viel Zeit und Geduld mitbringen, die Verhandlungen dauern mehrere Stunden, je nach Projekt auch mehrere Treffen. Niemals den argentinischen Kunden unter Druck setzen oder gar aggressiv werden, dann wendet er sich ab. Höflichkeit geht über alles, die Argentinier sind sehr stolz und reagieren auf Verletzungen desselben äußerst sensibel.

Verträge: Die Mühlen der Bürokratie mahlen langsam, alles, was beglaubigt oder mit Stempelmarken versehen werden muss, dauert ewig. Aber auch das Aushandeln eines Vertrages. Sind alle Details geklärt, wird der Tag der Unterschrift meistens schon sehr herbeigesehnt.

Umgang mit Konflikten: Kritik so schonend wie möglich, immer sachbezogen. Am besten erst etwas Positives sagen, dann seinen Standpunkt darlegen, wenn möglich eine Lösungsvariante vorschlagen, und zum Schluss den Verhandlungspartner allgemein würdigen.

Australien

Commonwealth of Australia
Einwohner: 18,7 Millionen
BSP/Einwohner: 20.640 $
Amtssprache: Englisch
Religion: 70,3 % Christen
Wichtigste Außenhandelspartner: USA, Japan, VR China, Deutschland

Mit einem Repertoire an Heimatliedern ...

Australien wurde als letzter Kontinent im 17. Jahrhundert von Europäern entdeckt: der Kontinent im Süden, die Terra Australis. Von diesem lateinischen Ausdruck, der Südland bedeutet, wurde der Name Australien abgeleitet. Der britische Forschungsreisende Matthew Flinders (1774–1814) umsegelte als Erster den Kontinent und kartografierte die Küstenlinie. „Entdeckt" wurde das Land durch den Holländer William Jansz 1606, James Cook nahm es 1770 für Großbritannien in Besitz. Mitsamt den 750.000 Aborigines. 1788 trafen die ersten Siedler ein – 700 Strafgefangene und ihre 200 Bewacher. Um 1830 lebten in Australien etwa 58.000 Sträflinge, davon 50.000 Männer. Auch freie Siedler kamen ins Land, doch die große Einwanderungswelle schwappte erst 1851 nach Australien – mit der Entdeckung der ersten Goldminen. Und auch heute noch spielen Bergbau und Bodenschätze eine wesentliche Rolle in Australiens Wirtschaftsleben.

Zwar nehmen die USA immer mehr Einfluss auf die Australische Wirtschaft, doch mentalitätsmäßig sind die Australier Europäer beziehungsweise Briten geblieben. Zumindest betreffend ihre Geradlinigkeit und ihren Hang zum Understatement. Verträge verhandeln sie bis ins kleinste Detail, es gilt britisches Recht und die Unterschrift zählt so viel wie Brief und Siegel. Die Anrede mit akademischen Titeln wirkt eher erheiternd als distinguiert und es herrscht insgesamt ein entspannter und unkomplizierter Kommunikationsstil. Prahlen und Angeben sind unbedingt zu vermeiden. Und besonders allergisch reagieren die Australier auf Autorität und Besserwisserei. Wer allerdings Taktgefühl und höfliche Umgangsformen auch bei Meinungsverschiedenheiten behält, erntet Hochachtung und Freundschaft.

Sich selbst sehen die heutigen Australier allerdings längst nicht mehr als Bürger des britischen Empires. Sie besitzen ein starkes Nationalgefühl. Das betonen sie immer wieder, besonders bei Geschäftsessen, die nicht selten mit Singen der australischen Nationalhymne enden. Apropos Singen: Musikalische Darbietungen werden übri-

gens auch vom Gast erwartet: „Ach, wär' ich doch in Düsseldorf geblieben ...", „Hoch auf dem gelben Wagen ..." oder die klassischen Operettenschlager kommen besonders gut an.
Generell gilt: Die wichtigste Voraussetzung für Geschäftserfolg in Australien ist Präsenz. Sie müssen sich auf den langen Weg machen und vor Ort prüfen, was machbar ist. Auch in Zeiten modernster Kommunikationstechnologie ist es kaum möglich, vom Schreibtisch in Deutschland oder der Schweiz aus Geschäfte in diesem Teil der Welt einzuleiten. Videokonferenzen können nicht den persönlichen Kontakt ersetzen. Angebote oder Firmenpräsentationen, die unaufgefordert per Post einlangen, bleiben in der Regel unbeantwortet. Der Australier nimmt an, dass dem einführenden Brief ein persönlicher Besuch folgt. Geschieht das nicht in angemessener Zeit, wird der Australier schließen, der Europäer habe inzwischen das Interesse verloren. Offensichtlich ist der Weg von Deutschland nach Australien weiter als umgekehrt. Denn: Die Australier nützen fast jede Chance, um in Europa – zum Beispiel auf Messen – präsent zu sein.

Do's & Don'ts

Geschäftssprache: Englisch. In Adelaide sprechen viele sogar Deutsch.

Pünktlichkeit: Spielt im Geschäftsleben eine wesentliche Rolle. Insbesondere bei Telefonaten. Bei einer Zeitverschiebung von acht Stunden muss der Mitteleuropäer schon um 8 Uhr morgens zum Hörer greifen, um seinen Geschäftspartner in Australien vor Dienstschluss zu erwischen.

Dresscode: Geschäftliche Besprechungen und offizielle Meetings absolviert man noch immer am besten im Anzug. Mit Krawatte, versteht sich. Frauen im Kostüm oder Hosenanzug. Ansonsten ist „casual" angesagt, Polo-Shirt: Pullover und lockere Stoffhose (Jeans und T-Shirts ohne Kragen sind in privaten Sportclubs – insbesondere in Golfclubs – verpönt).

Umgangsformen: Es herrschen europäische Gepflogenheiten. Die Menschen sind im Schnitt freundlich, offen, herzlich und nennen ihre Geschäftspartner schnell beim Vornamen. Einziger Unterschied: Es gilt als unhöflich, seinem Gegenüber Zigaretten anzubieten (es sei denn, man kennt ihn schon und weiß, dass er raucht). Rauchen gilt bei vielen Australiern als persönliche Schwäche.

Geschenke: Auch hier gilt das Sprichwort „Kleine Geschenke erhalten die Freundschaft" – und regionale kulinarische Spezialitäten werden in Australien sehr geschätzt. Sachertorte aus Österreich, Schokolade aus der Schweiz, Wein von der

Mosel. Wichtig ist, zum Geburtstag des Geschäftspartners entsprechend zu reagieren (Paket und Karte schicken) und bei Firmenjubiläen persönlich zu erscheinen.

Geschäftsessen/Einladungen: Zahlreiche Australier nutzen die zwanglose Atmosphäre am Mittagstisch, um wichtige Entscheidungen zu treffen. Nicht nur in Bezug auf Geschäfte mit anderen Firmen, sondern auch unternehmensintern. Abendessen finden häufig in Lokalen mit Live-Musik statt. Australier singen gern und der ausländische Geschäftspartner sollte sich darauf einstellen, ein Liedchen aus der Heimat zu trällern.

Einladungen sind wichtige Rituale zwischen den Geschäftspartnern und dienen der Vertiefung der persönlichen Beziehung. Wer in Australien ist, sollte immer noch ein paar Tage für eine kleine Sightseeing-Tour reservieren. Der Partner vor Ort wird das Interesse an „seinem" Land zu schätzen wissen und nach Möglichkeit als Begleiter zur Verfügung stehen. Die gleiche Gastfreundschaft erwartet er auch beim Gegenbesuch: Oper, Theater, Ausflüge zu den wichtigsten Sehenswürdigkeiten – das ganze Programm in hoher Qualität.

Gesprächsthemen/Tabus: Komplimente über die Schönheit des Kontinents hören alle Australier gerne. Tabus gibt es eigentlich nicht. Zu Schilderungen über die Geschichte Australiens und über den Umgang mit den Aborigines besser keinen Kommentar abgeben.

Sicherheit: Keine besonderen Sicherheitsvorkehrungen erforderlich.

Visitenkarten: Auf Englisch. Und da sich jeder in knappen Worten persönlich vorstellt, ist es bei dieser Gelegenheit üblich, gleich die Karte zu übergeben.

Unternehmenskultur/Entscheidungsträger: Flache Hierarchien, Ihr Verhandlungspartner ist in der Regel mit der nötigen Entscheidungskompetenz ausgestattet, die Geschäfte bis zum Ende zu führen.

Verhandlungstaktik: Die persönliche Beziehung muss stimmen. Dann kommen die Australier schnell zum Thema und sagen offen, was Sache ist. Auf Österreicher wirkt diese Direktheit fast schon ein wenig verletzend, zumindest als hätten sie wenig Manieren und wenig Finesse. Dennoch ist sie niemals böse gemeint, denn in der Regel sind die Australier genau wie die Deutschen und die Schweizer freundliche, geradlinige Menschen, die einfach stolz darauf sind, zu sagen, was sie denken.

Verträge: Wie in Großbritannien, es gilt englisches Recht. Nachdem alle Details verhandelt sind und die Unterschrift steht – Handschlagqualität.

Umgang mit Konflikten: Die 20.000 Kilometer Distanz retten nicht über verschie-

dene Problemsituationen hinweg. Bei Reklamationen zum Beispiel erwartet der australische Kunde prompte Reaktion. Deshalb ist es besser, vor Ort einen verlässlichen Partner zu haben.

Belgien

Königreich Belgien
Einwohner: ca. 10 Millionen
BSP/Einwohner: 25.380 $
Hauptstadt: Brüssel
Amtssprache: Niederländisch, Französisch, Deutsch
Religion: 81 % Katholiken
Wichtigste Außenhandelspartner: Deutschland, Niederlande, Frankreich, Großbritannien, USA, Italien

Für jede Provinz gelten andere Benimmregeln

Die Umgangsformen im Wirtschaftsleben sind in Belgien von starken regionalen Unterschieden gekennzeichnet. Wie in der Schweiz sind Sprache und Mentalität von Provinz zu Provinz verschieden. Mehr als die Hälfte der Bevölkerung bilden die in den nördlichen Provinzen lebenden Flamen, die Flämisch, eine lokale Version des Niederländischen, sprechen. Sie gelten als introvertiert, höflich und reserviert. Erst nach langer Geschäftsbeziehung entwickeln sie Vertrauen, sind dann allerdings Freunde fürs Leben.

In den südlichen und östlichen Provinzen leben die Französisch sprechenden Wallonen. Sie wirken eher extrovertiert, spontan und lebendig. Mit ihnen ist die Kontaktaufnahme relativ unkompliziert. Allerdings scheinen sie auch oberflächlicher als ihre flämischen Landsleute zu sein. Eine kleine deutschsprachige Minderheit hat sich im östlichen Kanton der Provinz Liège (Lüttich) angesiedelt. Brüssel und seine Umgebung haben fast eine Million Einwohner, die in der Regel zweisprachig (Niederländisch und Französisch) aufwachsen und kosmopolitisch agieren.

Ob Flame oder Wallone, in einem Punkt sind sich alle einig, und dieser betrifft die Wertschätzung des Königshauses: Der König stellt in diesem mehrheitlich katholischen Land eine sehr wichtige und von den Belgiern anerkannte Integrationsfigur dar.

Interessant die Beschäftigungsdaten in diesem Land: Gemäß einer im Juni 2000 veröffentlichten Studie der OECD verfügt Belgien über die höchste Arbeitsproduktivität der Mitgliedsländer. Hintergründe: Dieses Ergebnis beruht vor allem darauf, dass in Belgien ein größerer Anteil von Arbeitnehmern über eine höhere Schulausbildung verfügt als in den Nachbarländern Frankreich, Holland und Deutschland. In Belgien gibt es aber für schlecht ausgebildete Arbeitskräfte nur mehr wenig Arbeitsgelegenheiten, daher spricht man von einer strukturellen Arbeitslosigkeit, die bei 8,25 Prozent liegt.

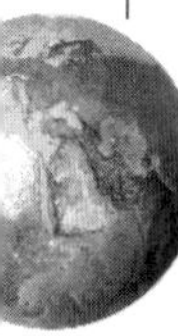

Do's & Don'ts

Geschäftssprache: Die Flamen sprechen Niederländisch, die Wallonen Französisch, Brüssel ist zweisprachig. Bei der Korrespondenz, aber auch bei technischen Unterlagen und Bedienungsunterlagen auf die Sprachtrennung Rücksicht nehmen. Als Faustregel gilt: Orte, deren Postleitzahlen mit 2, 3, 8, 9, 15 oder 19 beginnen: Schriftverkehr und Geschäftssprache Niederländisch, Deutsch oder Englisch. Beginnen die Postleitzahlen mit 4, 5, 6, 7, 13 oder 14, ist Französisch (oder Englisch) zu verwenden. Der Raum Brüssel (die PLZ beginnt mit 1) ist zweisprachig. Einen verlässlichen Hinweis auf die verwendete Sprache bieten auch die Straßennamen.

Pünktlichkeit: Im Geschäftsleben wird Pünktlichkeit erwartet, meistens auch eingehalten, bei privaten Einladungen sollte man eine Viertelstunde später kommen.

Dresscode: Klassisch-konservativ.

Umgangsformen: Die Flamen gelten als sehr fleißig, geschäftstüchtig und höflich, beim Erstkontakt sind sie oft reserviert, zurückhaltend und ein wenig wortkarg. Die Wallonen wirken extrovertierter, selbstbewusster und spontaner. Ihre Körpersprache ist gestenreicher als die der Flamen und sie scheinen herzlicher, aber auch oberflächlicher zu sein.

Geschenke: Kleine Aufmerksamkeiten mit regionalem Bezug sind gern gesehen, wie Süßigkeiten, kulinarische Spezialitäten und Bildbände für die Flamen, neben Süßigkeiten auch Wein, Whisky oder Champagner für die Wallonen.

Geschäftsessen/Einladungen: Finden bei den Flamen hauptsächlich zur Mittagszeit statt, der Abend gehört der Familie. Anders die Wallonen, sie gehen auch abends gerne aus und legen sehr viel Wert auf gutes Essen in gehobenen Restaurants. Einladungen ins eigene Heim sind eher unüblich, hingegen zu sportlichen Veranstaltungen – in die eigene Loge – populär und gern gesehen.

Gesprächsthemen/Tabus: Bei den Flamen lockern Themen wie Urlaub (den verbringen viele in Österreich), Familie (Kinder!) und Sport (Fußball) die Atmosphäre. Bei den Wallonen empfehlen sich Komplimente über Kunst, Kultur und die gute Küche als Start einer Unterhaltung. Politische Diskussionen, Kritik jeglicher Art, insbesondere am allgemein geachteten Königshaus, und zu privaten Themen besser vermeiden.

Sicherheit: Keine besonderen Sicherheitsvorkehrungen erforderlich.

Visitenkarten: Entweder in Französisch und Niederländisch, um jedem gerecht zu werden, oder der Einfachheit halber auf Englisch.

Unternehmenskultur/Entscheidungsträger: Im flämischen Teil Belgiens dominieren kleine und mittlere Familienunternehmen, der Geschäftsführer entscheidet. Die wallonische Wirtschaft leidet heute noch an der Bürokratie der staatlichen Industrie. Hier dauern Entscheidungen erfahrungsgemäß länger.

Verhandlungstaktik: Flamen nicht auf Französich, Wallonen nicht auf Niederländisch oder Deutsch anreden – hier punktet derjenige, der die Unterschiede kennt und akzeptiert. Im Zweifelsfall aufs sichere Englisch zurückgreifen. Ansonsten pragmatisch, offen und höflich vorgehen. Nicht mit der Tür ins Haus fallen, aber auch nicht allzu lange um den heißen Brei herumreden.

Verträge: Egal, ob Flamen oder Wallonen – alle haben Handschlagqualität.

Umgang mit Konflikten: Unangenehmes „durch die Blume" mitteilen.

Brasilien

Förderative Republik Brasilien
Einwohner: 166 Millionen
BSP/Einwohner: 4630 $
Hauptstadt: Brasilia
Amtssprache: Portugiesisch
Religion: 75 % Katholiken, 10 % Protestanten
Wichtigste Außenhandelspartner: USA, Argentinien, Deutschland, Niederlande, Japan, Italien

Fußballfans punkten auch im Business

Wer Diego Maradona für einen brasilianischen Fußballstar hält, punktet gleich zwei Mal minus. Zum einen, weil er seine Inkompetenz im brasilianischen Nationalsport unter Beweis gestellt hat – eine grobe Verletzung des Verhaltenskodex. Die Fußballleidenschaft der Brasilianer ist so groß, dass während eines wichtigen Länderspiels zuweilen sogar die Geschäfte und Schulen geschlossen sind. Zum anderen, weil er Argentiniens Erfolge auf die brasilianische Fahne geschrieben hat. Auch nicht gerade geschickt. Die meisten Brasilianer sehen Argentinien als traditionellen Rivalen ihres Vaterlandes – und bekommen bei der bloßen Erwähnung dieses Nachbarlandes schlechte Laune. Für erfolgreiche Verhandlungen kein guter Ausgangspunkt. Für Small Talk gibt's bessere Themen: Mit Fußball ist man schon auf dem richtigen Weg. Das erfolgreiche Fußball-Idol Pélé dürfte sowieso jeder kennen, aber auch jetzt haben die Brasilianer internationale Klasse: Paolo Sergio (Bayern München), Romario (Inter Mailand) und Paolo Rink (Bayer Leverkusen) sind Namen, die man kennen sollte. Aber auch die Familie ist ein gutes, unverfängliches Gesprächsthema. Kritik an Politik und Religion besser vermeiden – Brasilien ist das größte katholische Land der Welt. Besondere Sensibilität erfordert der Umgang mit jüdischen Familien. Sie haben vielfach deutsche Wurzeln, wie der berühmte Juwelier Stern.

Wie alle Bewohner lateinamerikanischer Länder haben auch die Brasilianer für Geselligkeit und Feierlichkeiten viel übrig. Nicht umsonst ist Rio de Janeiro die Metropole des Karnevals. Business-Transaktionen in dieser Zeit sind nicht zu empfehlen. Sehr wohl jedoch Aufbau einer persönlichen Beziehung oder Kontaktpflege. Mit Freundlichkeit und Fingerspitzengefühl ist ein gutes Klima schnell hergestellt, denn ihrer Mentalität entsprechend sind Brasilianer umgänglich, friedfertig, herzlich, out-going und kommunikativ. Und als Deutscher, Österreicher oder Schweizer hat man sowieso ein positives Image und gilt als seriös, ehrlich und verlässlich.

Do's & Don'ts

Geschäftssprache: Zwar sprechen viele Geschäftsleute Englisch, dennoch ist es besser, auf Portugiesisch zu verhandeln. Angebote, technische Dokumente und Bedienungsunterlagen sollten generell ins Portugiesische übersetzt werden.

Pünktlichkeit: In Anbetracht der turbulenten Verkehrssituation in Rio und Sao Paulo, aber auch weil die Brasilianer einfach einen anderen Umgang mit der Zeit haben, sind Verspätungen bis zu einer Stunde keine Seltenheit und werden durchaus toleriert.

Dresscode: In den Business-Metropolen kleiden sich die Executives konservativ. In anderen Regionen tragen nur Banker und Anwälte Krawatten, die anderen meistens weiße Hemden, ganz leger und aufgekrempelt – dem Klima entsprechend.

Umgangsformen: Es ist schwierig, konkrete Antworten zu bekommen. „Ja" heißt maximal „Wahrscheinlich" und „Nein" kommt so gut wie gar nicht vor. Je nachdem, wie hoch die Auslandserfahrung des jeweiligen brasilianischen Verhandlungspartners ist, vermeidet er, Stellung zu beziehen. Drängendes Verhalten wird als aggressiv empfunden, daher: Erst einmal eine gute Beziehung etablieren, lächeln und sich wirklich für die Person, deren Einstellungen, Werte und Bedürfnisse interessieren. Das ist nicht schwer, da die meisten Brasilianer sehr offen und herzlich sind. Dementsprechend findet auch mehr Körperkontakt statt. Die Anrede erfolgt meistens mit Senhor (bei Männern) und Dona (bei Frauen) plus Vornamen, man ist schnell per „Du".

Geschenke: Werden gern gesehen, besonders Aufmerksamkeiten mit regionalem Bezug wie Mozart-Kugeln aus Österreich, Bildbände von den Alpen und Porzellan-Figuren. Allerdings können Sie auch mit verschiedenen Bier-Spezialitäten punkten, denn Bier ist in Brasilien noch immer das Nationalgetränk. Es wird jedoch immer populärer, auch Wein zu trinken. Eine Auswahl heimischer Weine, besonders Rotweine, sind daher auch ein geschätztes Mitbringsel.

Geschäftsessen/Einladungen: Die Brasilianer sind sehr gastfreundlich. Einladungen führen meistens in die Clubs oder Restaurants (hier kommen Fleischliebhaber auf ihre Kosten). Gemeinsames Essen dient der Beziehungspflege, Geschäfte werden erst nach dem Kaffee besprochen.

Gesprächsthemen/Tabus: Zu vermeiden ist Kritik jeglicher Art an Gesellschaft

und Politik – auch wenn der Brasilianer selber lästert. Wer sich im brasilianischen Fußball auskennt, punktet. Weitere beliebte Sportarten sind Basketball, Volleyball, Rudern, Fischen, Schwimmen und Autorennen. Andere gute Themen: Familie, Kultur und die Schönheit der Landschaft loben. Keine negativen Statements über die US-Amerikaner! Die Brasilianer sehen sich selber als Amerikaner.

Sicherheit: Regeln für die persönliche Sicherheit sollten in Rio oder Sao Paulo auf jeden Fall beachtet werden. Spaziergänge in den Zentren mit Aktentasche, einer teuren Uhr am Handgelenk oder anderem Schmuck sind keineswegs zu empfehlen.

Visitenkarten: Ins Portugiesische übersetzen lassen.

Unternehmenskultur/Entscheidungsträger: Brasilianische Unternehmen sind deutlich hierarchisch gegliedert. Ein Middle-Management gibt es praktisch gar nicht. Verhandlungen in der Hierarchie möglichst hoch ansetzen. Entscheidungsgewalt hat meistens der Geschäftsführer.

Verhandlungstaktik: Gegenseitiges Vertrauen und eine gute persönliche Beziehung hat im Geschäftsleben einen hohen Stellenwert. Daher kommt es nicht gut an, häufig den Exportmanager zu wechseln. Die Verhandlungen selbst können sich ziemlich turbulent entwickeln: Telefonate und Besprechungen zwischendurch – alles ist möglich.

Verträge: Auch unterschriebene Verträge sind nach unseren Maßstäben eher als Absichtserklärung denn als rechtsgültiger Vertrag zu betrachten. Akkreditive als Zahlungsmittel sind zwar anzustreben, aber aufgrund der schlechten Kapitalausstattung brasilianischer Klein- und Mittelbetriebe oft nicht möglich. Nicht selten streben brasilianische Geschäftspartner Ratenzahlung (z. B. zwölf oder 24 Monatsraten, allerdings mit Zinsausgleich) an. Auf jeden Fall sollte der Vertrag von einem brasilianischen Anwalt aufgesetzt werden, da sich das brasilianische Recht doch sehr von unserem unterscheidet.

Umgang mit Konflikten: Gemäß ihrer südländischen Mentalität nehmen die meisten Brasilianer alles sehr persönlich und reagieren extrem emotional. Die meisten Konflikte enden in einem Kompromiss und gerichtliche Verfahren in einem Vergleich.

Bulgarien

Republik Bulgarien
Einwohner: ca. 8,2 Millionen
BSP/Einwohner: 1220 $
Hauptstadt: Sofia
Amtssprache: Bulgarisch
Religion: 86 Prozent bulgarisch-orthodoxe Christen, 13,1 % Muslime
Wichtigste Außenhandelspartner: Russland, Deutschland, Italien, Griechenland, Frankreich, Türkei, Österreich

Wenn Nicken „Nein“ heißt ...

„Wenn ich spontan einen Vergleich ziehe zwischen dem Leben eines durchschnittlichen Weltbürgers und dem eines durchschnittlichen Bulgaren, scheint der Unterschied unendlich groß zu sein. Das Leben eines Westlers lässt sich darstellen als naive kindliche Malerei, während die Wirklichkeit eines Bulgaren eher einem kryptischen Gemälde aus Symbolen und abstrakten Formen entspricht. Die Faktoren und Kräfte, deren Einfluß unsereins ausgesetzt ist, sind sehr viel zahlreicher, als es sich ein Westler vorzustellen vermag. Während der Bürger im Westen ständig auf Zugewinn aus ist, gilt unser Streben hauptsächlich der Bewahrung dessen, was wir besitzen.“ Robert D. Kaplan zitiert in seinem Buch „Die Geister des Balkans“ (Kabel Verlag) den berühmten bulgarischen Schriftsteller und Regime-Kritiker Gorgi Makrov als Einleitung in das Kapitel Bulgarien „Geschichten aus dem kommunistischen Byzanz“. Byzanz aus folgendem Grund: Um 680 gründeten Ur-Bulgaren aus der Wolga-Gegend das erste bulgarische Zarenreich, das 300 Jahre hielt. Dann begann eine unruhige Zeit: Byzantiner, Kreuzzügler, Tataren, Magyaren, Bojaren drangen ein und schlugen sich gegenseitig in die Flucht. Als Ende des 14. Jahrhunderts die Türken kamen und sich für ein halbes Jahrhundert auf der Balkan-Halbinsel festsetzten, hörten die Zwistigkeiten auf. Aber Bulgarien verfiel in einen Sumpf von Schlendrian und Korruption, der ihm den Ruf vom „finstersten Balkan“ einbrachte. 1878 gelang es Aufständischen mit russischer Hilfe, Bulgarien von den Türken zu befreien und ein neues Zarenreich zu gründen. Das bestand bis 1944, als die Sowjetunion die östliche Balkan-Halbinsel unter ihre Fittiche nahm. Erst ein halbes Jahrhundert später, nach Auflösung des Ostblocks, konnte sich Bulgarien lösen. Das Land wurde eine selbstständige parlamentarische Republik, die seit 1995 mit der EU assoziiert ist.

Dennoch hat Bulgarien bezüglich Russland kein Feindbild. Die russische Kultur ist gegenwärtig. Man sieht sich auch heute noch als loyaler Partner. Und Loyalität wird auch zwischen Geschäftspartnern groß geschrieben. „Zwar sind viele Bulgaren auf den persönlichen Vorteil bedacht", haben zahlreiche Exporteure erfahren. „Ist der persönliche Kontakt jedoch sehr gut und signalisiert der westeuropäische Verhandlungspartner langfristiges Interesse, können die Bulgaren durchaus Handschlagqualität besitzen." Allerdings sind unsere Erfahrungen ebenso von unserem Verhalten abhängig: „Wer als großer Belehrer kommt und glaubt, alles besser zu wissen, wird auf höfliche Ablehnung treffen", meint ein Exportmanager aus der Elektronikbranche, der seit mehr als zehn Jahren mit Bulgaren verhandelt. „Wer jedoch wirklich Interesse zeigt, zuhört und die Bedürfnisse der Verhandlungspartner kennen lernen will, wird echte Freunde finden, die ihm auch jederzeit Kontakte zu anderen potentiellen Geschäftspartnern herstellen."

Do's & Don'ts

Geschäftssprache: Englisch. Bei Verhandlungen mit staatlichen Stellen Dolmetscher mitbringen.

Pünktlichkeit: Entspricht unseren Gepflogenheiten.

Dresscode: Konservativ, Anzug und Krawatte, Frauen im Kostüm – alles ohne übertriebenen modischen Chic.

Umgangsformen: Langer Händedruck, Schulterklopfen sind besondere Zeichen der Wertschätzung, intensiver Augenkontakt wird jedoch als unangenehm empfunden. Es ist wieder in Mode gekommen, Frauen die Hand zu küssen. Gestik: Aufpassen! Nicken heißt in diesem Land „Nein" und Kopfschütteln „Ja"!

Geschenke: Da man oft selbst beschenkt wird – und zwar mit rot-weißen Glücksbringern –, sollte man nicht mit leeren Händen kommen. Gern gesehen sind noch immer Zigaretten und Zigarren, Feuerzeuge, hochwertiger Cognac, CDs mit klassischer Musik, Bildbände über die Alpen oder über deutsche Städte/Inseln, exklusive Kugelschreiber, Solarrechner und elektronische Terminkalender. Die Praxis zeigt, dass mit Geld gefüllte Briefumschläge helfen, die geschäftlichen Vorgänge zu beschleunigen.

Geschäftsessen/Einladungen: Finden zu Mittag und auch am Abend statt. Mittags ist das Essen „leichter": Moussaka (ein Gericht aus Hackfleisch, Kartoffeln, Zwiebeln und Jogurt), Nadenitsa (gefüllte Schweinswurst), Sarmi (mit Reis und Schweinefleisch gefüllte Wein- oder Kohlblätter). Abends gibt's meistens gegrilltes Fleisch

(Skara) wie Shishcheta (Lammspieß). Dazu wird Shopska serviert, ein Salat mit bulgarischem Käse, Gurken und Tomaten. Das Abendessen beginnt um ca. 20 Uhr und zieht sich bis nach Mitternacht. Der gemütliche Teil besteht aus Plaudern, Rotweintrinken und Live-Musik Hören.

Bulgaren sind stolz auf ihre Gastfreundschaft, unterhalten sich gerne und laden Ihre Geschäftspartner bei näherer Bekanntschaft auch zu sich nach Hause zum Abendessen ein. Bringen Sie für Ihren Gastgeber eine Kleinigkeit mit, auch für dessen Frau und Kinder. Und kalkulieren Sie Ihre Zeit großzügig. Es wird als unhöflich betrachtet, früh zu gehen.

Gesprächsthemen/Tabus: Tabu sind die Minderheiten (Türken, zum Teil auch Sinti und Roma) und die politische Vergangenheit (Kommunismus). Stolz ist der Bulgare auf die Leistungen seiner Sportler (Fußball, Leichtathletik, rhythmische Gymnastik) – wer sich da auskennt, punktet sofort.

Sicherheit: Da sich die bulgarische Gesellschaft in einer Umbruchphase befindet, sind die Vorstellungen von gutem oder schlechtem Benehmen ins Wanken geraten. Einbrüche und Überfälle kommen häufig vor. Geschäftsreisende sind eher mit Taschendieben konfrontiert. Hat Ihr Auto eine tolle Marke, sollten Sie besonders gut darauf aufpassen. Oder es am besten zu Hause lassen. Frauen: Sind den Männern beruflich und sozial gleichgestellt. Sie verfügen häufig über eine gute, zum Teil akademische Ausbildung und über ein hohes technisches Verständnis.

Visitenkarten: Werden üblicherweise ausgetauscht.

Unternehmenskultur/Entscheidungsträger: Ist fast immer der Firmenchef. Starkes Hierarchiedenken!

Verhandlungstaktik: Zeitaufwendig. Die Phase der Vorbereitung dauert. Einander kennen lernen, Vertrauen aufbauen – dann kann man zum Wesentlichen vordringen. Als Folge kommunistischer Geheimniskrämerei sind die Bulgaren mit Informationen sehr zurückhaltend, sofern sie ihren Geschäftspartner nicht gut kennen.

Verträge: Werden eingehalten.

Umgang mit Konflikten: Persönliche Kritik können Bulgaren schwer nehmen, auf Rechthaberei und Dominanz reagieren sie mit emotionalem Rückzug. Daher: So sachbezogen wie möglich argumentieren.

Chile

Republik Chile
Einwohner: 14,8 Millionen
BSP/Einwohner: 4990 $
Hauptstadt: Santiago de Chile
Amtssprache: Spanisch
Religion: 77 % Katholiken, 13 % Protestanten
Wichtigste Außenhandelspartner: USA, Argentinien, Brasilien, Mexiko, Deutschland

Das Preußen Lateinamerikas

Wer in Chile Siesta haltende Indios mit großen Sombreros sucht, wird bei seiner Ankunft in Santiago enttäuscht sein. Die Realität ist ungefähr das Gegenteil von den europäische Klischeevorstellungen: vorbeihastende, gut gekleidete Menschen, moderne Autos, Smog, vor allem in den äußeren Stadtteilen, auch an Sonn- und Feiertagen durchgehende Geschäftszeiten bis um 21 Uhr, rege Bautätigkeit, vor allem von Hochhäusern. Chile gilt als das Preußen Lateinamerikas. Zwar haben sich die Menschen ihre Lebenslust und Gastfreundschaft bewahrt – dennoch: Das Wirtschaftsleben ist alles andere als „gemütlich". Immer stärker durch den Stil der USA geprägt, haben sich aus den improvisierten Handwerksbetrieben konkurrenzfähige Exportunternehmen gebildet. In den achtziger und neunziger Jahren gab es einen Boom mit durchschnittlichen Wachstumsraten von sechs bis sieben Prozent. Dieser wurde einerseits durch die Öffnung des Landes für ausländisches Kapital hervorgerufen, andererseits durch eine Liberalisierungspolitik nach dem Friedmannschen Modell, den so genannten Chicago Boys, deren bekanntester Exponent hier der Minister Büchi ist. Auch der Bildungsstand ist in Chile sehr hoch. Auslandsstudien in den USA oder in Europa, hauptsächlich in Spanien, sind durchaus üblich. Und auch die rege Reisetätigkeit der wirtschaftlich tätigen Chilenen sorgt für internationales Know-how. Zahlreiche Chilenen reisen jährlich mehrere Male nach Europa, USA und Asien. Es gibt mittlerweile um die 70 Universitäten. Der allgemeine Bildungsstand steht dem Europas nur wenig nach und ist in manchen Schichten sogar stärker ausgeprägt.

Wer in Chile wirtschaftlichen Erfolg wünscht, sollte einen einheimischen Vertreter mit guten Kontakten engagieren. Von der Praxis, den chilenischen Markt von Argentinien oder aus anderen angrenzenden Ländern bearbeiten zu lassen, raten die in

Chile erfolgreichen Unternehmen ab. „Dies ist weder praktisch, noch wird es gern gesehen", empfiehlt ein international agierender Unternehmensberater. Ein weiterer Vorteil Chiles: Auch dem Vorurteil lateinamerikanischer Arbeitsauffassung entsprechen die Chilenen nicht. Im Gegenteil: Sie sind genau, pünktlich und motiviert – Arbeitseifer ist eine Frage der Ehre. Auch Korruption wird klein geschrieben, Geschäftsethik dagegen groß. Alles läuft unter dem Ehrenkodex der Grundanständigkeit und abweichendes Verhalten stößt auf wenig Sympathie. Wer also zum Beispiel einem Polizisten, aufgrund einer Verkehrsübertretung, Geld anbietet, riskiert verhaftet zu werden.

So sind die Chilenen im Umgang leicht zu behandeln. Gespräche sind relativ schnell aufzubauen, da die Gesprächspartner kommunikativ und an allem interessiert sind, was in der Welt vorgeht. Dennoch ist wichtig, dass sich der europäische Executive zurückhaltend und höflich verhält, die meisten Chilenen sind allergisch gegen Leutseligkeit und Besserwisserei. Ihre persönliche Höflichkeit geht allerdings oft so weit, dass ihre Geschäftspartner ein wenig orientierungslos sind. Man muss sehr genau hinhören, wenn man herausfinden will, welche Position der Gesprächspartner wirklich einnimmt. Sie vermeiden ein klares Nein und flüchten sich in Floskeln wie „Wir werden Ihr Anliegen prüfen".

Do's & Don'ts

Geschäftssprache: Spanisch, vor allem wenn man mit dem mittleren Management verhandelt. Nur die besonders gebildete Schicht spricht Englisch. Auch alle schriftlichen Unterlagen, Angebote, Bedienungsanleitungen und Verträge sollten ins Spanische übersetzt sein.

Pünktlichkeit: Termine werden eingehalten, vielleicht sogar mehr als in Europa.

Dresscode: Für Geschäftskontakte Jackett mit Krawatte, außer in den ganz heißen Sommermonaten. Klimatisierte Räume erlauben diese Art von Kleidung auch im Hochsommer. Bei Essen außerhalb der Geschäftszeiten ist allerdings auch ein Hemd mit Hose erlaubt. Normalerweise geht man im Sommer mit dunklem Jackett und Krawatte, entledigt sich des Jacketts, wenn die anderen Tischgenossen dazu auffordern.

Umgangsformen: Man gibt einander die Hand und sagt „Buenos dias", nach Mittag „Buenas tardes" und nach Sonnenuntergang „Buenas noches". Je nach Gesellschaft und Bekanntheitsgrad ist zwischen Männern und Frauen ein (nur ein) Wangenkuss üblich, wobei das Gesicht kaum berührt wird. Männliche Bekannte klopfen sich leicht auf den Rücken oder den Arm. Ein Zurückweichen wird als Abwehr aufgefasst.

Geschenke: Kleine Aufmerksamkeiten sind nicht unbedingt nötig, werden aber geschätzt, wenn sie etwas von den Eigenheiten des anderen Landes wiedergeben. Große Geschenke sind besser zu unterlassen, da sie als Bestechung aufgefasst werden. Und da kennen die Chilenen kein Pardon. Wenn man zum Beispiel bei einer Verkehrsübertretung einem Polizisten Geld anbietet, riskiert man verhaftet zu werden.

Geschäftsessen/Einladungen: In guten Restaurants eher zu Mittag. Sie können eineinhalb oder manchmal auch zwei Stunden dauern. Es ist üblich, wenn man einlädt, einen Aperitif anzubieten, ein Entree, einen Wein zur Hauptspeise, ein Dessert und Kaffee sowie einen bajativo, d. h. Cognac, Whisky, Likör, nach dem Kaffee. Vorspeisen werden allerdings ebenso selten genommen wie die alkoholischen Getränke nach dem Essen. Ein Aperitif ist dagegen üblich.

Lädt der Geschäftsreisende zum Abendessen, findet das Treffen natürlich im Restaurant statt. Optimaler Zeitpunkt: zwischen 21 und 22 Uhr, die meisten Restaurants öffnen ihre Küche erst um 20.30 Uhr. Bei Einladungen in privaten Häusern bringt der Gast Blumen, Pralinen oder andere, individuelle Aufmerksamkeiten mit.

Gesprächsthemen/Tabus: Skifahren und Angeln sind in Chile ebenso übliche Aktivitäten wie bei uns. Alle anderen Themen ergeben sich aus dem Interesse der Zuhörer: Die Familie ist immer ein gutes Thema. Da fast alle Geschäftsleute viel reisen, kann man gut Eindrücke austauschen, ansonsten die Landschaft und Gastfreundschaft in Chile loben. Gespräche über Politik sind zu vermeiden.

Sicherheit: In der Innenstadt sollte man sich vor Taschendieben schützen. Kontaktaufnahmen auf der Straße muss man nicht unbedingt mit Misstrauen begegnen, sollte man allerdings, wenn man alleine ist und die Sprache nicht beherrscht, besser vermeiden.

Visitenkarten: Ins Spanische übersetzen lassen, nicht nur Namen (ohne Titel), auch die Funktion. Vorstands- oder Aufsichtsratsmitglieder heißen „Director“, der deutsche Direktor heißt „Gerente“.

Unternehmenskultur/Entscheidungsträger: Die Hierarchien werden – ganz nach amerikanischem Vorbild – zunehmend flacher.

Verhandlungstaktik: Anders als ihre lateinamerikanischen Nachbarn schätzen es die Chilenen, wenn man zügig zur Sache kommt. Dennoch sollte man nie Drängeln oder Druck ausüben und immer genug Zeit einplanen, um ein persönliches Verhältnis zu seinem Geschäftspartner aufzubauen. In der Verhandlung selbst sollte man nie direkt an den Worten seines Gesprächspartners zweifeln, er fühlt sich sonst in seiner Ehre gekränkt. Immer auf der Sachebene bleiben.

Verträge: Sind zuverlässig. Notarielle Verträge sind in manchen Bereichen üblich und empfehlenswert (z. B. Arbeitsverträge, Mietverträge). Die Kosten sind vergleichsweise sehr gering.

Umgang mit Konflikten: Wenn Kritik nötig ist, unbedingt auf der Sachebene bleiben. In der Regel sind die Chilenen sehr stolz und fühlen sich schnell in ihrer Ehre gekränkt. Konflikte haben immer einen Schuldigen, da sie als Zeichen mangelnder Vorbereitung bzw. Bemühung gelten. Kontrollverlust bei Konflikten (Zornausbruch & Co.) ist für Ausländer ein schwerer Fehler.

China

Volksrepublik China
Einwohner: 1,2 Milliarden
BSP/Einwohner: 750 $
Hauptstadt: Peking
Amtssprache: Chinesisch
Wichtigste Außenhandelspartner: USA, Japan, Südkorea, Deutschland, Singapur, Frankreich

Verhandlungen im Reich der Mitte

Geduld, Geduld und nochmals Geduld, darauf kommt's bei Geschäftsverhandlungen mit Chinesen am meisten an. Wer glaubt, er sei am Ziel, wird schnell eines Besseren belehrt. Zu früh gefreut, plötzlich wird wieder alles in Frage gestellt – und man steht wieder am Anfang. Es kann sogar passieren, dass mitten in den Verhandlungen das Team komplett ausgetauscht wird. Eine Situation, die westliche Geschäftspartner regelrecht zur Verzweiflung treibt. Zermürbung des Gegners heißt die Strategie, die dahinter steckt. Dazu gehört auch, wichtige Entscheidungen bis zur letzten Minute hinauszuzögern. Daher raten China-Experten, niemals zu verraten, wann der letzte Flieger geht, bzw. immer noch eine Zeitreserve in petto zu haben. „Die Chinesen sind eine harte Nuss, sie lassen sich nicht in die Karten schauen", sind sich fast alle europäischen Executives einig. Da befolgen die Chinesen ganz die Anweisungen ihres Gurus Konfuzius, der bereits vor 2500 Jahren weise Regeln manifestierte, die bis heute Gültigkeit haben und auch im geschäftlichen Umgang mit Chinesen eingehalten werden sollten. Bereits seit einigen Jahren setzen sich Management-Akademien und Business-Berater mit den alten chinesischen Schriften auseinander, die wertvolle Hinweise zu Themen wie Führung, Strategien und Kooperation enthalten. („Die Kunst des Krieges für Führungskräfte" oder „Die Kunst der Überlegenheit", Donald G. Krause, Wirtschaftsverlag Carl Ueberreuter).

In der Business-Metropole Hongkong scheinen die wirtschaftlichen Gepflogenheiten westlicher zu sein. Geschäfte werden wesentlich schneller abgewickelt als in der Volksrepublik. Angebote, Antworten, Lieferung, Service – selbst große Projekte werden in Rekordzeiten (für chinesische Verhältnisse) erledigt. Entscheidend ist allerdings immer der Preis. Hier sollten sich die Anbieter darauf einstellen, große Nachlässe gewähren zu müssen. Abschläge bis zu 40 Prozent sind keine Seltenheit.

Hierarchische Strukturen sind bei chinesischen Unternehmen und öffentlichen Stellen stark ausgeprägt. Daher ist es bei wichtigen Verhandlungen oder Vorsprachen unerlässlich, dass ein hochrangiger Vertreter der europäischen Firma nach China kommt, da oft nur dieser einen Gesprächstermin bei den entsprechenden Entscheidungsträgern bekommt. Vorteilhaft, wenn dieser älter als 40 ist. Denn Alter verbinden die Chinesen automatisch mit Kompetenz und Erfahrung. So ist auch meistens der älteste der chinesischen Verhandlungspartner der Entscheidungsträger. Allerdings ist die chinesische Rangordnung für uns oft sehr undurchsichtig. „Acht Verhandlungspartner redeten auf mich ein, einer schlief. Wie sich später herausstellte, war das der wichtigste Verhandlungspartner", erzählt eine der interviewten Managerinnen. Ausländische Vertreter werden in China häufig auf die Probe gestellt. Auch beim Geschäftsessen: Wiederholtes Zuprosten mit hochprozentigem Schnaps, lokale Speisespezialitäten, wie Schlangen, Frösche und Ähnliches – ein Sprichwort bringt es auf den Punkt: „Die Chinesen essen prinzipiell alles, was Beine hat, außer den Tisch." Der Gast sollte es sich tunlichst schmecken lassen, sonst würde der Chinese das Gesicht verlieren: das Ende jeglicher Beziehungen.

In der Metropole Hongkong muss man nicht unbedingt mit kulinarischen Herausforderungen rechnen. Gespeist wird allerdings ausgiebig. Hongkong-Chinesen lieben große Bankette mit mindestens acht Gängen. Auch hier gelten verschiedene Benimmregeln: Stäbchen nicht in den Reis stecken oder quer über die Reisschale legen, sondern daneben. Nach dem Essen ist es üblich, sich zügig zu verabschieden. Tritt der europäische Geschäftsreisende als Lieferant auf, erwartet man von ihm, dass er zum Bankett in ein internationales Hotel einlädt. Dem Gastgeber sitzt dann der Ranghöchste gegenüber. Im Zweifelsfall stehen bleiben und warten, bis einem ein Platz zugewiesen wird.

Do's & Don'ts

Geschäftssprache: Englisch. Die ältere Generation (die Entscheidungsträger) ist der englischen Sprache oft nicht mächtig. Daher: Übersetzer organisieren.

Pünktlichkeit: Lieber fünf Minuten zu früh als zwei zu spät. Sonst verliert der Wartende sein Gesicht.

Dresscode: Konservativ im Anzug, Frauen auch – mit hoch geschlossenen Blusen und flachen Schuhen.

Umgangsformen: „Fat pigs get eaten" – so lautet ein chinesisches Sprichwort, das die Einstellung zu Leistung spiegelt. Demjenigen, der Hervorragendes leistet, passiert etwas (Schlechtes). Daher sollte man nicht mit Erfolgen angeben. In puncto Körperkontakt gilt: Langer Händedruck, Schulterklopfen sind besondere Zeichen der Wertschätzung, intensiver Augenkontakt wird jedoch als extrem unangenehm empfunden.

Geschenke: Sind gern gesehen, besonders Füllfedern, exklusiver Cognac, CDs mit klassischer Musik, Bildbände, Briefmarken, Solarrechner und elektronische Terminkalender. Keine Uhren schenken und keine Messer (auch keine Schweizer Messer)! Geschenke am besten in rotes Papier (Glück) einpacken, Weiß ist die Farbe der Trauer. Und mit beiden Händen übergeben. Der Beschenkte wird das Päckchen nicht in Ihrer Gegenwart auspacken, aus Angst vor Gesichtsverlust.

Geschäftsessen/Einladungen: Die Chinesen lieben große Bankette mit mehrgängigen Menüs. Für ausländische Vertreter oft eine harte Probe: Etliche Tischreden (der Gastgeber beginnt), wiederholtes Zuprosten mit hochprozentigem Schnaps und lokale Spezialitäten – wie Skorpione, Schlangen und Ähnliches – machen jedes Bankett zu einem besonderen Erlebnis. Wird Obst serviert, ist das Ende in Sicht. Wichtig ist, von allem zu probieren und das Essen zu loben. Üben Sie sich im Essen mit Stäbchen, niemals mit den Stäbchen auf eine Person zeigen oder beide in den Reis stecken. Ist die Mahlzeit für Sie beendet, legen Sie die Stäbchen neben die Schale; sie quer über die Schale zu legen bringt Unglück. Noch ein Tipp: Wer sein Glas nicht nachgefüllt haben möchte, sollte es nie ganz austrinken.

Gesprächsthemen/Tabus: Tabu sind politische Problembereiche (Tibet, Menschenrechte). Auch sollte man sich nicht unbedingt seiner großen Kinderschar rühmen. In China herrscht strenge Geburtenregelung: Erlaubt ist nur ein Kind.

Sicherheit: Es sind keine besonderen Vorsichtsmaßnahmen in Bezug auf Kriminalität üblich. Eher in Bezug auf Gesundheit. So gilt zum Beispiel für Shanghai: kein Obst, auch keine Schalenfrüchte, wie etwa Melonen, essen. Manche Händler spritzen brackiges Flusswasser in die Frucht, um ihr Gewicht zu erhöhen und so mehr Geld zu kassieren. Das hält unser Magen-/Darmtrakt kaum aus.

Visitenkarten: Die Funktion ist wichtiger als der Titel (auch in der Anrede). Karte mit beiden Händen übergeben, dabei leicht verneigen. Die Karte des Gegenübers mit beiden Händen entgegennehmen und nicht einfach einstecken, sondern entsprechend würdigen: Vor sich auf den Tisch legen und ab und zu wohlwollend darauf blicken. Wichtig ist, seinen Namen auf der anderen Seite der Visitenkarte in chinesische Schriftzeichen übersetzen zu lassen.

Unternehmenskultur/Entscheidungsträger: Outen sich nicht sofort. Jedoch meistens der Älteste. Chinesen haben großen Respekt vor dem Alter. Daher: einen älteren Manager senden, zumindest als Begleitung.

Verhandlungstaktik: Langwierig und in Schleifen. Immer wieder kann es passieren, dass sich der Verhandlungspartner nur als Informant für seinen Vorgesetzten outet, und dass jemand anderer wieder am Anfang beginnt. Dennoch: geduldig abwarten, bloß nicht drängen.

Verträge: Eine Unterschrift zählt nicht wirklich, mit Nachverhandlungen rechnen.

Umgang mit Konflikten: Immer abwägen, ob sich ein Konflikt wirklich lohnt. Wenn ja, Kritik so schonend wie möglich verpacken. Verliert der Chinese dennoch „sein Gesicht", ist das das Ende jeglicher Geschäftsbeziehungen.

Dänemark

Königreich Dänemark
Einwohner: 5,3 Millionen
BSP/Einwohner: 33.040 $
Hauptstadt: Kopenhagen
Amtssprache: Dänisch
Religion: 90 % Lutheraner
Wichtigste Außenhandelspartner: Deutschland, Schweden, Großbritannien

Dänen sind wie ihre Möbel: natürlich, nüchtern & praktisch

Die Dänen sind die Italiener des Nordens. Zwar sind sie nicht so überschwänglich und laut wie die südeuropäischen Völker, aber sie haben viel übrig für das Dolce Vita und geben sich locker und unkompliziert. Natürlich, pragmatisch, offen und direkt – man kommt schnell mit ihnen in Kontakt, nennt einander gleich beim Vornamen und redet einander mit „Du" an. Dadurch sollte sich allerdings niemand zu Intimitäten hinreißen lassen. Denn es dauert einige Zeit, bis echte Freundschaft entsteht. So lange ist freundliche Distanz angesagt!

Glücklicherweise ist der Weg zu erfolgreichen Geschäften nicht so mit Fettnäpfen übersät wie in manch anderem Land. Selbst wenn die Etikette unabsichtlich verletzt wurde, die Dänen sind nicht nachtragend.

Generell sind die Nachfahren der Wikinger ein sehr tolerantes Volk – und nicht gerade sehr kompliziert.

So klein Dänemark geografisch erscheint (besonders wenn man vergisst, dass Grönland mit innerer Autonomie dazugehört), so gibt es doch Unterschiede zwischen den 474 Inseln und der Halbinsel Jütland bezüglich der Mentalität. Die Menschen auf Jütland sind zurückhaltender und im mittleren Teil der Halbinsel stärker von der protestantischen Religion geprägt. Zu den Deutschen nehmen auch die Dänen eine freundlich-kritische Haltung ein, man hat noch immer den deutschen Überfall 1940 und die nachfolgende Besatzung im Hinterkopf. Trotzdem ist Deutschland Dänemarks wichtigster Handelspartner.

Den Österreichern und Schweizern gegenüber sind die Dänen durchaus freundlich gesonnen. Nicht verwunderlich. Die Dänen sind dafür bekannt, ein stolzes und auf die eigene Identität bedachtes Volk zu sein, das individuelle Wege geht. Ihren eigenen Kopf zeigten die Dänen zuletzt bei ihrem „Nein" zum Euro. Eine Einstellung, die ihnen bisher nicht geschadet hat. Zumindest nicht wirtschaftlich. Dänen sind sehr exportorientiert und in ihren Bestrebungen sehr erfolgreich. Man sieht's: Dänische Möbel sind weltweit bekannt, genauso wie dänische Milchprodukte (Butter, Käse) und dänisches Bier (Carlsberg, Tubourg). Und sogar unsere Kinder kennen und lieben Produkte aus Dänemark: Lego ist ein dänischer Familienbetrieb.

Do's & Don'ts

Pünktlichkeit: Ist nicht nur die Höflichkeit der Könige, Verabredungen pünktlich einzuhalten ist eine Sache der Ehre, genauso wie termingerecht zu liefern.

Geschäftssprache: Englisch.

Dresscode: Eher locker. Geschäftsverhandlungen können auch in Jeans und Pullover geführt werden. Zumindest ist es erlaubt, im Sommer das Jackett auszuziehen.

Umgangsformen: Das gesellschaftliche Prinzip ist auf eine kurze Formel gebracht: „Jante Lov", übersetzt heißt das soviel wie „Glaube nicht, dass du mehr bist als dein Nächster". So herrscht in Dänemark echte Gleichberechtigung zwischen Mann und Frau. Es ist ganz normal, dass auch männliche Führungskräfte Erziehungsurlaub nehmen. Und zwischen Geschäftspartnern etabliert sich in der Regel schnell eine zwanglose Beziehung, in der man einander mit „Du" anredet.

Geschenke: Da die Dänen Wein und Schokolade schätzen, braucht man sich über Geschenke kein Kopfzerbrechen machen.

Geschäftsessen/Einladungen: Reine Geschäftsessen – bei denen man sich keine kulinarischen Highlights erwarten darf – finden immer häufiger in firmeneigenen Räumen statt. Zum Aufbau einer Beziehung und zum krönenden Abschluss einer erfolgreichen Verhandlung sind auch Einladungen ins Private keine Seltenheit. Der Däne liebt es zu repräsentieren und freut sich über anerkennende Worte, seine Einrichtung betreffend. Um Missverständnissen vorzubeugen: das Nachtmahl heißt auf Dänisch „middag".

Gesprächsthemen/Tabus: Hohn und Spott über die Monarchie und über die beliebte Königin kann der Däne ebensowenig vertragen wie Kritik an seinem „Wohlfahrtssystem", das mit hohen steuerlichen Belastungen funktioniert. Ansonsten kann man mit Dänen über Gott und die Welt diskutieren, auch über ihre Rolle in Europa und über ihr „Nein" zur europäischen Währungsunion.

Sicherheit: Zur persönlichen Sicherheit sind keine besonderen Schutzmaßnahmen notwendig.

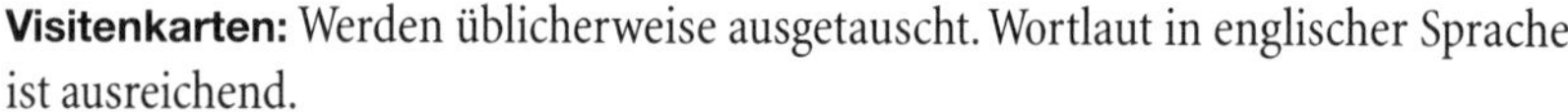

Visitenkarten: Werden üblicherweise ausgetauscht. Wortlaut in englischer Sprache ist ausreichend.

Unernehmenskultur/Entscheidungsträger: Die Hierarchien sind flach, häufig nach amerikanischem System. Auch wenn der dänische Gesprächspartner nicht der offiziellen Geschäftsführung angehört, wird er mit ausreichenden Vollmachten ausgestattet sein, um die Verhandlungen bis zum Abschluss führen zu können. Auch Mittelmanager verhandeln über hohe Summen.

Verhandlungstaktik: Sofort zur Sache kommen, Small Talk ist nicht angesagt. Die Dänen verhandeln direkt und offen. Sie erwarten klare Verhältnisse und Darstellungen, kalkulieren sehr genau und sind bei Verhandlungen gut vorbereitet. Wer das beste Preis-Qualitäts-Verhältnis bietet, macht in der Regel das Geschäft. Angebote und Präsentationen immer übersichtlich und informativ aufmachen, auf unnötige „Schnörkel" verzichten.

Verträge: Handschlagqualität. Das gegebene Wort gilt. Zur Festlegung der Details empfiehlt es sich jedoch, zumindest eine Vereinbarung – eventuell formlos – schriftlich festzuhalten und von den Teilnehmern unterschreiben zu lassen.

Umgang mit Konflikten: Im Allgemeinen wird versucht, Kompromisse zu finden, wobei ebenfalls sehr offen und unmissverständlich vorgegangen wird.

Deutschland

Bundesrepublik Deutschland
Einwohner 82 Millionen
BSP/Einwohner: 26.570 $
Hauptstadt: Berlin
Amtssprache: Deutsch
Religion: 34,2 % Protestanten, 33,4 % Katholiken
Wichtigste Außenhandelspartner: Frankreich, USA, Niederlande, Italien, Großbritannien, Belgien/Luxemburg, Japan, Österreich, Schweiz, Spanien

Immer kühl und sachlich bleiben

Obwohl Österreicher, Deutsche und auch zum Teil die Schweizer die gleiche Sprache sprechen, ist die Mentalität extrem unterschiedlich. Nicht nur zwischen der Alpenrepublik und ihrem großen Bruder, auch innerhalb Deutschlands differiert das Verhalten. Und obwohl Deutschland 1992 überaus euphorisch Einheit gefeiert hat, gibt es in den Köpfen der Menschen nach wie vor Ossis und Wessis – aber auch Bayern und Norddeutsche. Generell gilt: Je weiter gen Norden, desto reservierter die Menschen. Je weiter gen Osten, desto misstrauischer. Geprägt durch 40 Jahre Kommunismus, fehlt es den Bürgern der neuen Bundesländer an typisch deutschem Selbstverständnis und sonst vorherrschendem Optimismus: Dass alles machbar ist, solange man sich nur genug anstrengt. Abgesehen von Mentalitätsunterschieden innerhalb Deutschlands, gilt es im Ausland nicht als leicht, einen Deutschen zu überzeugen. „Die Deutschen wollen Sicherheit“, sind sich die Exportmanager der verschiedensten Unternehmen weltweit einig. „Ich habe bei Präsentationen ‚Beweismaterial‘ einfließen lassen. Beispiele von Unternehmen, die mit meinen Konzepten Erfolg hatten. Zahlen, die für sich sprechen“, erzählt ein Österreicher aus der Werbebranche, der zahlreiche Kampagnen in Deutschland organisiert hat. Nicht umsonst heiße ein viel zitiertes Sprichwort in Deutschland „Vertrauen ist gut, Kontrolle ist besser“. Und ein Ungar, der Aufträge für seine Produktionsstätte in der Nähe von Budapest, mit niedrigen Lohnnebenkosten, aus Deutschland akquiriert, meint: „Ich lege nicht nur ‚Beweismaterial‘ schwarz auf weiß vor, sondern gebe meinen potentiellen Partnern auch die Möglichkeit, bei anderen deutschen Auftraggebern Erkundigungen einzuholen. Das hat zwar noch niemand getan, aber ich denke, diese Sicherheit kommt gut an.“

Generell haben deutsche Verhandlungspartner – aus der Sicht der Österreicher und Südeuropäer – ständig die Angewohnheit, jedes Detail zu genau zu hinterfragen. „Für österreichische Verhältnisse eine fast unhöfliche Verhaltensweise", meint ein österreichischer Geschäftsmann. Und der italienische Möbelhersteller ergänzt: „Wenn man bei uns das Gefühl hat, alles stimmt, wird nicht viel herumgefragt."
Die Deutschen selber sind ziemlich straight, wahrscheinlich um zu beweisen „wie ernst sie ihre Arbeit nehmen", schätzen auch unsere skandinavischen Interviewpartner. „Arbeit muss hart sein, darf keinen Spaß machen. Geschäfte müssen schnell und effektiv abgewickelt werden. Der Deutsche ist da ziemlich verbissen." Anderen Ländern gegenüber würden die meisten deutschen Unternehmer ziemlich überheblich gegenübertreten. „Sie zweifeln immer, ob wir Leistungen tatsächlich erbringen können", so der Ungar. „Wie in anderen Bereichen auch, meinen die Deutschen uns zeigen zu müssen, wie es richtig geht." Hat man sein Können bewiesen, werde man allerdings als gleichwertiger Partner akzeptiert.

Do's & Don'ts

Geschäftssprache: Deutsch.

Pünktlichkeit: Nicht nur bei Meetings, auch bei Lieferungen absolute Bedingung.

Dresscode: Konventionell, grau in grau oder dunkelblau, mit Krawatte. Frauen tragen Kostüme oder Hosenanzüge und dürfen ein bisschen mehr Farbe bekennen. Je nach Branche und Mode ist auch Nadelstreif in.

Geschenke: Aufmerksamkeiten werden gern gesehen, wie regionale Spezialitäten, Süßigkeiten oder CDs mit klassischer Musik. Größere Geschenke sollten besser vermieden werden, denn wenn der deutsche Verhandlungspartner den Eindruck gewinnt, dass er bestochen werden soll, wird er ärgerlich.

Umgangsformen: Je nach Region freundlich und offen oder distanziert und verschlossen. Es herrscht ein Nord-Süd-Gefälle in puncto Kontaktfreudigkeit und Gastfreundschaft. Während Bewohner der Nordküste sehr lange brauchen, um „aufzutauen" und höfliche Distanz über alles geht, können in Bayern aus Geschäftspartnern relativ schnell gute Bekannte werden. Berlin und die neuen Bundesländer nehmen eine Sonderrolle ein. Die Bewohner der neuen Hauptstadt wirken durch ihre Direktheit eine Spur überheblicher als ihre Bundesgenossen. Dennoch besitzen sie einen spröden Charme und einen trockenen Humor, der mit dem „Wiener Schmäh" durchaus konkurrieren kann.

Geschäftsessen/Einladungen: Finden fast ausschließlich in Restaurants oder

Hotels statt und dienen der Kontaktpflege. Sind meistens der Abschluss harter Verhandlungen, Besprechungen finden vorher oder nachher statt. Hier ist Platz für Gespräche über Privates, Hobbies oder über die allgemeine politische Lage Deutschlands. Wie immer gilt: Halten Sie sich zurück, auch wenn der Deutsche Kritik an seinem System übt.

Gesprächsthemen/Tabus: Komplimente werden in Deutschland zwar gern gehört, jedoch oft abgeschwächt. Religion, Politik, insbesondere die politische Vergangenheit, sind keine guten Themen. Und auch wenn Ihr deutscher Gesprächspartner Landsleute, Politik und Bürokratie kritisiert, hüten Sie sich, ihm beizupflichten. Bleiben Sie neutral. Bessere Themen: Freizeitaktivitäten, Sport (Fußball, Tennis), Reisen, wirtschaftliche Erfolge, eventuell Familie.

Sicherheit: Zur persönlichen Sicherheit sind keine besonderen Schutzmaßnahmen notwendig.

Visitenkarten: Werden üblicherweise ausgetauscht. In der Regel werden außer dem Namen auch Titel und Funktion der jeweiligen Person genannt.

Unternehmenskultur/Entscheidungsträger: Hierarchien werden – ganz nach dem amerikanischen Prinzip – zunehmend flacher. Im Regelfall hat der Gesprächspartner Verhandlungskompetenz.

Verhandlungen: Müssen gut vorbereitet werden. Es ist nötig, auf alle Fragen eine konkrete, detaillierte Antwort zu wissen. Deutschland ist ein Käufermarkt mit ausgeprägtem Marken- und Qualitätsbewusstsein: Qualität, Design und Verpackung sind vielfach wichtiger als der Preis. Bei höherwertigen technischen Waren ist die Gewährleistung eines angemessenen Reparaturservices eine wesentliche Voraussetzung für den Geschäftserfolg.

Verträge: Werden bei großen Projekten schriftlich niedergelegt und strikt eingehalten.

Umgang mit Konflikten: Nachdem die Suche nach dem Schuldigen erfolgreich war, beginnt man mit der Problemlösung.

Estland

Republik Estland
Einwohner: 1,5 Millionen
BSP/Einwohner: 3360 $
Hauptstadt: Tallinn
Amtssprache: Estnisch
Religion: Lutheraner, Russisch-Orthodoxe, Katholiken, Muslime, Juden
Wichtigste Außenhandelspartner: Finnland, Schweden, Deutschland, Russland, Lettland

Klein, aber oho!

Obwohl Estland das kleinste, nördlichste Land von drei baltischen Staaten ist, verfügt es über enorme Vielfalt: in puncto Landschaft, Kultur und Geschichte – aber auch in Bezug auf seine Einwohner. In Estland leben 1,5 Millionen Menschen. 62 Prozent davon sind Esten, ein finno-ugrisches Volk, das linguistisch mit Finnen, Ungarn und mit über einem Dutzend ethnischer Gruppen, hauptsächlich im europäischen Teil Russlands wohnhaft, verwandt ist. Mehr als 30 Prozent sind Russen, und der Rest setzt sich aus Weißrussen, Ukrainer und Finnen zusammen.

Viele Ausländer sind der Meinung, dass die estnische Sprache dem Russischen, Lettischen oder Litauischen ähnlich ist. Aber so ist das nicht – die Sprachen des Baltikums sind einander noch nicht einmal so ähnlich wie Deutsch und Niederländisch oder Spanisch und Portugiesisch. Außerdem gibt es zwischen Esten und Russen, Letten und Litauern erhebliche kulturelle Unterschiede. Daher mögen es die Esten ganz und gar nicht, durch den Sammelbegriff „Baltikum" mit Lettland und Litauen in einen Topf geworfen zu werden. Der Grund: Estland ist weder mit den anderen baltischen Staaten noch mit den slawischen Ländern verwandt. Ihre nächsten Verwandten sind die Finnen. Und so ist in ihrer Mentalität viel Nordisches zu finden.

Im Allgemeinen schätzen es die Esten auch nicht, als Osteuropäer angesehen zu werden. Sie fühlen sich als Nordeuropäer, ganz wie die Finnen. Aber auch ein Anteil der deutschen Mentalität ist in ihren Charakteren zu finden. Genau wie in Deutschland sind die meisten Esten zielstrebig bei der Sache. Witze oder ironische Bemerkungen haben im Geschäftsleben nichts zu suchen. Zwar lachen die Esten viel und gern, doch eher beim Business-Entertainment oder im Privatleben. Verhandlungen laufen in der Regel ernsthaft, zielorientiert und ohne überflüssige Worte ab. So meint eine Exportmanagerin aus der Textilbranche: „Generell sind die Esten schweigsamer als wir.

Dennoch habe ich den Aufbau der Geschäftsverbindungen sehr angenehm empfunden. Die Geschäftsleute haben uns herzlich aufgenommen und geschätzt, dass wir uns direkt an sie wenden. Damals hatten sie noch keine internationale Erfahrung. Heute haben sie immens viel aufgeholt."

Do's & Don'ts

Geschäftssprache: Estnisch ist Amtssprache, fast alle sprechen allerdings verhandlungssicheres Deutsch, Englisch, Russisch und Finnisch.

Pünktlichkeit: Vereinbarungen werden sehr genau eingehalten. Auf Pünktlichkeit als Akt der Höflichkeit wird großer Wert gelegt.

Dresscode: Konventionell, wie bei uns.

Umgangsformen: Esten wirken zuerst ein wenig förmlich und wortkarg. Das liegt daran, dass sie kaum gestikulieren, immer genau zuhören und selten spontan reagieren. Handlungen und Wortmeldungen sind stets überlegt und der Situation angemessen. Bei näherem Kennenlernen entpuppen sich die meisten als sehr herzlich, offen und humorvoll. Zurückhaltung besteht in puncto Köperkontakt. Der konventionelle Handschlag ist okay, aber nur zur Begrüßung. Schulterklopfen oder gar Umarmungen besser vermeiden.

Geschenke: Regionale Spezialitäten, Wein, aber auch Hochprozentiges kommen nur zu besonderen Anlässen zum Einsatz. Herkömmliche Werbegeschenke erfreuen ebenso.

Geschäftsessen/Einladungen: Finden zu Mittag im Restaurant statt und dienen im Allgemeinen der Kontaktpflege. Die Speisen entsprechen weitgehend mitteleuropäischen Gepflogenheiten. Fisch, vor allem Lachs, Dorsch, Hering, Seezunge, Hecht, Barsch oder Weißfisch, wird häufig geräuchert serviert, auch als Vorspeise. Estnische Nationalgerichte sind „Pirukad", eine mit Fleisch und Gemüse gefüllte Teigtasche, „Rosolje", ein Kartoffelsalat mit Roter Bete und Hering und Sauerkrautsuppe mit Sauerrahm. Kosten lohnt sich!

Ist das Eis gebrochen, wird man auch privat eingeladen. Blumen mitbringen! Sehr gut kommen auch Gegeneinladungen an. Neben der Infrastruktur schätzen Esten auch die Kultur in unseren Metropolen. Einladungen schriftlich formulieren.

Gesprächsthemen/Tabus: Kultur, Musik, Sport, die Schönheit der Landschaft – all das sind gute Themen. Zudem punkten Sie sicherlich, wenn Sie verkünden, dass Sie Estlands Beitritt zur EU begrüßen. Keine persönlichen Fragen stellen. Und auch nicht das Verhältnis zu den im Land lebenden Russen hinterfragen. Weiteres Fettnäpfchen: Estland zum Baltikum zählen.

Sicherheit: Zur persönlichen Sicherheit sind keine besonderen Schutzmaßnahmen notwendig. Im Straßenverkehr ist einiges anders: In Estland muss man rund um die Uhr mit Licht fahren. Bei Alkoholtests gilt die 0,2‰-Grenze, grundsätzlich heißt das: Kein Alkohol am Steuer.

Visitenkarten: In der Anrede spielen Titel keine Rolle, auf der Karte stehen sie nach dem Namen.

Unternehmenskultur/Entscheidungsträger: Hierarchischer Aufbau, dennoch wird in Teams, unter Einbindung der Sachbearbeiter, entschieden.

Verhandlungstaktik: Direkt und offen. Small Talk hat in Estland keine Tradition. Die Menschen sind eher wortkarg, dadurch sollte man sich nicht in Versuchung führen lassen, Monologe zu halten. Besser: Offene Fragen stellen und sich damit abfinden, dass Antworten etwas länger dauern. Alles will wohl überlegt sein. Denn: Das Wort zählt. Zu vermeiden: laute, emotionale Reden, Besserwisserei und Bevormundung.

Verträge: Handschlagqualität, auch mündliche Zusagen werden eingehalten.

Umgang mit Konflikten: Werden ohne große Emotionen aus der Welt geschafft.

Finnland

Republik Finnland
Einwohner: 5,1 Millionen
BSP/Einwohner: 24.280 $
Hauptstadt: Helsinki
Amtssprache: Finnisch, Schwedisch
Religion: 85,3 Prozent Lutheraner, Rest christliche Gemeinschaften
Wichtigste Außenhandelspartner: Deutschland, Schweden, USA, Großbritannien

Mit „sisu" zum Erfolg

Mika Häkkinen soll es haben, Arsi Harju und viele andere Finnen auch. Die Rede ist von „sisu", einer typisch finnischen Charaktereigenart, die die Menschen dazu motiviert, nahezu Unmögliches zu vollbringen. Durch eine große Portion „sisu" ist Häkkinen nach seinem schweren Unfall zweimal Formel-I-Weltmeister geworden und Arsi Harj bei den Olympischen Spielen von Atlanta Gewinner der Goldmedaille. „Sisu" war es auch, das Nokia zum Weltkonzern werden ließ und dank „sisu" stieg Finnland aus der Rezession Anfang der 90er-Jahre kometenhaft auf. „Sisu" ist fast ein Markenzeichen Finnlands. Die Kraft, aus dem Innersten heraus alle Reserven zu mobilisieren, um hoch gesteckte Ziele zu erreichen. Mut, Kühnheit, Ausdauer, Zähigkeit und Geduld – das sind die Begriffe, die das Wort „sisu" vereint. Eigenschaften, die – wie gesagt – zahlreiche Finnen auszeichnen. Aber auch ihre Geradlinigkeit, außerordentliche Pünktlichkeit und absolute Verlässlichkeit wissen viele Manager zu schätzen. Zwar wirken die meisten Finnen im Gespräch oft steif und förmlich, aber das ist meist darauf zurückzuführen, dass sie mit Gestik und mit Worten sehr sparsam umgehen. Alle Statements werden gut überlegt und abgewogen, bevor sie laut ausgesprochen werden. Bei genauem Hinhören kommt allerdings ein sehr tiefsinniger Humor zum Vorschein. Und bei besserem Kennenlernen eine sehr große Herzlichkeit.

Der größte Vertrauensbeweis und eine echte Auszeichnung ist die Einladung zu einem gemeinsamen Saunabad. Die Sauna ist nach wie vor wichtiger Bestandteil der finnischen Identität. Hintergrund: In der Sauna sind alle gleichgestellt und niemand hat etwas zu verbergen. Deshalb ist die Sauna in Finnland Terrain für offizielle Verhandlungen, in der Sauna wird die Grundlage für Kompromisse gelegt.

Nach der heißen Angelegenheit sind Erfrischungen in Form von Cidre oder Bier

üblich. Bezüglich des Alkoholkonsums der Finnen sind unrealistische Vorstellungen weit verbreitet. Statistisch gesehen wird in Finnland immer noch weniger getrunken als in Deutschland oder Österreich. Mit dem Genuss von Alkohol verbindet sich in der finnischen Mentalität jedoch die Erlaubnis, die Selbstkontrolle auf null zu stellen und den psychologischen Druck, den das Alltagsleben sonst ausübt, zu lindern: Fremde Menschen ansprechen, Gefühle zeigen – nicht erlaubt, außer man ist ein wenig beschwipst. Und so kommt es im Geschäftsleben immer wieder dazu, dass ausländische Verhandlungspartner das Gefühl haben, ihre Trinkfestigkeit unter Beweis stellen zu müssen. Das Lieblingsgetränk der Finnen heißt Wodka. Wer nicht mittrinken will, muss sich schon eine gute Ausrede einfallen lassen. Zwar ist keiner beleidigt, wenn man ablehnt, jedoch enttäuscht. Und der Deutsche/Schweizer oder Österreicher hat eine Chance verpasst, seinen Verhandlungspartner besser kennen zu lernen.
Alkoholgenuss hin oder her: Die Finnen neigen weder nüchtern noch im Rausch zu unangemessenen oder überschwänglichen Reaktionen. Und ihre Art, aufmerksam zuzuhören und zu schweigen, signalisiert niemals Desinteresse. Ganz im Gegenteil: Deutsche Qualität wird in Finnland sehr geschätzt.

Do's & Don'ts'

Geschäftssprache: Sehr viele sprechen Deutsch und Englisch.

Pünktlichkeit: Finnen halten sich sehr genau an Vereinbarungen.

Dresscode: Konventionell, Anzug und Krawatte, Frauen im Kostüm oder Hosenanzug.

Umgangsformen: Finnen wirken zuerst ein wenig förmlich und wortkarg. Das liegt daran, dass sie kaum gestikulieren, immer genau zuhören und selten spontan reagieren. Handlungen und Wortmeldungen sind stets überlegt und der Situation angemessen. Bei näherem Kennenlernen entpuppen sich die meisten als sehr herzlich, offen und unkonventionell, Geschäfte werden manchmal sogar in der Sauna abgewickelt. Bei Geschäftsessen und Einladungen muss man damit rechnen, seine Trinkfestigkeit unter Beweis zu stellen. Wer ablehnt, sollte eine gute Ausrede parat haben.

Geschenke: Regionale Spezialitäten, Wein, aber auch Hochprozentiges, gehäkelte Spitzendecken.

Geschäftsessen/Einladungen: Finden zu Mittag im Restaurant statt und dienen im Allgemeinen der Kontaktpflege. Es ist üblich, Kaffee bereits während des Essens, wie Wasser, zu trinken.
Ist das Eis gebrochen, wird man sehr häufig privat eingeladen. Blumen mitbringen!

Üblich sind gemeinsame Saunabesuche – auch unter Geschäftsleuten. Sehr gut kommen auch Gegeneinladungen an. Neben der Natur in den Alpen schätzen Finnen auch das Kulturangebot der deutschen Metropolen.

Gesprächsthemen/Tabus: Kultur, Musik, Literatur (besonders russische), Sport (Winter- und Wassersport, der neueste Hit ist Stick walking – mit zwei Stöcken marschieren), die Schönheit der Landschaft – all das sind gute Themen. Keine persönlichen Fragen stellen.

Sicherheit: Außer vor den lästigen Mücken braucht man sich in Finnland vor nichts zu fürchten. Es gilt, Repellents aufzutragen und unter Moskitonetzen zu schlafen.

Visitenkarten: In der Anrede spielen Titel keine Rolle, auf der Karte stehen sie nach dem Namen.

Unternehmenskultur/Entscheidungsträger: Hierarchischer Aufbau, meistens wird auf Geschäftsführerebene verhandelt.

Verhandlungstaktik: Direkt und offen. Oberflächliche Gespräche über dies und das befremden die meisten Finnen. Sie sind eher wortkarg, mögen es allerdings auch nicht, „Vorträge“ aussitzen zu müssen. Besser: Offene Fragen stellen und sich damit abfinden, dass Antworten etwas länger dauern. Alles will wohl überlegt sein. Denn: Das Wort zählt.

Verträge: Handschlagqualität, auch mündliche Zusagen werden eingehalten.

Umgang mit Konflikten: Sachlich und lösungsorientiert. Unangemessene Reaktionen sind nahezu auszuschließen.

Frankreich

Französische Republik
Einwohner: 58,5 Millionen
BSP/Einwohner: 24.210 $
Hauptstadt: Paris
Amtssprache: Französisch
Religion: 81 % Katholiken, 3 Millionen Muslime (vor allem Sunniten), 950.000 Protestanten
Wichtigste Außenhandelspartner: Deutschland, Italien, USA

Wie Gott in Frankreich

Wenn Sie an französischen Autos Kratzer und Beulen sehen, so hüten Sie sich vor der voreiligen Schlussfolgerung, die Franzosen seien schlechte Autofahrer. Sie wissen doch, wie nervenaufreibend der Kampf mit Versicherungsgesellschaften, Autowerkstätten & Co. ist. Und wie viel Zeit Sie erst damit vergeuden. Und das alles wegen einer kleinen Beule? Dass sie zu leben wissen – „savoire vivre" – sagt man den Franzosen nach. Und dazu gehört auch, aus einer Mücke keinen Elefanten zu machen und alles wesentlich entspannter anzugehen als wir. Das gilt auch fürs Geschäftsleben. Zwar stehen die Franzosen den Deutschen in puncto Präzision und Qualität nichts nach, aber die Einstellung ist oft ein wenig „laissez faire". Und tatsächlich lösen sich manche Probleme wie von selbst.

Generell gilt: Die Franzosen sind ein redseliges Volk. Sie diskutieren um des Diskutierens willen. Man muss nicht alles glauben, darf emotionale Ausbrüche nicht überbewerten. Gehandelt wird letztendlich weniger impulsiv. Verhandlungen werden fast immer in französischer Sprache geführt. Zwar sind viele der deutschen (und der englischen) Sprache mächtig, doch sie stellen selten ihre Sprachkenntnisse unter Beweis. Das Vorurteil, die Franzosen seien zu stolz, eine andere Sprache als ihre eigene zu sprechen, ist nicht unbedingt haltbar. Denn die schulische Ausbildung hat in Frankreich mathematisch-naturwissenschaftliche Schwerpunkte. Auf diesem Terrain fühlen sie sich sicher. Auch in Geschichte sind viele Franzosen sattelfest. So gehört die Vergangenheit, neben Kultur und Literatur, zu ihren Lieblingsthemen. Gespräche über Religion, die Fremdenlegion, Ausländer, Juden und Kolonien sind aus taktischen Gründen zu vermeiden. Zwar kämpfen die Franzosen bereits seit 1789 für Freiheit, Gleichheit und Brüderlichkeit. Doch angesichts der Probleme im eigenen

Land und in den Kolonien herrscht ein Gefühl der Ohnmacht. Unverfängliche Komplimente über die schöne Landschaft oder das köstliche Essen sind in jedem Fall bessere Themen. Gutes Essen hat in Frankreich einen hohen Stellenwert. Selbst in extremen Situationen – wie während der Kuwait-Krise – mussten die im Irak stationierten französischen Truppen nicht auf Tischkultur und frisch gekochtes Essen verzichten. Sie hatten nicht nur eine Militärküche dabei, sondern auch weiße Tischtücher. (Während sich die Amerikaner hauptsächlich aus der Konserve ernährten.)
„Liebe" geht bekanntlich „durch den Magen". Sympathie auch. Nach einem guten Essen in angenehmer Atmosphäre zeigt sich so mancher schwierige Verhandlungspartner wohlwollend und zufrieden.

Do's & Don'ts

Geschäftssprache: Französisch. Wer der französischen Sprache nicht mächtig ist, sollte sich zunächst einmal dafür entschuldigen. Und einen Dolmetscher mitbringen.

Pünktlichkeit: Es gilt das akademische Viertel.

Dresscode: Konventionell mit modischem Pfiff. Generell wird in Frankreich auf Äußerlichkeiten, wie Outfit und Styling, viel Wert gelegt.

Umgangsformen: Es gilt als selbstverständliches Zeichen der Wertschätzung, höflich und achtsam gegenüber anderen zu sein. Kritik nicht direkt vorbringen, sondern so charmant wie möglich verpacken. Punkten kann jeder gute Rhetoriker. In freien Reden – die bei größeren Geschäftsessen obligat sind, Zitate und Anekdoten einbauen. Und den französischen Geschäftspartner „über den grünen Klee" loben, Sie können ruhig dick auftragen. Die Freizeit gehört der Familie: Jeder Sonntag ist fast wie Weihnachten – die ganze Familie kommt zusammen.

Geschenke: Werden gern gesehen, sofern es sich um regionale kulinarische Spezialitäten, Pralinen, Mozart-Kugeln oder Bildbände handelt. Da der Franzose der Meinung ist, den besten Wein der Welt zu machen, sollte der heimische Wein besser zu Hause bleiben.

Geschäftsessen/Einladungen: Franzosen legen auf gutes Essen großen Wert. So kann man mit einer Einladung zu einem mehrgängigen Menü mit Sicherheit punkten. In den meisten Fällen, es sei denn, es gibt wirklich etwas zu feiern, finden Geschäftsessen mittags statt, wobei es üblich ist, zuerst das Essen überschwänglich zu loben und erst nach dem Kaffee mit dem Businesstalk zu beginnen.

Gesprächsthemen/Tabus: Der Franzose ist oft sehr selbstkritisch seiner Regierung und seinen Institutionen gegenüber. Als Ausländer gilt es allerdings, Kritik zu vermeiden. Themen: die Schönheit der Landschaft, das gute Essen. Tabus: Politik, Minderheiten, Atomenergie, Umweltverschmutzung.

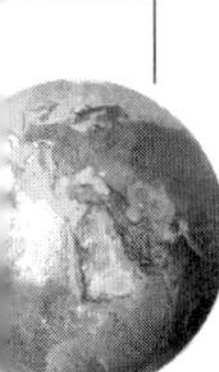

Sicherheit: Die persönliche Sicherheit ist gewährleistet, ob unser Auto den Frankreichaufenthalt unbeschadet übersteht, ist jedoch fraglich. Das Auto ist kein Statussymbol, sondern ein Gebrauchsgegenstand. Daher ist es auch nicht weiter tragisch, wenn es ein paar Beulen hat. In Paris nicht die Handbremse anziehen. Um beim Parken perfekt rangieren zu können, werden Vorder- und Hintermann kurzerhand herumgeschoben.

Visitenkarten: Akademische Titel auf der Visitenkarte sind nicht üblich. Nur Ärzte werden mit dem Doktortitel angeredet. Dafür gibt es um so häufiger Orden, Ehrenzeichen und den Titel: President Directeur General (PDG).

Unternehmenskultur/Entscheidungsträger: Hierarchien sind strikt, versuchen Sie, mit Kontakten möglichst hoch einzusteigen. Der PDG steht an der Spitze. Geschäftsanbahnung immer persönlich. Franzosen ziehen die Konversation dem Schriftverkehr (Briefe oder Mails) vor.

Verhandlungstaktik: Höflichkeitsfloskeln sind wichtig, bevor die Verhandlung beginnt. Und ein überschwängliches Debattieren. Hinsichtlich ihres Produktgeschmackes und Markenbewusstseins sind sie modebewusst und deponieren oft Extrawünsche in puncto Design, Farben und Formen. Wer darauf eingeht, macht das Geschäft.

Verträge: Schriftlich, in detaillierter Form.

Umgang mit Konflikten: Kritik niemals direkt, sondern so schonend wie möglich anbringen. Unbedingt auf der Sachebene bleiben, die Franzosen tendieren dazu, emotional zu reagieren. Und sich beleidigt abzuwenden.

Griechenland

Griechische Republik
Einwohner: 10,5 Millionen
BSP/Einwohner: 11.740 $
Hauptstadt: Athen
Amtssprache: Griechisch
Religion: 97 Prozent griechisch-orthodoxe Christen
Wichtigste Außenhandelspartner: Deutschland, Italien, Frankreich, Niederlande

Geschäftsreisen ins kulinarische Schlaraffenland

„Ta pánta reí" – Griechenland im Wandel. Mittlerweile macht sich ein, wenn auch bescheidener Wohlstand bemerkbar – für die Stadtbewohner als auch für die Bevölkerung auf dem Lande. Für die meisten Griechen ist es auch kein Problem mehr, sich ein Auto zuzulegen. Doch trotz aller Erfolge haben die Griechen ihre höchste Qualität – die Gastfreundschaft – beibehalten. Zahlreiche Manager sind sich einig: „In Griechenland werden Geschäftspartner relativ rasch zu Geschäftsfreunden." Ein Foodbroker aus der Lebensmittelbranche, der europaweit unterwegs ist: „Wenn mich meine Geschäfte nach Athen führen, freue ich mich richtig auf die Menschen. Meine Partner sind längst echte Freunde geworden. Wir haben unsere Familien miteinander bekannt gemacht, sind gemeinsam in die Sommerfrische gefahren. Wenn ich übers Wochenende bleibe, organisiert einer von ihnen in der Regel einen Segeltrip. Und wenn sie mit ihrer Familie nach München kommen, unternehmen wir vieles gemeinsam. Einmal waren wir in Österreich zum Skilaufen. Es sind wirklich nette persönliche, aber durchaus auch wirtschaftlich erfolgreiche Beziehungen." Ganz klar, dass in so einer Atmosphäre das Geschäft besser läuft. Doch so eine Partnerschaft aufzubauen geht auch in Griechenland nicht von heute auf morgen. Zeit, Geduld, Verständnis und Anerkennung ebnen den Weg. Besonders stolz sind die Griechen auf ihre Vergangenheit. Bereits ab 2800 v. Chr. entstanden im Gebiet des heutigen Griechenlands Stadtstaaten, die auf die Entwicklung des gesamten Mittelmeerraumes und später auch noch bis nach Kleinasien hinein prägenden Einfluss nahmen. Auch unsere Gesellschaftsform hat ihren Ursprung im alten Griechenland. Sokrates, Platon, Aristoteles, sie alle haben lange darüber philosophiert, welche Lebensform dem Wesen des Menschen am nächsten liegt. Und obwohl Reisen damals mit extremem Aufwand verbunden war, sagte Sokrates schon ca. 440 v. Chr.:

„Ich bin kein Athener oder Grieche, ich bin ein Weltbürger." Vielleicht hat er aber auch nicht Grieche, sondern Hellene gesagt. Robert Kaplan schreibt 1993 in seinem Buch „Die Geister des Balkans" (Kabel Verlag) von Sotiris Papapoulitis, einem führenden Mitglied von Griechenlands konservativer Neuer Demokratischer Partei: „Ich hasse den Begriff *Grieche*. Er ist die Ableitung eines türkischen Wortes für Hund oder Sklave. Sie können mich einen Hellenen nennen ..." Als Hellenen hatten sich die alten Griechen bezeichnet und auch heute noch heißt Griechenland auf Griechisch Hellas.

Leicht melancholisch blicken zahlreiche Griechen in die antike Vergangenheit zurück, in die glorreiche Zeit Alexanders des Großen. Und auch die Musik drückt die Traurigkeit über alles Vergängliche aus. Ihr Geschäftspartner in Athen führt Sie sicherlich in eines der zahlreichen Bouzuki-Lokale, die heute fast den Touristen vorbehalten sind. Und freut sich über Ihr Interesse. Generell lieben es die Griechen auszugehen. So werden auch zahlreiche Verhandlungen bei einem guten Essen in einer der gemütlichen Tavernen geführt. Meistens dauern solche Verhandlungen sehr viel länger als bei uns. Sie beginnen bereits nachmittags und werden am Abend fortgesetzt. Die übliche Zeit fürs Abendessen ist ab 21 Uhr. Im Sommer noch später. Zwei, drei Stunden verbringt man mit Essen, Trinken und Plaudern. Der Tisch ist zuerst voll mit kleinen Portionen griechischer Vorspeisen, wie gefüllte Weinblätter, Calamari, Kartoffelpüree mit Knoblauch, Zaziki, Brot und und und. Als Hauptspeise wird meistens Lamm serviert. Dazu gibt's jede Menge Wein. Zum Beispiel Rezina, einen geharzten Wein, der zwar herrlich erfrischt, aber für viele gewöhnungsbedürftig ist. Und zum Abschluss Ouzo, einen Anisschnaps. Generell sollten Sie gemeinsames Essen als gute Gelegenheit nutzen, um persönliche Kontakte aufzubauen und Beziehungen zu vertiefen. Sie sind von essentieller Bedeutung, sowohl im Privat- als auch im Geschäftsleben. Gegeneinladungen nach Deutschland/Österreich oder in die Schweiz verfolgen das gleiche Ziel. Ihr griechischer Geschäftspartner erwartet allerdings, dass Sie sich rührend um ihn kümmern.

Do's & Don'ts

Geschäftssprache: Englisch, manchmal sogar Deutsch. Generell ist es vorteilhaft, zumindest ein paar Worte Griechisch zu sprechen: Ti kanis – wie geht's? Kala – gut. Guten Morgen: Kalimera. Guten Tag: Yassas (Seien Sie gegrüßt), Danke – efkaristo. Die Übersetzung ist phonetisch, da die Griechen bekanntlich ihre eigene Schrift haben.

Pünktlichkeit: Geschäftstermine werden relativ genau eingehalten. Es zählt das akademische Viertel. Bei Abendeinladungen kann man ruhig eine halbe Stunde später kommen.

Dresscode: Konventionell, Anzug und Krawatte, Frauen im Kostüm oder Hosenanzug in gedeckten Farben.

Umgangsformen: Die Griechen sind bekannt für ihre überschwängliche Gastfreundschaft. Von der braucht man sich jedoch nicht genötigt zu fühlen. Umarmen und Küssen ist bei guten Geschäftspartnern zur Begrüßung üblich. Unbedingt zum Namenstag gratulieren, er ist wichtiger als der Geburtstag. Gesten: Einmal den Kopf schnell von unten nach oben heben heißt „Nein", einmal den Kopf von rechts nach links drehen heißt „Ja". Vorsicht: Niemals einem Griechen mit ausgestreckter Hand, alle fünf Fingern gespreizt und Handfläche nach außen, gegenübertreten – er empfindet diese Geste als eine große Beleidigung.

Geschenke: Bei Einladungen Blumen und Süßigkeiten mitbringen, speziell für die Kinder. Der Geschäftspartner freut sich über Aufmerksamkeiten mit regionalem Bezug, über eine gute Flasche Whisky (keinen Wein), aber auch über typische Werbegeschenke, allerdings ohne Firmenlogo.

Geschäftsessen/Einladungen: Finden mittags oder abends in Restaurants oder Tavernen statt. Die Griechen gehen gerne aus und lieben die Abwechslung. Der Tisch biegt sich schon bei der Vorspeise unter der Last der vielen kleinen Teller, gefüllt mit echten Köstlichkeiten, von denen alle probiert werden sollten. In traditionellen Restaurants lädt der Wirt den Gast in die Küche. Scheuen Sie sich nicht, in alle Töpfe hineinzuschauen und erst dann Ihre Wahl zu treffen. Es ist so üblich. In Griechenland sollten Sie keine Gegeneinladung aussprechen. Besser: Laden Sie Ihren Geschäftspartner in Ihre Heimat ein, und seien Sie dort genauso gastfreundlich, wie er es in Griechenland ist.

Können bei guter Bekanntschaft auch in privaten Häusern stattfinden, aber nur, wenn der Geschäftsfreund ein luxuriöses Ambiente bieten kann. Bewundern Sie nichts im Hause Ihres Gastgebers zu sehr, der Grieche fühlt sich sonst genötigt, es Ihnen zu schenken.

Gesprächsthemen/Tabus: Die meisten Griechen sind sehr stolz auf ihr Land und daher offen für Komplimente jeglicher Art. Neben der Schönheit der Landschaft und der guten Küche sind natürlich die kulturellen Leistungen lobenswert. Dichter wie Homer, Sophokles; Philosophen wie Sokrates, Platon und Aristoteles; Mathematiker wie Archimedes, Euklid und Pythagoras – wer Namen und Leistungen dieser Per-

sönlichkeiten kennt, soll sie durchaus ins Gespräch bringen. Mit Kritik jeglicher Art – hingegen – gilt es, hinterm Berg zu halten. Wen stört es schon, dass es in Griechenland (noch) keine Kanalisation gibt oder dass die Telefonverbindungen bei Regen fast vollständig zum Erliegen kommen? Auch politische Themen sollte man besser nicht anschneiden. Weder die Zugehörigkeit von Zypern noch von Mazedonien steht zur Diskussion.

Sicherheit: Es sind keine besonderen Vorsichtsmaßnahmen nötig.

Visitenkarten: Eine Seite in Griechisch, eine Seite in Deutsch oder Englisch beschriftet.

Unternehmenskultur/Entscheidungsträger: Privatunternehmen sind in Griechenland extrem hierarchiebewusst aufgebaut. Meistens hat nur der Unternehmer selbst Entscheidungsbefugnis. Gespräche mit unteren Ebenen dienen nur der Vorbereitung.

Verhandlungstaktik: Geduld, Geduld und nochmals Geduld! Lange Einleitung durch höfliches Geplänkel (Familie, Reise etc.), dann folgen wortreiche Verhandlungen, die bis spät in die Nacht dauern können. Griechen sind ausgezeichnete Verhandler, schnelle Kompromisse sind wenig empfehlenswert, das Ass sollte so lange wie möglich im Ärmel bleiben. Sonst wird unweigerlich auf weitere Zugeständnisse gedrängt.

Verträge: Werden im Groben gehalten, wenn die Beziehung stimmt.

Umgang mit Konflikten: Unbedingt sachlich bleiben, der griechische Partner wird sich sowieso persönlich angegriffen fühlen.

Großbritannien

Vereinigtes Königreich Großbritannien
Einwohner: 60 Millionen
BSP/Einwohner: 21.410 $
Hauptstadt: London
Amtssprache: Englisch
Religion: 56,8 Prozent Anglikaner, 15 Prozent Protestanten und Presbyterianer, 13,1 Prozent Katholiken
Wichtigste Außenhandelspartner: Deutschland, USA, Frankreich, Niederlande, Japan

Die Meister des Understatements

Sie sind zwar Europäer, aber in ihrem Selbstbild nicht sehr mit dem Kontinent verbunden. Deutsche, Österreicher, Schweizer, Italiener & Co. sind für sie die „continentals“. Und sprechen alle Englisch, bestehen jedoch auf ihre eigene Nation: England, Schottland, Wales und Irland. Besonders die Iren lassen sich ungern als Engländer ansehen. Erwarten Sie allerdings keine Reaktionen auf den Fauxpas. Denn: Emotionen zu zeigen ist auf den Britischen Inseln geradezu letztrangig. Und Ärger zu zeigen erst recht. Das widerspricht dem obersten Verhaltenskodex der Briten: exzellente Manieren und höfliche Zurückhaltung.

Das United Kingdom könnte man auch als die Insel der Bedächtigkeit bezeichnen. Alles läuft in geregelten Bahnen, gemäß alten Traditionen. Geschäfte, in denen es um hohe Summen geht, werden grundsätzlich von der Führungsspitze, nach eingehender Prüfung, entschieden. Der Vorteil: 100 Prozent Zuverlässigkeit, 1000 Prozent Diskretion. Wer mit Briten Geschäfte macht, weiß das zu schätzen. Es gilt noch die alte Regel: Verträge sind zu halten. Auch wenn sie mündlich abgeschlossen werden. „My word is my bond“, so ein britisches Sprichwort. Vor der Unterschrift wird übrigens auch das Kleingedruckte verhandelt, deshalb ist die Unterschrift in Britannien ebenso viel wert wie Brief und Siegel.

Das Businesslife ist zwar auch in Great Britain knallhart. Doch nicht nur der Erfolg zählt. Auch die Anstrengung. Und wird ein erwünschtes Ergebnis trotz intensiver Bemühungen nicht erreicht, ist es einfach Ehrensache, auch das Engagement entsprechend zu würdigen.

Apropos Ehre. Die wird im United Kingdom besonders hoch gehalten. Daraus ergeben sich ebenfalls zahlreiche Regeln, deren Einhaltung das Geschäftsleben enorm

vereinfacht. Generell gilt: Nicht über Negatives reden. Tabus sind: das Königshaus (auch wenn die Briten darüber meckern, steht dies einem Außenstehenden noch längst nicht zu), die Familie und das Gehalt. Während sich die US-Bürger ihres – meist hohen – Einkommens regelrecht rühmen, schweigen die Briten. Und genießen. Understatement ist alles. Das zeigt sich in den Statussymbolen, in der Kleidung, im Besitz und in der Art, wie darüber geredet wird. Nämlich gar nicht.

Durch ihre reservierte Art scheinen die Briten echte Kosmopoliten zu sein. Niemals würden sie es sich anmaßen, schlecht über andere Sitten und Kulturen zu sprechen. Es sei denn, jemand bietet ihnen Schmiergeld an, versucht sie zu bestechen, dann reagieren sie mehr als brüskiert.

In England/Schottland/Irland und Wales gilt: Seriosität ist eine lobenswerte Eigenschaft, die des Briten Charakter unterstreicht. Das sieht man schon bei ihrem Erscheinungsbild: dunkler Anzug, maximal Hellgrau in Dunkelgrau gestreift. Es sei denn, die Werbebranche präsentiert sich. Deren Angehörige outen sich durch Extravaganz: Die Krawatte ist möglicherweise weinrot.

Do's & Don'ts

Geschäftssprache: Englisch. Auch wenn Ihr Geschäftspartner Deutsch in der Schule gelernt hat, die meisten Engländer scheuen es – aufgrund ihres Hangs zum Perfektionismus –, Fremdsprachen zu sprechen.

Pünktlichkeit: Termine werden sehr genau eingehalten. Vor der Besprechung macht man sich aus, wie lange sie dauern soll. Im gesellschaftlichen Leben ist es allerdings unhöflich, pünktlich zu erscheinen.

Dresscode: Extrem konventionell und konservativ.

Umgangsformen: Die Briten sind Meister des Understatements. Niemals würden sie sich in den Vordergrund spielen, mit Besitz oder Kompetenz angeben. Gefühle zu zeigen oder wild zu gestikulieren ist ihnen fremd. Sie sind distinguiert und reserviert, aber durchweg freundlich und hilfsbereit. Sie lieben es, Konversation zu machen, wobei immer wieder ihr hintergründiger, trockener Humor zum Vorschein kommt. Je weiter man Richtung Schottland kommt, desto herzlicher und offener sind die Menschen. Die Schotten sind die Italiener des Königreichs. Dennoch: Körperkontakt, wie Schulterklopfen und Küsschen rechts und links, ist auch dort verpönt.

Geschenke: Alles, was irgendwie als Bestechung wirken könnte, gilt es zu vermeiden. Auch zu Weihnachten untersagen Firmen und staatliche Stellen ihren Angestellten/Beamten, Geschenke anzunehmen. Und sei es auch nur eine Flasche Wein. Vorsicht auch mit Einladungen nach Deutschland/Österreich oder in die Schweiz. Hat das ganze Programm einen zu hohen Freizeitanteil (Konzert, Theater), fühlt sich der Brite unwohl.

Geschäftsessen/Einladungen: Finden eher zu Mittag als am Abend statt. Während des Essens nicht übers Geschäft reden. Es sei denn, Ihr Verhandlungspartner stellt entsprechende Fragen. Normalerweise wird das gemeinsame Essen eher dazu genutzt, einander besser kennen zu lernen.

Zu formellen Abendveranstaltungen werden Sie schriftlich gebeten. Es ist auch vermerkt, welche Kleidung angemessen ist: „Lounge Suite" bedeutet dunkler Anzug für den Mann, elegantes Kostüm für die Frau, „dinner jacket" oder „black tie" heißt Smoking oder Cocktailkleid, „white tie" ist noch darüber: Frack oder Abendkleid. Aus Höflichkeit sollten Sie zehn bis zwanzig Minuten später kommen.

Gesprächsthemen/Tabus: Die Konversation beginnt in der Regel mit Small Talk. Dauerbrenner unter den Eröffnungsthemen: das Wetter. Ansonsten dreht sich alles um Sport. Cricket, Golf, Pferderennen, wer sich hier auskennt, erhält jede Menge Pluspunkte.

Sicherheit: Tagsüber nicht nötig. In London sollten Sie gewisse Viertel in der Nacht meiden.

Visitenkarten: Akademische Titel werden in der Anrede nicht verwendet, auf der Karte stehen sie nach dem Namen.

Unternehmenskultur/Entscheidungsträger: Die Hierarchien werden langsam flacher.

Verhandlungstaktik: Mit Small Talk beginnen, aber dann nicht lange herumreden, sondern direkt und offen zum Thema kommen. Angebote und Geschäftskontakte sollten immer auf dem jeweiligen Niveau des zuständigen Managers geführt werden. Interventionen von oben sind selten zielführend und eher unerwünscht. Verhandlungen werden normalerweise rasch und zügig geführt. Wer drängelt, sammelt Minuspunkte. Genauso jener, der schlecht über seine Mitbewerber redet.

Verträge: Absolute Handschlagqualität, auch bei mündlichen Zusagen.

Umgang mit Konflikten: Unmut wird selten nach außen getragen.

Indien

Republik Indien
Einwohner: 979 Millionen
BSP/Einwohner: 440 $
Hauptstadt: Neu-Delhi
Amtssprache: Hindi, Englisch, 17 gleichberechtigte Regionalsprachen
Religion: 80,3 Prozent Hindus, 11 Prozent Muslime
Wichtigste Außenhandelspartner: USA, Schweiz, Großbritannien, Belgien, Japan, Deutschland

Das Land der Gegensätze

Indien bietet auf 3,2 Millionen Quadratkilometer, auf denen mehr als 970 Millionen Menschen leben, eine derartige Vielfalt an geografischen und klimatischen Zonen, Kulturen, Sprachen und Religionen, dass es fast unmöglich ist, eindeutige Aussagen zu treffen. Egal, was man sagt, das Gegenteil trifft genauso zu.

Gegensätzlich auch die gesellschaftliche Strukur des Subkontinents: Reichtum existiert neben unvorstellbarer Armut, Hightech und Experten-Know-how neben einer hohen Quote von Analphabeten. Die Anzahl der Inder, die weder lesen noch schreiben können, liegt bei 53 Prozent.

Trotzdem steuert Indien als Wirtschaftsmacht auf Erfolgskurs. Ausländische Investitionen haben erheblich zugenommen. Zahlreiche Firmen haben Geschäftsbereiche nach Indien verlagert: die Audi- und Volkswagenwerke Teile ihrer Produktion, die deutsche Lufthansa ihre Buchungszentrale, Hewlett Packard und IBM Bereiche ihres Controllings.

Bangalore ist auf dem besten Weg, Amerikas größtem Hightech-Center Silikon Valley Konkurrenz zu machen. Und: 11 Prozent der Millionäre dieser US-Software-Metropole sind Inder.

Mit der indischen Mentalität kommen wir in der Regel gut zurecht. Auch in Indien schätzt man es nicht, wenn man sofort mit der Tür ins Haus fällt und bereits beim ersten Treffen Verträge auf den Tisch legt. Das haben sie von den Briten, schließlich stand Indien fast 100 Jahre lang (1857 bis 1947) unter britischer Kontrolle. Und nicht nur das: auch den Hang zum Understatement. Mit dem Ziel, britischer als die Queen zu sein, neigen viele Inder dazu, ihr Licht unter den Scheffel zu stellen. Das geht so weit, dass selbst Topmanager in spartanisch eingerichteten Büros arbeiten, in denen manchmal noch nicht einmal ein Computer steht.

Angeben ist nicht erwünscht. Verhandlungen in Hast und Hektik auch nicht. Der Inder will seinen Partner kennen lernen und eine Vertrauensbeziehung zu ihm aufbauen, bevor er mit ihm Geschäfte macht.

Einfühlungsvermögen und Fingerspitzengefühl sind das A und O erfolgreicher Verhandlungen. So wird zum Beispiel die trockene Ablehnung eines Vorschlags von indischen Geschäftspartnern wenig goutiert. Die Menschen vermeiden auch im geschäftlichen Umgang das Wort „Nein" – und ziehen sich mit der Formulierung „Ich werde es versuchen" elegant aus der Affäre.

Die Geste der Verneinung ist schwer zu interpretieren. Ein langsames Kopfwiegen – für den Europäer schon als „Nein" identifiziert, bedeutet aber „Ja". Nur vehementes Kopfschütteln – das man allerdings selten zu sehen bekommt – heißt wirklich „Nein".

Auf zahlreiche Fragen antwortet der Inder mit „No problem!". Das heißt längst nicht, dass alle Probleme aus dem Weg geräumt sind, sondern „Ich habe verstanden." Und auch auf Zusagen sollten Sie sich keinesfalls 100-prozentig verlassen. Wunschdenken und Realität klaffen bei vielen Indern weit auseinander und es ist unerlässlich, sich ein eigenes Urteil über die Durchführbarkeit eines Projekts zu bilden. Das Motto sollte daher lautet: Check, check and check again.

Do's & Don'ts

Geschäftssprache: Englisch. Ansonsten gibt es mehr als 15 Sprachen und 300 Dialekte. Die am weitesten verbreitete Sprache neben Englisch ist Hindi.

Pünktlichkeit: Schätzt der Inder an seinem Partner. Selbst hat er allerdings Schwierigkeiten mit dem Zeitmanagement. Wartezeiten bis zu einer Stunde sind nicht ungewöhnlich.

Dresscode: Für Männer Anzug und Krawatte, für Frauen konservative Kostüme oder Hosenanzüge in gedeckten Farben (auf keinen Fall schulterfrei und Mini-Rock). Im Sommer sind Safari-Anzüge erlaubt.

Umgangsformen: Neben dem Gruß „Namaste", mit vor der Brust gefalteten Händen, ist zwischen Männern das Händeschütteln gebräuchlich. Frauen grüßt man mit einer kurzen Verneigung, manchmal auch mit Handschlag. Allerdings sollte die Frau warten, bis ihr die Hand offeriert wird. Beim Verhalten Folgendes beachten: Dem Gegenüber nicht die Fußsohlen zeigen, nur mit der rechten Hand essen, niemals den

Kopf eines anderen berühren (Kinder auch nicht über die Haare streichen). Der Kopf ist der Sitz der Seele. Zudem haben Inder großen Respekt vor dem Alter. Erst ab 40 Jahren wird man wirklich ernst genommen. Das sollte bei der Wahl des Executives berücksichtigt werden.

Geschenke: Sind gern gesehen, besonders glitzernde Glasfiguren oder goldverziertes Porzellan. Wenn Ihr Geschäftspartner Alkohol mag, kommt auch exklusiver Cognac oder Whisky gut an. Weiter: CDs mit klassischer Musik, Bildbände. Typische Werbegeschenke wie Solarrechner und elektronische Terminkalender gibt es in Indien besser und billiger. Geschenke am besten in grünes, gelbes oder rotes Papier einpacken, Weiß oder Schwarz sind die Farben des Unglücks. Trinkgelder an der richtigen Adresse öffnen oft Türen und Chancen, aber nur ungerade Summen geben: zum Beispiel elf statt zehn Dollar. Geschenke werden nie in Gegenwart des Gebenden ausgepackt – aus Angst vor Gesichtsverlust. Halten Sie sich auch daran.

Geschäftsessen/Einladungen: Eher zu Mittag in internationalen Hotels. Übrigens: Die meisten Inder sind Vegetarier.

Einladungen finden oft im privaten Kreis mit der ganzen Familie statt. Meistens beginnt die Einladung gegen 21 Uhr mit ein paar Drinks und Small Talk. Gegessen wird erst gegen 23 Uhr. Und danach sollte man sich verabschieden. Allerdings ohne sich für die Einladung zu bedanken. Das wäre eine Beleidigung für die Gastgeber. Richtige Reaktion: Gegeneinladung aussprechen.

Gesprächsthemen/Tabus: Tabu sind politische und soziale Problembereiche (Pakistan, Witwenverbrennung, Kastenbildung, Religion und Glaubenshaltung).

Sicherheit: Demonstrationen und Ausschreitungen sowie Anschläge sind nie völlig auszuschließen. In der Altstadt von Delhi kommt es an öffentlichen Plätzen vereinzelt zu Bombenanschlägen. Auch das öffentliche Transportwesen ist hier sowie im übrigen Indien Ziel von Attentaten. Übrigens: Mitgeführte Devisen – derzeit ab 5000 US-Dollar (bar oder Reiseschecks) – sind bei der Einreise zu deklarieren. Bei Verstößen dagegen und gegen Zollvorschriften droht Verhaftung bei der Ausreise.

Visitenkarten: Brauchen nicht übersetzt zu werden.

Unternehmenskultur/Entscheidungsträger: Sind nur in der Top-Ebene zu finden. Verhandelt wird allerdings in der Regel mit Mittelmanagern, die den Weg nach oben vorbereiten und ermöglichen.

Verhandlungstaktik: Die Devise „Zeit ist Geld" ist den meisten Indern fremd. Sie wollen ihre Geschäftspartner gut kennen lernen und eine Vertrauensbeziehung aufbauen. Also: Geduldig abwarten, bloß nicht drängeln.

Verträge: Werden nach langen Verhandlungen schriftlich fixiert und in der Regel eingehalten.

Umgang mit Konflikten: Inder sind im Allgemeinen zu höflich, um etwas Negatives zu sagen. Und sie wollen auch nichts Negatives hören. Es ist nahezu unmöglich, Kritik anzubringen, ohne die Gesetze der Höflichkeit zu verletzen. Daher sollten Sie gut abwägen, ob Ihre Worte nicht mehr zerstören als verbessern könnten. Bei Reklamationen sachbezogen argumentieren, keine direkten Schuldzuweisungen.

Indonesien

Republik Indonesien
Einwohner: 204 Millionen
BSP/Einwohner: 640 $
Hauptstadt: Jakarta
Amtssprache: Indonesisch
Religion: 86,9 Prozent Muslime, 6,5 Prozent Protestanten
Wichtigste Außenhandelspartner: Japan, USA, Singapur, Deutschland, Australien

Wer drängelt, sammelt Minuspunkte

Von Nebenmeeren des Indischen und Pazifischen Ozeans umspült, erstreckt sich Indonesien – mit mehr als 17.508 Inseln der größte Archipel der Erde – in einem langen Bogen beiderseits des Äquators von der Malaiischen Halbinsel bis nach Neuguinea. Auf die Landkarte Europas projiziert, reicht Indonesien von Irland bis zur Ost-Türkei und von Süd-Schweden bis Süd-Italien. Der Name „Indonesien" wurde im 19. Jahrhundert von britischen Ethnologen aus den griechischen Bezeichnungen für Indien (Indos) und Inseln (Nesoi) als Terminus für alle Inseln zwischen Asien, Australien und Ozeanien entwickelt. In der indonesischen Sprache wird der Archipel auch mit den Worten Tanah-Air-Kita umschrieben, was „unser Land und Wasser", sinngemäß jedoch „Heimat" bedeutet. Indonesien war 400 Jahre lang niederländische Kolonie und ist erst seit 1945 unabhängig. Heute leben über 200 Millionen Menschen auf den indonesischen Inseln, die ethnisch überwiegend malaiischer Herkunft sind. Auf Java, Madura und Bali, die sieben Prozent der Landfläche einnehmen, konzentrieren sich zwei Drittel der Gesamtbevölkerung. Während sich der Tourismus hauptsächlich auf Bali beschränkt, spielt sich das wirtschaftliche Leben in Jakarta auf Java ab. Und so trifft der Geschäftsreisende auch hauptsächlich auf die javanische Mentalität, die von den Regeln des Islam geprägt ist. Also: kein Alkohol, kein Schweinefleisch, nichts mit der linken Hand machen (weder essen noch grüßen – Linkshänder haben's schwer), Füße auf dem Boden halten – niemals seinem Gegenüber die Schuhsohle zeigen, sich darauf einstellen, vor dem Betreten eines Hauses die Schuhe auszuziehen etc.

Auch Indonesiens chinesische Minderheit ist im Handel stark vertreten. Im Umgang mit beiden Mentalitäten ist es besonders wichtig, seine Freundlich- und Höflichkeit unter Beweis zu stellen. Und echtes Interesse an einer persönlichen Beziehung zu haben. Verhandelt wird nur mit demjenigen, den man kennt und mag. Bescheidenheit, Zurückhaltung und ruhiges, freundliches Auftreten ist der Schlüssel zum Erfolg. Nur die leiseste Spur von Besserwisserei, lautem, aufdringlichem Verhalten oder Rechthaberei veranlasst Ihren Verhandlungspartner zum Rückzug. Und ein richtiger Gefühlsausbruch Ihrerseits, vielleicht weil Sie das ständige Hin und Her nicht länger ertragen, führt bestimmt zum Abbruch jeglicher Beziehungen.

Tief verinnerlicht ist das Bestreben der Indonesier nach Harmonie und Ausgleich. Was immer Indonesier tun, sagen oder lassen, wird daran gemessen, ob sie selbst und ihr Gegenüber „das Gesicht wahren" können. Die Würde des Einzelnen und die Gefühle anderer dürfen nicht verletzt werden. Als besonders unfein gilt es, Konflikte offen auszutragen. Während es dem europäischen Naturell entspricht, die Dinge beim Namen zu nennen, sind Indonesier, vor allem Javaner, eher reserviert. Sie halten sich zurück und verbergen ihre wahren Gefühle. Eine wichtige soziale Funktion erfüllt das beinahe permanente Lächeln: Damit überspielen sie Emotionen, Unsicherheit und Verlegenheit.

Auffällig sind, bei aller Liebe zur Diskretion, die persönlichen Fragen, mit denen jeder Geschäftsreisende rechnen muss: Wie alt sind Sie? Sind Sie verheiratet? Wie viele Kinder haben Sie? – Die Indonesier stellen sie nicht aus purer Neugier, sondern um Sie einschätzen zu können. In der Landessprache, dem „bahasa indonesisch", ist die angemessene Grußformel abhängig vom Alter. Damit ein Indonese Sie überhaupt grüßen kann, muss er wissen, ob sie jünger oder älter sind als er selbst. Und auch wenn die Konversation in Englisch ist, fühlt sich Ihr Gesprächspartner erst dann wohl, wenn er weiß, ob Sie in seiner hierarchischen Welt über ihm oder unter ihm stehen.

Do's & Don'ts

Geschäftssprache: Im Normalfall Englisch. In Jakarta stehen die Chancen sogar ganz gut, dass Ihr Verhandlungspartner Deutsch spricht. Im Landesinneren lassen die Fremdsprachenkenntnisse der Einheimischen zu wünschen übrig. Wer nicht Indonesisch spricht, Dolmetscher organisieren. Ein paar Worte Indonesisch machen Sie sympathisch.

Pünktlichkeit: Sie sollten vorsichtshalber rechtzeitig kommen, jedoch über eine Verspätung ihres Gesprächspartners wohlwollend hinwegschauen. Unpünktlichkeit ist in Indonesien kein Zeichen von Unhöflichkeit oder eine Demonstration von Macht, werten Sie's als Unbekümmertheit. Zudem hat Ihr Partner sicherlich eine gute Ausrede parat.

Dresscode: Konventionell, im Anzug, auch wenn es noch so heiß ist. Immer in langen Hosen. Frauen schulter- und kniebedeckt. Traditionelle Kleidung, wie Batikhemden, ist dem Businessoutfit gleichgestellt.

Umgangsformen: Freundlich, höflich und offen. Die Höflichkeit geht sogar so weit, dass abschlägige Antworten vermieden werden. Also aufpassen! Formulieren wie „Ja, aber ...", „Es könnte schwierig werden". Oder – nonverbal – Luft zischend durch die Zähne ziehen, das signalisiert „Nein".

Geschenke: Sind gern gesehen, besonders Füllfedern, CDs mit klassischer Musik, Bildbände über die Alpen. Keine Uhren und keine Messer schenken (auch keine Schweizer Messer)! Für Kinder keine Stoffhunde schenken. Hunde gelten generell als unrein. Geschenke am besten in rotes Papier (Glück) einpacken, Weiß ist die Farbe der Trauer. Und mit beiden Händen übergeben. Der Beschenkte wird das Päckchen nicht in Ihrer Gegenwart auspacken, aus Angst vor Gesichtsverlust.

Geschäftsessen/Einladungen: Finden meistens zu Mittag und zur Vertiefung der persönlichen Beziehung statt.

Wird man als Geschäftsreisender privat eingeladen, ist das als ganz besondere Wertschätzung zu sehen.

Gesprächsthemen/Tabus: Stellen Sie sich auf Fragen nach Ihrem Gehalt, nach dem Grund, warum Sie nicht verheiratet bzw. keine Kinder haben, etc. ein. Wenn Sie nicht bereit sind, Auskunft zu geben, lächeln Sie freundlich mit dem Hinweis, dass es in unserem Kulturkreis nicht üblich ist, solche Themen zu diskutieren. Das wird in der Regel akzeptiert. Gern gehört werden natürlich Komplimente: über die Schönheit der Landschaft, die gute Küche und den wirtschaftlichen Erfolg des Unternehmens. Tabu ist jegliche Kritik am indonesischen Lebensstil, am höllischen Verkehr in Jakarta oder an der gigantischen Luftverschmutzung, an Politik, Religion, Bürokratie oder an der Rolle der Geschlechter.

Sicherheit: Mit Kleinkriminalität wie Betrügereien und Taschendiebstählen kann man rechnen. Nicht mit Goldschmuck, verheißungsvollen Aktenkoffern und in teurer Designerkleidung in der Nacht spazieren gehen.

Visitenkarten: Können in englischer Sprache sein. Hauptsache, Ihre Karte enthält so viele Infos wie möglich. In puncto Funktion, Qualifikation und Titel. Die Karte gilt als „Gesicht" des Gesprächspartners. Also niemals darauf schreiben oder die Karte gar achtlos ins Portemonnaie oder in die Hosentasche stecken! Sie vielmehr vor sich auf den Tisch legen und ab und zu wohlwollend anschauen.

Unternehmenskultur/Entscheidungsträger: Flache Hierarchien sind hier nicht erwünscht. Der Untergebene erwartet vom Vorgesetzten autoritäre Distanz. Indonesier wollen nicht, dass der Chef einer von ihnen ist. Entscheidungsträger ist der CEO.

Verhandlungstaktik: Indonesier verhandeln nur mit Menschen, die sie kennen und mögen. Daher ist eine gute persönliche Basis entscheidend für wirtschaftlichen Erfolg. Diese etablieren Sie am besten durch häufige Besuche, unaufdringliches freundliches Verhalten und absolute Höflichkeit. Jede Art von Druckausübung kann zum Abbrechen der Verhandlungen führen.

Verträge: Werden in der Regel eingehalten.

Umgang mit Konflikten: Wichtigster Grundsatz ist die Konfliktvermeidung und das Streben nach Harmonie. Kritik immer durch die Blume, sodass die Würde des Gesprächspartners nicht verletzt wird.

Iran

Islamische Republik Iran
Einwohner: 62 Millionen
BSP/Einwohner: 1650 $
Hauptstadt: Teheran
Amtssprache: Persisch (Farsi)
Religion: 99 Prozent Muslime
Wichtigste Außenhandelspartner: Deutschland, Italien, Japan, Rep. Korea

Charismatische Historiker punkten

Von den Fundamentalisten abgelehnt, für die Gegner des iranischen Regimes ein Wahrzeichen: die Krawatte. Sinnbild für alles, was aus dem Westen kommt. Das ist allerdings kein Grund, seine Kleidungsgewohnheiten zu ändern. Die Iraner wissen ganz genau, dass der Europäer daran gewöhnt ist, eine Krawatte zum Anzug zu tragen. Wenn er sie weglässt, tut er das nur, um seinem potentiellen Geschäftspartner zu gefallen. Und der wird misstrauisch, wenn jemand versucht, seine Identität zu verleugnen. Sympathie und Respekt kann auf andere Weise besser gezeigt werden. Zum Beispiel durch ernstes Interesse für die Anliegen des anderen.

Prinzipiell gilt bei unternehmerischem Engagement: Das Wohl der Gemeinschaft (Gesellschaft, Unternehmen, Familie) im Iran ist höher zu bewerten als der individuelle Nutzen. Die Schlussfolgerung daraus lautet für die geschäftliche Verhandlungstaktik: immer den Gemeinnutzen betonen, die persönlichen Vorteile zwar auch nennen, aber in den Hintergrund stellen.

Respekt ernten besonders charismatische Persönlichkeiten. Eigenschaften wie Stärke und Ausstrahlung werden von Entscheidungsträgern sogar erwartet. Der Manager hat Vorbild zu sein und kann als solches ruhig autoritär auftreten. Die privaten Unternehmen sind in der Regel hierarchisch aufgebaut, mit einem Patriarchen an der Spitze.

Sympathie wird demjenigen zugetragen, der dem (National-)Stolz des Persers schmeichelt, indem er zeigt, dass er sich in der mehr als 2500-jährigen Geschichte und Kultur des Iran auskennt. Auch im Detail. „Wir sind hier, um von Ihnen zu lernen", schlägt ein in Österreich lebender Iraner aus der EDV-Branche zur Gesprächseröffnung vor. „Denn Sie haben das Geld erfunden. Und wir wollen es vermehren."

Die meisten Europäer assoziieren mit dem Iran eine arabisch-islamische Kultur. Perser sind jedoch beleidigt, wenn sie undifferenziert als Araber bezeichnet werden.

Nichtsdestoweniger ist gerade im öffentlichen Leben des heutigen Iran der Einfluss des Islams schiitischer Prägung stark spürbar. Das Leben spielt sich hauptsächlich in den Häusern, innerhalb der Familie ab. Auf der Straße sind die Menschen vermummt. Die Frauen tragen über ihre Kleidung lange Mäntel, so genannte Manteaus, und ein Kopftuch oder einen Schleier (Tschador), der Haar und Körper verdeckt. Und obwohl die Frauen im Allgemeinen ein hohes Ansehen genießen und über eine gute, häufig akademische Ausbildung verfügen, sind sie zwar im Parlament und in der Wissenschaft, jedoch fast nie in Führungspositionen der Wirtschaft zu finden. Der Grund: Die Frau steht nicht im öffentlichen Leben, direkter Blick- und Körperkontakt mit Angehörigen des weiblichen Geschlechts gilt es zu vermeiden. Offensichtlich private Kontakte mit Frauen in der Öffentlichkeit sind nur Ehemännern, Vätern und Brüdern gestattet. Daher und auch aufgrund des US-Bestsellers „Nicht ohne meine Tochter“ liegt die Annahme nahe, dass Frauen in der iranischen Gesellschaft unterdrückt seien. Das ist allerdings ein Fehlurteil, innerhalb der Familie besitzen sie die Macht.

Do's & Don'ts

Geschäftssprache: Französisch, Englisch, manchmal sogar Deutsch.

Pünktlichkeit: Gehört nicht zu den Stärken der Iraner, wird aber von europäischen Executives erwartet. Die Einhaltung von Lieferzeiten sollte durch vereinbarte Pönalen gesichert werden.

Dresscode: Frauen sollten sich den islamischen Sitten anpassen, über dem Business-Anzug einen dünnen, knöchellangen Mantel tragen und ein Kopftuch, das ihr Haar bedeckt. Höchstens ein leichtes Make-up wählen, auf keinen Fall grellen roten Lippenstift. Männer werden im Anzug mit oder auch ohne Krawatte (Hemd mit Stehkragen) akzeptiert.

Umgangsformen: Höflichkeit ist eine goldene Regel im Iran. „Seien Sie mein Gast“, ist mehr als eine Floskel, denn der Iraner ist herzlich und offen, sobald das Eis gebrochen ist. In Verhandlungen sollte diese Höflichkeit nicht als Naivität ausgelegt werden. Wenn der Iraner höflich und geduldig zuhört, heißt das noch lange nicht, dass er an einer geschäftlichen Verbindung interessiert ist.

Geschenke: Werden gern gesehen (zum Beispiel Uhren, hochwertige Schreibsets, Organizer). Bei näherer Bekanntschaft aber auch Parfüm für die Gattin und Spielzeug für die Kinder mitbringen. Alles dem Gastgeber übergeben.

Geschäftsessen/Einladungen: Finden in internationalen Hotels, aber auch privat statt. Das Essen ist für uns nicht ungewöhnlich. Reis, Gemüse, Huhn, Lamm, Schaf, Rind und verschiedene Wildsorten – alles ist auf der Speisekarte zu finden. Gegessen wird mit Löffel und Gabel. Bei privaten Einladungen Blumen und Süßigkeiten für die Kinder mitbringen.

Gesprächsthemen/Tabus: Über Frauen, Politik und Religion zu reden, steht dem ausländischen Geschäftspartner in der Regel nicht zu. Punkten Sie mit geschichtlichem Wissen über die jahrtausendealte persische Kultur.

Sicherheit: Die allgemeine Sicherheitslage ist gut. Banden- und Diebstahlskriminalität halten sich in Grenzen. Es sind einige wenige Fälle bekannt geworden, bei denen Deutsche von Personen belästigt wurden, die sich als Polizisten in Zivil ausgaben. Demonstrationen oder größere Menschenaufläufe sollte man unbedingt meiden.

Visitenkarten: Werden üblicherweise ausgetauscht. Mit Karten in Französischer oder Englischer Sprache ist Ihr iranischer Geschäftspartner in der Regel zufrieden, mit einer Übersetzung auf „Farsi“ signalisieren Sie langfristiges Interesse.

Unternehmenskultur/Entscheidungsträger: Patriarchalische Strukturen, das Unternehmen ist wie eine Familie, der Chef das Familienoberhaupt. Er hält die Fäden der Macht in seiner Hand.

Verhandlungstaktik: Nach sachlichen und finanziellen Verhandlungen werden zuallerletzt Geschäftsabschlüsse „aus dem Bauch“ heraus entschieden. Sie sind häufig abhängig von Sympathie und Antipathie. Daher ist es unerlässlich, den persönlichen Kontakt zu suchen.

Verträge: Werden nur auf höchster Ebene geschlossen, entsprechende Kompetenz sollte der österreichische Verhandlungspartner mitbringen. Eine gute persönliche Beziehung ist in der Regel bedeutsamer als ein rechtlich lückenloser, unterzeichneter Vertrag. So wurden lange Zeit keine Akkreditive als notwendig erachtet, da es weitaus verlässlicher war, sein Wort auf die Erfüllung eines Vertrages zu geben.

Umgang mit Konflikten: Die Gerichtsbarkeit wird vom islamischen Fundamentalismus reglementiert, der Koran ist das einzig wichtige Gesetzbuch. Generell tendieren die Iraner dazu, emotional zu reagieren. Kritik also am besten „durch die Blume“ anbringen.

Irland

Republik Irland
Einwohner: 3,7 Millionen
BSP/Einwohner: 18.710 $
Hauptstadt: Dublin
Amtssprache: Irisch, Englisch
Religion: 87,8 Prozent Katholiken, 3,2 Prozent Anglikaner
Wichtigste Außenhandelspartner: Großbritannien, USA, Japan, Deutschland

Das süße Leben auf der grünen Insel

Genauso wie die Österreicher nicht gern als Deutsche bezeichnet werden, treibt es besonders Iren auf die Palme, als Engländer angesehen zu werden. Es ist also immer sinnvoll, sich vorher nach der Herkunft seines Geschäftspartners zu erkundigen, auch wenn Sie in England oder in den USA verhandeln, denn dort sind besonders viele Menschen mit irischen Wurzeln anzutreffen. Einc katastrophale Hungersnot, die fast einer Million Iren das Leben kostete, führte in den Jahren 1846 bis 1851 zu einer starken Auswanderungswelle ins Land der unbegrenzten Möglichkeiten. Und auch nach 1949, nachdem Irland den britischen Commonwealth verlassen hatte und die wirtschaftliche Entwicklung weiterhin schleppend verlief, wanderten viele Iren aus, um vor allem in Großbritannien und in den USA Arbeit zu finden. Probleme, die heute der Vergangenheit angehören. Irland avanciert momentan zum Shooting-Star der Britischen Inseln. Die Wirtschaft boomt. Überall trifft man ausländische Investoren, besonders Amerikaner.
Heimische Unternehmer können zwar den irischen Markt durchaus vom Schreibtisch aus bearbeiten und Termine per Telefon vereinbaren. Vor Ort ergeben sich in der Regel allerdings die meisten Kontakte. Denn wenn ein Geschäftspartner zufrieden und von Ihren Leistungen überzeugt ist, empfiehlt er sie gerne weiter. Daher ist es sinnvoll, je nach Branche, im Team anzureisen. Für industrielle Produkte heißt das: Als kaufmännischer Vertreter zumindest einen Techniker mitbringen – die Iren schätzen es, wenn bei eventuellen Fragen die zuständigen Experten gleich zur Stelle sind. So können die Verhandlungen extrem verkürzt werden.
Erfolgreiche Geschäftsabschlüsse werden gebührend gefeiert. Ehe man sich's versieht, sitzt man schon auf einem Trainingspferd und lernt Polo, die irische Nationalsportart. Auf keinen Fall sollten Sie sich zieren, sondern einfach mitmachen! Spaß garantiert.

Generell sind die Iren ein sehr offenes, gastfreundliches Volk. Sie schätzen eine ausgelassene, fröhliche Atmosphäre und legen großen Wert auf Sinn für Humor. Doch auch wenn das Klima international, locker und persönlich scheint, sich alle Geschäftspartner bereits beim Vornamen nennen (das ist in Irland in noch stärkerem Maße üblich als in den USA), ist ein wenig Zurückhaltung angesagt. Denn tief im Inneren kämpft der Ire noch mit seiner konservativen Einstellung. Irland ist nach wie vor ein streng katholisches Land. Die Ehescheidung wurde beispielsweise erst 1995 nach vehementen Debatten erlaubt.

Do's & Don'ts

Geschäftssprache: Englisch.

Pünktlichkeit: Im Geschäftsleben vorsichtshalber pünktlich sein. Bei privaten Einladungen rechnet der Gastgeber damit, dass sein Gast 15 bis 30 Minuten später kommt.

Dresscode: Formell, Männer im Anzug, Frauen im Kostüm oder Hosenanzug in gedeckten Farben.

Umgangsformen: Ungezwungen und informell, egalitäres Denken, keine Verwendung von Titeln.

Geschenke: Bei privaten Einladungen Wein, Süßigkeiten oder andere regionale Spezialitäten mitbringen. Bei Verhandlungen sind Geschenke nicht üblich.

Geschäftsessen/Einladungen: Einladungen zum Essen und zu Drinks sollten immer auf Gegenseitigkeit beruhen. In Irland herrscht besondere Gastronomie-Kultur: Der Pub ist so tief in der irischen Kultur und Geselligkeit verwurzelt, dass auch die kleinsten Städte Schanklizenzen in großer Zahl vergeben. Sogar Lebensmittelhändler haben oft eine kleine Bar für durstige Kunden. Etikette im Pub: Der Gastgeber bezahlt die ersten Drinks, die Gäste dann reihum die nächsten Runden.

Gesprächsthemen/Tabus: Schwierig kann eine Diskussion über Nordirland sein. Die Insel, die die Briten seit 1171 schrittweise erobert hatten, wurde erst 1922 unabhängig. Die sechs nördlichen Grafschaften, in denen Protestanten die Mehrheit bilden, gehören nach wie vor zu Großbritannien. Irland strebt unverändert eine diplomatische Vereinigung der gesamten Insel an. Zurückhaltung ist auch bei Kritik an der katholischen Kirche angesagt. Mehr als 90 Prozent der Iren gehören ihr an und sie hat dort einen ähnlich hohen Stellenwert wie im mediterranen Raum. Schwangerschaftsabbrüche und Ehescheidungen sind ebenfalls kein gutes Thema. Besser: Loben Sie die irische Landschaft, brillieren Sie durch Ihre Kenntnisse in der irischen

Literatur. Die Iren, bekannt für die Wertschätzung der gepflegten Rede, haben zahlreiche berühmte Schriftsteller hervorgebracht: darunter Oscar Wilde, George Bernard Shaw, Samuel Beckett und James Joyce.

Sicherheit: Zur Vermeidung einer weiteren Ausbreitung der Maul- und Klauenseuche (MKS) hat die Republik Irland für Reisende aus Großbritannien und Nordirland bis auf weiteres ein Verbot der Einfuhr bestimmter Lebensmittel erteilt.

Visitenkarten: Werden üblicherweise ausgetauscht. Man neigt zum Understatement. Auch wenn auf der Visitenkarte Ihres irischen Verhandlungspartners kein Titel steht, heißt das noch lange nicht, dass er keinen hat.

Unternehmenskultur/Entscheidungsträger: Die Hierarchien werden immer flacher, nach amerikanischem System. Dies gilt besonders für junge Unternehmen, in alteingesessenen ist die Unternehmenskultur eher konservativ. Häufig findet man das Konzept, Macht auf einen Punkt bzw. einen Menschen zu konzentrieren. So sollte auch die Position des Executives möglichst hoch angesetzt werden: Bei Klein- und Mittelbetrieben wird auf Geschäftsführerebene verhandelt, bei Großkonzernen punktet der Verkaufs- oder Einkaufsleiter.

Verhandlungstaktik: Sich Zeit nehmen, um persönliche Beziehungen aufzubauen und die Bedürfnisse der Iren genau zu analysieren. Entscheidungen werden häufig intuitiv gefällt. Dennoch: Pragmatisch vorgehen, bei Präsentationen Beweise des Erfolges vorlegen. Alles, was an bürokratische Prozeduren erinnert, vermeiden und klare Daten und Fakten vorlegen. Iren sind clevere, bisweilen unnachgiebige Verhandler.

Verträge: Grundvereinbarungen schriftlich fixieren, Details können nachverhandelt werden. Ein Zahlungsziel bis zu 90 Tagen netto ist üblich.

Umgang mit Konflikten: Der Ire ist extrem empfindlich gegenüber Kritik und hat ein erhöhtes Bedürfnis nach Anerkennung. Unangenehme Dinge werden oft nur indirekt angesprochen.

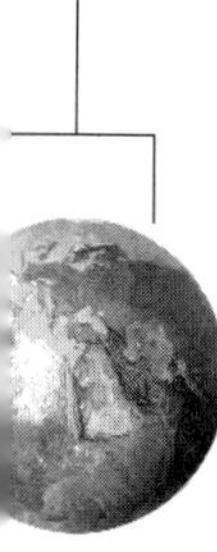

Island

Republik Island
Einwohner: 274.000
BSP/Einwohner: 27.830 $
Hauptstadt: Reykjavik
Amtssprache: Isländisch
Religion: 93 Prozent Lutheraner
Wichtigste Außenhandelspartner: Deutschland, USA, Großbritannien, Norwegen, Dänemark

Kühler Charme trotz heißer Quellen

Es gibt Länder, deren Bewohnern nachgesagt wird, man müsse erst einen Sack Salz mit ihnen essen, um mit ihnen Freundschaften zu schließen. Island ist eines davon.

Das kleine Land besticht zuerst eher durch seine malerische Natur als durch die herzliche Gastfreundschaft der Isländer. „Mondlandschaften" aus Lavagestein, gewaltige Gletscher, Schneefelder, aktive Vulkane und Geysire, die kochendes Wasser spucken – jeder Besucher ist von der überwältigenden Vielfalt begeistert. Daher hat auch der Tourismus seit den 50er-Jahren stetig zugenommen. Akureyri zum Beispiel ist im Sommer wie im Winter ein beliebtes Skigebiet, und Reykjavik, die „Rauchende Bucht", bietet sich mit Erfolg als Gastgeber großer internationaler Kongresse an. In dieser Region lebt die überwiegende Mehrheit der Bevölkerung, die in ihrer Gesamtheit aus etwa 274.000 Menschen besteht.

Mentalitätsmäßig sind Isländer eher kühl und reserviert. Ausländern gegenüber zwar trotzdem hilfsbereit, neugierig und freundlich. Dennoch: Eine auf Vertrauen basierende Beziehung zu etablieren dauert viel länger als in anderen Ländern und geschäftliche Kontakte werden selten ins Private ausgedehnt. Beziehungspflege findet während der Arbeitszeit, und zwar zu Mittag statt. Dann gehen die isländischen Geschäftsleute mit ihren Kunden oder Lieferanten zum Essen: Genau das Richtige für echte Fischliebhaber. Alkohol ist zu Mittag eher verpönt. Da Wein, Bier & Co. sehr teuer sind, haben sich die Einheimischen daran gewöhnt, Alkohol nur am Wochenende zu genießen. Generell ist Island ein sehr teures Land, Konsumgüter, Lebensmittel, Gemüse – vieles wird mit dem Flugzeug angeliefert. Dennoch sind die Inselbewohner sehr konsumfreudig. Aber nicht nur aus diesem Grund ist Island für viele Firmen ein interessanter Standort. Hauptsächlich aufgrund der im Überfluss vor-

handenen Energiequelle „Erdwärme". Und auch wegen der gut ausgebildeten isländischen Arbeitskräfte.
Die Isländer stammen im Übrigen von den Wikingern ab. Darauf sind sie sehr stolz und manche können ihre Vorfahren sogar bis zu den ersten Siedlern zurückverfolgen. Deren Namen sind im „Landnama Bok" aufgezeichnet, einer frühen Siedlungschronik. Das moderne Isländisch geht in direkter Linie auf das Altnordische zurück, die Sprache der Wikinger. So können die mittelalterlichen „Sagas", in denen sich Fantasie und Legende mit historischen Fakten über die frühe Besiedlung mischen, von den heutigen Isländern mühelos gelesen werden.

Do's & Don'ts:

Geschäftssprache: Isländisch, jedoch fast alle Isländer sprechen Englisch oder sogar Deutsch.

Pünktlichkeit: Vor einigen Jahren waren Isländer mit 15-minütiger Verspätung noch immer pünktlich. Das ändert sich jedoch.

Dresscode: Formell (Anzug) oder Ähnliches. Bei Abendeinladungen geht es meistens festlich zu, also passende Kleidung einpacken.

Umgangsformen: Isländer verhalten sich in der Regel eher zurückhaltend, sind aber dennoch freundlich und hilfsbereit. Fast alle reden einander mit Du und dem Vornamen an, das sollte jedoch als Vertrautheit aufgefasst werden. Eine persönliche Beziehung zu seinem isländischen Geschäftspartner aufzubauen, dauert sehr lange.

Geschenke: Sind zwar für einen Geschäftsabschluss nicht wichtig, dennoch ist die Freude über Wein aus Deutschland oder Österreich groß. Ebenso beliebt sind Süßigkeiten: Lindt-Schokolade oder Mozart-Kugeln.

Geschäftsessen/Einladungen: Finden in guten Restaurants, meistens zu Mittag statt. Dabei trinkt man keinen Alkohol – das ist fürs Wochenende vorbehalten.
In sind Sightseeingtouren. Da die Isländer sehr stolz auf ihr Land sind, laden sie Ausländer gern auf organisierte Tagestouren ein bzw. spielen selber Reiseleiter. Wollen sie den Gästen etwas Besonderes bieten, laden sie sie zum Lachsfischen (die teuersten Lachsgewässer befinden sich auf Island) ein – oder zum Golfspielen.

Gesprächsthemen/Tabus: „How do you like Iceland?" ist eine der meistgestellten Fragen an Ausländer auf Island. Deshalb immer betonen, wie schön das Land ist. Das Wetter ist ebenfalls ein beliebtes Gesprächsthema und, bei näherer Bekanntschaft, auch die Familie.

Sicherheit: Keine besonderen Sicherheitsmaßnahmen erforderlich. Selbst der Ministerpräsident ist ohne Personenschutz unterwegs.

Visitenkarten: Dienen der Information, zahlreiche Titel und Funktionen auf der Visitenkarte empfinden die Isländer als lächerlich.

Unternehmenskultur/Entscheidungsträger: Meist sind Firmen hierarchisch aufgebaut. Da die isländischen Betriebe jedoch ziemlich klein sind, ist der Weg zum Chef nicht weit. Man trifft ihn in der Kantine und kann ihn auch ganz zwanglos anreden. Man muss nicht erst durch das Vorstandszimmer, um mit ihm Probleme zu diskutieren. Alle sprechen einander in Island mit Du und Vornamen an.

Verhandlungstaktik: Für Außenstehende scheinen Isländer fast immer sehr gut vorbereitet und zielorientiert – eben nach Plan – zu agieren. Wer jedoch hinter die Kulissen blickt, weiß: Isländer sind Weltmeister im Improvisieren. Pläne werden oft nicht eingehalten, trotzdem schaffen sie es immer wieder, Sachen pünktlich und zur allgemeinen Zufriedenheit zu erledigen. Dennoch: Abschweifungen und langes „Um-den-heißen-Brei-Herumreden“ ist nicht ihr Stil. Alles muss kurz und präzise sein.

Verträge: Werden gehalten, auch mündliche Vereinbarungen gelten.

Umgang mit Konflikten: Isländer sind in der Regel eher konfliktscheu. Sie versuchen immer, eine friedliche Lösung zu finden.

Israel

Staat Israel
Einwohner: 6 Millionen
BSP/Einwohner: 16.180 $
Hauptstadt: Jerusalem
Amtssprache: Hebräisch, Arabisch
Religion: 78,7 Prozent Juden, 15 Prozent Muslime
Wichtigste Außenhandelspartner: USA, Belgien/Luxemburg, Deutschland, Großbritannien, Schweiz

Unkonventionelle Verhandlungen mit Humor

Die berühmte Klage zweier Juden über die Balfour-Erklärung, in der die Briten den Juden 1917 eine „Heimstätte" in Palästina zusagten, bringt den Galgenhumor der Israelis auf den Punkt: „Wenn die Briten uns schon ein Land versprechen, das ihnen nicht gehört", meint Moshe zu Shlomo, „warum dann nicht gleich die Schweiz?"
1919 erhielt Großbritannien vom Völkerbund das Mandat für Palästina. Es wurde beauftragt, für die Errichtung einer nationalen jüdischen Heimstätte zu sorgen. Machtinteressen jedoch ließen die Briten schnell ihr Versprechen, das ganze Mandatsgebiet Palästina an die Juden zu geben, brechen. 1922 trennte Churchill das Gebiet östlich des Jordans ab und gab es König Abdullah, der dort das autonome Emirat Transjordanien errichtete, das heutige »Haschemitische Königreich Jordanien«. Für die Juden blieben somit nur noch 23 Prozent des ursprünglichen Gebiets übrig.
1948 wurde der Staat Israel als Heimatstaat für die weltweit verstreut lebenden Juden gegründet. Er wurde insbesondere zum Fluchtpunkt für die Überlebenden des Holocaust sowie für andere bedrängte und verfolgte Juden. Somit ist Israel ein typisches Einwanderungsland. Infolgedessen gibt es auch den typischen Israeli nicht, genauso wenig wie die typische Israelin. Je nach Heimat – Russland, USA, Äthiopien, Deutschland, Österreich, Polen, Bulgarien, Rumänien etc. – haben die Einwanderer ihre Kultur mitgebracht.
Nicht einmal der Glaube eint die Bewohner dieses Landes. Die überwiegende Mehrheit der Bevölkerung ist zwar jüdischen Glaubens, doch es leben hier auch Moslems und Christen, Drusen und Anhänger der Bahai-Sekte. Was sie eint, ist der israelische Pass – und sonst nichts. Die Bewohner dieses Landes legen größten Wert auf ihre

Individualität und Freiheit und nehmen sich kein Blatt vor den Mund, wenn es um die Durchsetzung ihrer Rechte geht.

Die Vielfalt der Kulturen zeigt sich auch auf dem Speiseplan: „Falafel", Klößchen aus frittiertem Kichererbsenteig, die mit Fladenbrot gegessen werden, „Kebab", Fleisch und Gemüse auf einem Spieß, „Tshulnt", traditioneller Bohneneintopf, „Burékas", mit Spinat und Käse gefüllte Teigtaschen, und der „russische Borschtsch", die Rote-Beten-Suppe. Sowohl orthodoxe als auch einige konservative und reformierte Juden halten sich an das Gebot, nur das zu essen, was „koscher" ist. Dazu gehören beispielsweise Wiederkäuer mit gespaltenen Hufen (u. a. Kühe und Schafe, aber keine Schweine). Für die Schlachtung von Tieren gibt es ebenfalls bestimmte Regeln. Andere koschere Tiere sind Fische mit Schuppen und Flossen (Schalentiere nicht). Milchprodukte dürfen nicht gemeinsam mit Fleisch oder Geflügel gekocht oder gegessen werden. Muslime essen kein Schweinefleisch und trinken keinen Alkohol. Und zum Verhalten: Essen Sie nur mit der rechten Hand (die linke gilt als unrein) und zeigen Sie Ihrem Gegenüber niemals Ihre Schuhsohlen.

Andere Sitten, andere Begrüßungsrituale: Die gebräuchliche Formel für Begrüßung und Abschied ist „shalom", was so viel wie „Friede" bedeutet. Darauf folgt meist „ma nishma?" („Was gibt's Neues?"), „ma inyanim?" („Was ist los?") oder das formellere „ma shlomcha?" („Wie geht es?"). Spricht man eine Frau an, muss es „ma shlomech?" heißen.

Nachdem man einander bekannt gemacht wurde, verwendet man für die Anrede einer anderen Person fast immer den Vornamen. Das gilt auch im Geschäftsleben. Die Begrüßungen sind informell, man schüttelt sich die Hände. Gute Freunde klopfen einander zur Begrüßung auch oftmals auf die Schulter. Frauen küssen sich ein- oder zweimal auf die Wangen. Große Achtung besteht vor der älteren Generation (= weise). Für junge Manager kann es daher sinnvoll sein, sich von einem älteren Kollegen begleiten zu lassen.

Wenn Sie planen, in arabische Länder zu reisen, müssen Sie verhindern, dass der israelische Grenzbeamte Ihren Pass abstempelt. Es gibt bei der Einreise nach Israel gesonderte Einlegeblätter, die man eigens verlangen muss. Außerdem können Sie sich bei der Einreise, aber auch bei der Ausreise auf eine genaue Untersuchung Ihres Gespäcks und auf etliche Fragen seitens der Grenzbeamten einstellen: Wo wollen Sie hin? Mit wem treffen Sie sich? Wann und warum? Etc. Hüten Sie sich davor, die Unwahrheit zu sagen. Es ist möglich, dass Ihre Angaben überprüft werden. Bleiben Sie freundlich, geduldig und haben Sie Verständnis: Die hohen Sicherheitsbestimmungen sind angesichts der politischen Lage notwendig.

Do's & Don'ts

Geschäftssprache: Fast alle sprechen Englisch, manche auch Deutsch oder Französisch. Ein paar Worte Hebräisch lockern die Atmosphäre und signalisieren Ihrem Geschäftspartner, dass Sie sich wirklich für Land und Leute interessieren. Guten Tag = shalom; danke = toda; auf Wiedersehen = lehirta'ot.

Pünktlichkeit: Wird erwartet, Verspätungen sollten angekündigt werden. Das dürfte im Zeitalter des Handys kein Problem mehr sein.

Dresscode: Abhängig vom Verhandlungspartner – in jüdischen Gebieten meist locker und leger, Hemd, Sakko ohne Krawatte; in palästinensischen Gebieten konservativ mit Krawatte. Frauen sollten darauf achten, dass ihre Schultern und Knie bedeckt sind.

Umgangsformen: Nicht alle Juden sind strenggläubig. Genauso wie bei den Christen gibt es Unterschiede. Abgesehen von den orthodoxen Juden, verhalten sich die meisten direkt, offen und äußerst unkonventionell. Die Palästinenser ihren arabischen Wurzeln entsprechend: herzlich, gastfreundlich und höflich. Da gemäß den verschiedenen Völker unterschiedlichste Begrüßungszeremonien bestehen, hat man sich im Geschäftsleben auf „Shakehands" geeinigt.

Geschenke: Regionale Spezialitäten kommen gut an. Wer Alkohol schenken will, sollte jedoch vorher klären, ob sein Geschäftspartner überhaupt welchen trinkt.

Geschäftsessen/Einladungen: Finden meistens mittags statt, in einem der internationalen Hotels oder Restaurants. Beim jüdischen Geschäftspartner muss alles koscher sein. Hier noch einmal die wichtigsten Regeln: Milch- und Milchprodukte und Fleisch dürfen nicht gleichzeitig verzehrt werden. Schweinefleisch ist „verboten", ebenso Pferdefleisch, Muscheln, Krebstiere sowie schuppenlose Fische. Übrigens: Samstags (am Sabbat) besteht in Restaurants striktes Rauchverbot.

Gastfreundschaft wird groß geschrieben. Und so kommt es auch relativ schnell zu privaten Einladungen, die sehr unkonventionell ablaufen. Meistens wird gegrillt. Und häufig kommen Gäste, die nicht eingeladen sind, während die eingeladenen viel zu spät oder gar nicht kommen. Bringen Sie ein kleines Geschenk, Blumen oder Konfekt, mit.

Gesprächsthemen/Tabus: Sport ist überall ein gutes Thema. Fußball, Schwimmen und Basketball. Auch die Familie. Stellen Sie sich jedoch darauf ein, auch unbequeme Fragen beantworten zu müssen: Was sagen Sie zu unserem Problem (Israelis/Palästinenser)? Am besten, Sie bekennen ehrlich, froh zu sein, solche Probleme nicht zu haben. Über den Holocaust zu diskutieren, sind die meisten Israelis müde. Dennoch

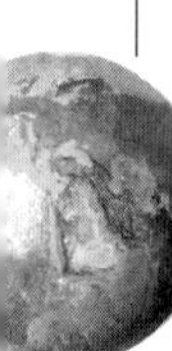

sollten Sie sich nicht drücken, wenn Ihre Meinung gefragt ist. Im Allgemeinen reagieren Israelis sensibel auf jegliche Art von Formulierungen, die die Juden ausgrenzen. Wer von Juden und Deutschen spricht, hat sich schon einen riesengroßen Fauxpas geleistet – wenn auch unbewusst. Schießlich gibt es christliche Deutsche genauso wie jüdische Deutsche. Nicht unbedingt ein Volltreffer in Israel.

Sicherheit: Je nach politischer Lage sind entsprechende Sicherheitsvorkehrungen erforderlich.

Visitenkarten: Auf der einen Seite in Hebräisch oder Arabisch, auf der anderen in Englisch.

Unternehmenskultur/Entscheidungsträger: Flache Hierarchien, der Trend geht zu modernen Managementkonzepten. Je nach Auftragsvolumen sind die Manager mit der nötigen Entscheidungskompetenz ausgestattet.

Verhandlungstaktik: Ob Jude oder Moslem – in Israel machen die Manager nur mit Personen Geschäfte, die ihnen sympathisch sind und denen sie vertrauen. Also heißt der erste Schritt zum Erfolg: Zeit investieren zum Aufbau einer persönlichen Beziehung. Ist das Eis gebrochen, sind die Israelis von einer erfrischenden Natürlichkeit. Sie feilschen hartnäckig um Service, Qualität und Preis, sprechen Desinteresse gnadenlos aus und verhandeln offensiv und direkt. Die Palästinenser – dagegen – sind höflicher. Sie brauchen länger, um zum Thema zu kommen, Ablehnungen werden nicht direkt ausgesprochen – man ist stets darauf bedacht, nicht das Gesicht zu verlieren oder die Würde seines Gesprächspartners zu verletzen. Aber auch sie sind exzellente Verhandler. Vorsicht ist geboten, wenn Ihr Verhandlungspartner den erstbesten Preis akzeptiert. Dann sollten Sie seine Bonität prüfen.

Verträge: Verträge und Bestellungen sollten in schriftlicher Form vorliegen. Die Zahlungsmoral ist in der Regel recht gut. Bei neuen Geschäftskontakten sollten Sie jedoch auf Nummer Sicher gehen und ein unwiderrufliches, bestätigtes Akkreditiv vereinbaren.

Umgang mit Konflikten: Es kann über alles sachlich diskutiert werden. Im Zweifelsfall ist der Israeli um keine Ausrede verlegen und nimmt bei Kritik kein Blatt vor dem Mund. Trotzdem: Immer höflich bleiben und nur sachbezogen argumentieren.

Italien

Republik Italien
Einwohner: 57,6 Millionen
BSP/Einwohner: 20.090 $
Hauptstadt: Rom
Amtssprache: Italienisch (regional Deutsch und Französisch)
Religion: Über 90 Prozent Katholiken
Wichtigste Außenhandelspartner: Deutschland, Frankreich, Großbritannien

Wenn das süße Leben bitter wird

Süß ist das Leben in Bella Italia. Zumindest für die Touristen. Aber auch die Geschäftsleute schätzen die lockere Lebensart, die schönen Künste, die Musik und die Küche in der Heimat ihrer italienischen Partner. Und Kompetenz in Sachen Fußball erntet gegenseitige Hochachtung. Einer der größten Unterschiede zwischen Italien und Deutschland ist sicherlich der Umgang mit negativen Nachrichten. Während der Deutsche oder auch der Österreicher den „Haken an der Sache" wie die sprichwörtliche „Nadel im Heuhaufen" sucht, gehen die Italiener über negative Botschaften geflissentlich hinweg. Ansonsten sind die Vorurteile der Deutschen überhaupt nicht berechtigt. Die Italiener sind herzlich, gastfreundlich und offen. Sie wollen ihre Geschäftspartner weder über den Tisch ziehen, noch haben sie Probleme mit dem Zeitmanagement. Liefertermine werden eingehalten, Rechnungen relativ pünktlich bezahlt. Wie gesagt, sofern alles zur allgemeinen Zufriedenheit des italienischen Managers abgewickelt wurde.

Apropos Rechnungen. Was jeder weiß und niemand offen zugibt: Immer wieder werden deutsche Geschäftsleute in Versuchung geführt, Geschäfte ohne Rechnung abzuwickeln. Wenn man bedenkt, dass in Rom selbst ein Zahnarzt nur so wenige Rechnungen vorweisen kann, dass der Fiskus glauben muss, er lebe am Rande des Existenzminimums, spricht das Bände.

Auch hier gilt der regionale Unterschied. Während sich Norditalien an deutsche oder österreichische Gepflogenheiten anpasst, läuft weiter südlich vieles wesentlich lockerer und gemäß der persönlichen Einschätzung.

Nicht umsonst besteht der bekannte innenpolitische Konflikt, der seine Ursache nicht zuletzt in der geschichtlichen Entwicklung trägt. Bis zur italienischen Einigung in den 60er-Jahren des vergangenen Jahrhunderts waren die Lombardei und Veneto

sowie teilweise auch die Toskana jahrzehntelang unter österreichischer Verwaltung, der Süden wurde von Spaniern und Bourbonen regiert, während Mittelitalien durch den Kirchenstaat geprägt wurde. Diese geschichtlichen Voraussetzungen haben Mentalität, Sozialgefüge, Verwaltung und Wirtschaft entscheidend beeinflusst und sind auch heute noch in ihren Grundzügen erkennbar.

Do's & Don'ts

Geschäftssprache: Italienisch und Englisch im Süden, im Norden sprechen fast alle verhandlungssicheres Deutsch. Angebote, Verträge und Werbematerial ins Italienische übersetzen lassen.

Pünktlichkeit: Im Norden gilt die akademische Viertelstunde, allerdings nur bis Florenz. Weiter im Süden ist Zeit relativ (außer auf Sizilien, da ist Pünktlichkeit angesagt).

Dresscode: Formell, mit modischem Pfiff. Auch bei großer Hitze tragen Männer Anzüge und Frauen Kostüme oder Hosenanzüge.

Umgangsformen: In Italien ist Anpassungsfähigkeit eine Form der Lebensstrategie. Regeln werden vom Italiener teilweise sehr freizügig interpretiert.

Geschenke: Keine Geschenke mit aufdringlichem Firmenlogo! Ansonsten kommen herkömmliche Werbegeschenke gut an. Besonders hochwertige Schreibgeräte, feine Lederwaren (Brieftaschen und Geldbörsen), Kalkulatoren und Organizer. Vorsicht bei Wein: Sicherstellen, dass es sich um hervorragende Qualität handelt, Italiener sind in der Regel gute Weinkenner.

Geschäftsessen/Einladungen: Die Italiener ziehen ein persönliches Gespräch einem Schriftwechsel vor. Und sie versuchen, das Angenehme mit dem Notwendigen zu verbinden. Daher werden zahlreiche Geschäfte bei einem guten Essen geschlossen.

Gesprächsthemen/Tabus: Die Familien, die Landschaft, der Wein, Mode, Kunst & Kultur, Fußball – die Italiener sind im Allgemeinen sehr eloquent und vielseitig interessiert. Für jene, die der italienischen Sprache nicht mächtig sind: Manchmal denkt man als Außenstehender, es würde sich gleich eine Schlägerei entwickeln, dabei handelt es sich nur um eine harmlose Diskussion über Fußball. Generell gilt: Vorsicht bei kritischen Äußerungen. Auch wenn der Italiener kritisch über Land & Leute, besonders über das Nord-Süd-Gefälle Italiens, spricht, sollte sich der Nicht-Italiener nicht anmaßen, ins gleiche Horn zu blasen. Das gilt auch für Normen in Italien, die zwar für Ausländer gelten, aber nicht für Italiener selber. Am besten, Sie behalten alles Negative für sich und loben alles, was Ihnen lobenswert erscheint. Tragen Sie ruhig dick auf, Ihr italienischer Geschäftspartner nimmt es dankbar an, wenn Sie in Gegenwart anderer positiv über seine Fähigkeiten und Leistungen sprechen.

Sicherheit: Auf Ihr Auto sollten Sie besonders gut aufpassen, ansonsten sind keine besonderen Vorsichtsmaßnahmen nötig.

Visitenkarten: Auf Italienisch oder Englisch. Sie werden zwar nicht bei jeder Gelegenheit ausgetauscht, dennoch sollten Sie zumindest Ihrem Geschäftspartner eine geben. Denn er empfindet es als unhöflich, Sie zu bitten, Ihren Namen zu buchstabieren.

Unternehmenskultur/Entscheidungsträger: Klein- und Mittelbetriebe sind nach wie vor in familiärer Hand, der Patriarch entscheidet. In weltweit agierenden Unternehmen, z. B. in der Automobilbranche, trifft man auf moderne Managementkonzepte.

Verhandlungstaktik: Erst Vertrauen und Sympathie aufbauen, bevor es zur Sache geht. Italiener sind geschickte Verhandler: Sie agieren flexibel und mit ausgeprägtem psychologischem Einfühlungsvermögen. Auch wenn Ihr italienischer Geschäftspartner das Gefühl vermittelt, besonders großzügig zu sein, indem er hier und da Abstriche macht, gilt als sicher: Der Italiener kalkuliert kühl – und ist auf seinen Vorteil bedacht.

Verträge: Die Zahlungsmoral ist besser, als es Vorurteile wahrhaben wollen.

Umgang mit Konflikten: Auch im Business sind Emotionen zugelassen. Der Italiener ist im Allgemeinen sehr stolz und schätzt es nicht, wenn man seine Gefühle verletzt. Daher ist es möglich, dass sich der italienische Partner persönlich beleidigt fühlt, wenn ein Geschäft nicht zu seiner Zufriedenheit abgewickelt wird.

Japan

Nihon-Koku
Einwohner: 126,4 Millionen
BSP/Einwohner: 32.350 $
Hauptstadt: Tokio
Amtssprache: Japanisch
Religion: 107,9 Millionen Schintoisten, 91,8 Millionen Buddhisten – die meisten sind beides gleichzeitig
Wichtigste Außenhandelspartner: USA, VR China, Rep. Korea, Australien, Rep. China, Indonesien, Deutschland

Kaizen: Jeden Tag ein bisschen besser

„Japan war und ist auch heute noch zu einem großen Teil ein Markt, über den ausländische Lieferanten sehr wenig wissen", sind sich die europäischen Manager weitgehend einig. Kein Wunder, japanische Firmen versuchen nicht nur ihre Marktinformationen, sondern auch ihre persönlichen Kundenkontakte, die für den Erfolg im japanischen Geschäftsleben auch heute noch sehr, sehr wichtig sind, so gut wie geheimzuhalten. Damit befolgen die japanischen Geschäftsleute eine der Strategien, die der berühmte Samuraikämpfer Miyamoto Musashi bereits vor 350 Jahren in seinem „Buch der fünf Ringe" manifestiert hat. Japanische Führungskräfte nutzen seit Jahrhunderten diesen Text, der wertvolle Hinweise zu Themen wie Konkurrenzkampf, Marketing und Verhandlungsführung enthält. „Die diesem Werk zugrunde liegenden Erfolgskonzepte sind der Kern der intensiven Marktdurchdringung und des globalen Wachstums japanischer Unternehmen", ist sich Buchautor Donald G. Krause sicher. Er hat Musashis Taktiken des Schwertkampfes auf die moderne Managementebene transponiert und beschreibt in seinem „Buch der Fünf Ringe für Führungskräfte" (Wirtschaftsverlag Carl Ueberreuter) Strategien für die Geschäftswelt von heute.

Zugegeben, die meisten Unternehmen befinden sich eher in der Rolle des Partners als des Konkurrenten. Daher ist der Aufbau einer persönlichen Beziehung umso wichtiger. „Geordnete Flexibilität", lautet ein zentraler Punkt in Musashis Taktiken. Ziel ist, so flexibel zu sein wie das Wasser. „Wasser ist gleichzeitig geordnet und flexibel. Es behält seine Identität, doch es passt sich den Umständen um sich herum an." Japanische Führungskräfte gehen auf Nummer Sicher. Nur wenn sie ihrem Partner

Vertrauen entgegenbringen, machen sie mit ihm Geschäfte – mit der Gewissheit, dass ihr westlicher Geschäftspartner auch in der Krise sein Bestes gibt. „Eine Hand wäscht die andere" – dieses Sprichwort gilt auch in Japan. Wenn zum Beispiel eine Firma Liquiditätsprobleme hat, kann es durchaus sein, dass der japanische Partner aufgrund der guten persönlichen Beziehung eine größere Lieferung bestellt, als ursprünglich geplant. Nur um seinem Geschäftspartner zu helfen. Allerdings erwartet sich der Japaner die gleiche Hilfe, wenn er selbst in Schwierigkeiten steckt.

Harmonie in persönlichen Beziehungen gilt in Japan als höchster gesellschaftlicher Wert. Konfrontationen und Situationen, die zum Gesichtsverlust bei einem der Beteiligten führen könnten, gilt es in jedem Fall zu vermeiden. Das ist nicht gerade schwer. Japaner sind in der Regel freundlich und zuvorkommend. Hat man sie erst für sich gewonnen, bleiben sie treu. Auch im Geschäftsleben. Hier kommt es auf die richtigen Umgangsformen an. Wichtig ist zum Beispiel die richtige Interpretation des „Nein". Ablehnung wird nur indirekt zum Ausdruck gebracht. Zum Beispiel durch Stillschweigen, Ausweichen oder über die Körpersprache. Ein eindeutiges Signal für Unwillen: Luft zischend durch die Zähne zu ziehen. Auch das japanische Wort für „Ja" kann für Missverständnisse sorgen. Meistens ist lediglich „Ich verstehe" gemeint – und nicht etwa Zustimmung.

Höflichkeit, Respekt und Anerkennung der Leistungen des anderen sind von enormer Wichtigkeit. Bei Präsentationen ist Bescheidenheit angesagt – trotz qualitativ hochwertiger Produkte, die vor allen Dingen praktisch, bedienerfreundlich und Platz sparend sein müssen, um überhaupt ein Chance auf dem japanischen Markt zu haben.

Do's & Don'ts

Geschäftssprache: Englisch, für entscheidende Verhandlungen Dolmetscher organisieren. Japanisch lernen! Bereits ein paar Worte lockern die Atmosphäre auf und signalisieren dem japanischen Partner, dass wirkliches Interesse für Land und Leute besteht.

Pünktlichkeit: Lieber ein paar Minuten zu früh, als ohne triftigen Grund zu spät. Unpünktlichkeit werten die Japaner als Gesichtsverlust – das Ende jeglicher Beziehungen.

Dresscode: Konservativer Anzug, Krawatte, Frauen im Kostüm mit langem Rock eher als in der Hose, immer Strümpfe, dezentes Make-up. Schuhe mit hohen Absätzen sind wie immer unangebracht.

Umgangsformen: Körperliche Berührungen werden als unangenehm empfunden. Zur Begrüßung leicht verbeugen oder mit dem Kopf nicken, direkten Augenkontakt vermeiden. In Gesellschaft nicht die Nase putzen! Zu Beginn eines Kontaktes sollte man sich auf persönliche Fragen einstellen.

Geschenke: Ein wichtiger Ausdruck der Wertschätzung. Willkommen sind hochwertige Weine und Brände, Mozart-Kugeln, Sachertorte, Bildbände von der Landschaft des Heimatlandes, CDs mit klassischer Musik und Swarovski-Figuren. Die Verpackung ist übrigens genauso wichtig wie der Inhalt. Kein weißes oder schwarzes Papier verwenden – das sind die Farben der Trauer. Geschenke werden nicht in Gegenwart des Schenkenden geöffnet.

Geschäftsessen/Einladungen: Schuhe ausziehen und das Essen loben. Niemals die Stäbchen in den Reis stecken oder quer über die Schale legen. Das Abendessen dient zum Aufbau einer persönlichen Beziehung und beginnt relativ früh: 18.30 Uhr. Sind die japanischen Geschäftspartner Gastgeber, schließt sich an das Abendessen häufig ein Ausflug in eine Bar oder in ein Karaokelokal an. Das öffentliche Singen zählt zu den beliebtesten Abendunterhaltungen der Japaner, die auch von ihren ausländischen Geschäftsfreunden musikalische Beiträge erwarten.

Gesprächsthemen/Tabus: Tabu ist alles, was mit Politik zu tun hat (Zweiter Weltkrieg, Korea), oder sonst irgendwie ein schlechtes Licht auf Japan werfen könnte. Ebenso will niemand darüber reden, dass westliche Firmen japanische übernehmen (Beispiel: Renault/Nissan). Unverfänglich: Sport, Kultur, Kulinarisches.

Sicherheit: Keine besonderen Sicherheitsvorkehrungen notwendig.

Visitenkarten: Der Austausch von Visitenkarten ist ein Muss und gleicht einem Ritual. Eigene Karte mit beiden Händen und einer leichten Verneigung so übergeben, dass der „Empfänger" sie lesen kann. Die Karte des Gegenübers ebenfalls mit beiden Händen nehmen und nicht einfach einstecken, sondern entsprechend würdigen: Vor sich auf den Tisch legen und ab und zu wohlwollend einen Blick darauf werfen. Auf der japanischen Karte stehen mehr Informationen über den Verhandlungspartner, als wir es gewohnt sind: Sein Rang innerhalb seines Unternehmens, seine Position, die Abteilung und sein Aufgabengebiet. Zu den Vorbereitungen der Geschäftsanbahnung sollte gehören, seine eigene Karte „Japan-fit" zu machen: mit Infos anzureichern und alles ins japanische Silbenalphabet übersetzen zu lassen. Wichtig: Unbedingt genug Visitenkarten einstecken! Jedem, der Ihnen eine Karte gibt, müssen Sie auch eine geben.

Unternehmenskultur/Entscheidungsträger: Es gilt das Kaizen-Prinzip – es jeden

Tag besser zu machen, als am Tag zuvor. Japaner verhandeln und entscheiden in Gruppen. Nicht selten sind alle betroffenen Manager in den Verhandlungen und in den Entscheidungsprozess involviert. Das kann mitunter lange dauern, dafür geht die Umsetzung dann im Eiltempo.

Verhandlungstaktik: Da Sie einer Gruppe gegenübersitzen werden, ist es sinnvoll, nicht alleine zu erscheinen. Und da die Japaner hohen Respekt vor dem Alter haben, sollten Sie sich, wenn Sie selber jung sind, von einem älteren Kollegen begleiten lassen! Wichtig ist eine 1000-prozentige Vorbereitung. Es werden unzählige detaillierte Fragen gestellt – die Sie geduldig, freundlich und höflich beantworten müssen. Oft redet nur einer, die anderen hören zu und diskutieren immer wieder unter sich. Lassen Sie sich nicht aus der Ruhe bringen. Die meisten Vertragspartner haben Jahre investiert, um nur in die Nähe eines Vertrages zu kommen. Basis aller Abschlüsse ist eine persönliche Beziehung, in der Vertrauen und Respekt keine leeren Worte sind.

Verträge: Ein Sprichwort lautet: „In Japan verhandelt man nicht einen Vertrag, sondern eine persönliche Beziehung." Ist das gegenseitige Vertrauen erst einmal geschaffen, sind schriftliche Verträge nur noch eine Formsache.

Umgang mit Konflikten: Harmonie gilt in Japan als höchster gesellschaftlicher Wert. Konfrontationen und Situationen, die zum Gesichtsverlust bei einem der Beteiligten führen könnten, gilt es um jeden Preis zu vermeiden. Der Weg zum Richter ist verpönt.

Jordanien

Haschemitisches Königreich Jordanien
Einwohner: 4,5 Millionen
BSP/Einwohner: 1150 $
Hauptstadt: Amman
Amtssprache: Arabisch
Religion: 80 Prozent Sunniten, kleinere Gruppen Muslime und Christen
Wichtigste Außenhandelspartner: Irak, USA, Deutschland, Japan, Italien

Chancenreiches Königreich

Das kleine arabische Königreich besteht zum größten Teil aus Wüsten- und Steppenland. Die Kernregion bildet das von Wadis zerschnittene Wüstentafelland, das eine Höhe von etwa 610 bis 915 Metern erreicht. Im Westen bricht es steil zum Ufer des Jordans und zum Toten Meer hinab, im äußersten Osten des Landes geht es fast nahtlos in die syrische Wüste über. Der Jordangraben erreicht seine tiefste Stelle am Toten Meer (395 Meter unter dem Meeresspiegel). Tiefe Schluchten und Berge mit einer Höhe von 1500 Metern und mehr charakterisieren den Arabischen Schild im südlichen Teil des Landes.
Der Staat Jordanien ist nicht historisch gewachsen, er ist eine Schöpfung am grünen Tisch: Mit dem Lineal zogen die britischen Kolonialherren in den 20er-Jahren die Grenzen auf der Landkarte. So wurde dem verbündeten Haschemiten-König Abdullah ein Königreich geschaffen. Sein Nachfolger König Hussein steuerte den jungen Staat durch manche Wellentäler und hinterließ seinem Sohn schließlich ein einigermaßen stabiles Reich, in dem verschiedene Kulturen relativ ruhig miteinander leben.
Der Großteil der Einwohner Jordaniens sind Araber. Minderheiten sind die Tscherkessen und Armenier, die jeweils knapp ein Prozent der Bevölkerung darstellen. Etwa 70 Prozent der Jordanier leben in Städten; ungefähr fünf Prozent sind nomadisierende Beduinen. Die Einwohnerzahl beträgt etwa 4,5 Millionen, und die Bevölkerungsdichte liegt bei 43 Einwohnern pro Quadratkilometer.
Der größte Teil der Jordanier sind sunnitische Muslime; die Schiiten stellen nur eine kleine Minderheit dar. Rund fünf Prozent der Bevölkerung sind Christen; davon gehören zwei Drittel der griechisch-orthodoxen Kirche an. Der Islam ist Staatsreligion, Arabisch ist Amtssprache. In der Geschäftswelt sprechen allerdings fast alle Englisch, notfalls einen Dolmetscher organisieren. Noch besser: selbst Arabisch ler-

nen. Sprachkenntnisse bieten enorme Vorteile. In der arabischen Welt sind persönliche Beziehungen Voraussetzung für gute Geschäfte. Über einen Dolmetscher lassen sich solche Beziehungen schwer aufbauen.

Do's & Don'ts

Geschäftssprache: Englisch, Jordanien war um 1920 britisches Mandatsgebiet.

Pünktlichkeit: Wird erwartet.

Dresscode: Konservativ, Anzug mit Krawatte. Frauen ebenfalls im Hosenanzug oder im Kostüm mit langem Rock. Nackte Schultern und unbedeckte Knie gelten als Provokation.

Umgangsformen: Höflich und sehr gastfreundlich. Der persönliche Kontakt zu den Projektträgern im öffentlichen Sektor sowie zu den privaten Firmen ist von größter Wichtigkeit. Regelmäßige Besuche erhöhen die Chancen, auf dem jordanischen Markt Fuß zu fassen, enorm.

Geschenke: Geschenke mit regionalem Bezug werden sehr geschätzt, wie Swarovski-Figuren, Porzellan, Süßigkeiten etc. Auch schöne Füllfedern und exklusive Feuerzeuge kommen gut an. Bei einem Besuch staatlicher Stellen gilt: Ist der Besuchte in seiner Stellung unter einem Direktor, ist jede Art von Werbegeschenk passend. Allerdings sollte das Firmenlogo nicht allzu aufdringlich wirken. Bei privaten Einladungen Blumen mitbringen. Beliebt sind üppige Sträuße.

Geschäftsessen/Einladungen: Zu Mittag, aber auch am Abend. Es gelten die Vorschriften des Islam: kein Schweinefleisch, kein Alkohol, nur mit der rechten Hand essen. Dabei ersetzt oft ein Stück Brot die Gabel. Fleischesser kommen dabei voll auf ihre Kosten, aber auch mit Gemüse und süßem Gebäck wird nicht gespart. Geschäftsessen dienen der Beziehungspflege und dauern nicht selten drei Stunden.

Gastfreundschaft ist das oberste Gebot, daher werden Geschäftsreisende bei näherer Bekanntschaft häufig in die Familie eingeladen. Die Hausfrau steht dann den ganzen Tag am Herd und kocht ein opulentes Mahl. Bedanken Sie sich mit einem Strauß Blumen oder Pralinen.

Gesprächsthemen/Tabus: Gespräche über Religionen, Politik und Frauen gehören zu den Tabuthemen. Vorsicht bei Diskussionen übers Weltgeschehen. Unbedingt auf arabische Ansichten sensibel Rücksicht nehmen. Die Israel-Problematik am besten ganz vermeiden, wenn Sie können. Sehr geschätzt werden Komplimente, zum Beispiel über die kulturellen Sehenswürdigkeiten Jordaniens. Ein gutes Thema ist auch die Familie.

Sicherheit: Keine besonderen Sicherheitsvorkehrungen nötig.

Visitenkarten: Genug mitnehmen und jedem eine geben. Auf der Visitenkarte kann man ruhig etwas übertreiben. Titel und die Stellung einer Person spielen in Jordanien eine große Rolle. Eine Seite sollte ins Englische und die andere ins Arabische übersetzt werden.

Unternehmenskultur/Entscheidungsträger: In Klein- und Mittelbetrieben herrscht ein patriarchalischer Führungsstil. Die Söhne managen zwar alles, aber der Vater hat das letzte Wort. Hierarchische Strukturen prägen auch die Kultur der staatlichen Unternehmen. Verhandlungen ziehen sich meistens in die Länge.

Verhandlungstaktik: Es zählt die persönliche Beziehung. Und so dürfen Sie auf gar keinen Fall mit der Tür ins Haus fallen, es gilt als unhöflich, gleich übers Geschäft zu reden. Zuerst sollten Sie sich nach der Familie, dem Befinden und allen Neuigkeiten erkundigen. Übers Geld sprechen die meisten Jordanier nicht gerne, so sind Preisverhandlungen äußerst sensibel zu führen.

Verträge: Die Unterschrift zählt, trotzdem dem Punkt „Zahlungskonditionen" besondere Sorgfalt beimessen. Ein unwiderrufliches, bestätigtes Akkreditiv ist üblich.

Umgang mit Konflikten: Jordanier reagieren auf Kritik sehr empfindlich. Es gilt in jedem Fall, Gesichtsverlust zu vermeiden – auf beiden Seiten. Man selbst verliert zum Beispiel bei Zornausbrüchen das Gesicht, der andere, wenn er durch Ungeduld und Eile unter Druck gesetzt wird.

Jugoslawien

Bundesrepublik Jugoslawien
Einwohner: 10,6 Millionen
BSP/Einwohner: unter 3030 $
Hauptstadt: Belgrad
Amtssprache: Serbisch
Religion: 44 Prozent Serbisch-Orthodoxe, 31 Prozent Katholiken, 12 Prozent Muslime
Wichtigste Außenhandelspartner: Russland, Deutschland, Österreich, USA und Griechenland

Jugoslawiens Comeback

Die Ergebnisse der Präsidentschaftswahlen mit einem Sieg des Kandidaten der DOS – Democratic Opposition of Serbia – sind als klarer Auftrag des Wählers zu werten, in Serbien politische und wirtschaftliche Veränderungen herbeizuführen und wieder den Anschluss an Europa zu suchen. Die neue Regierung tritt kein leichtes Erbe an und wird vor allem weit reichende Wirtschaftsreformen durchführen müssen, um die von Kriegsfolgen und Sanktionen erschütterte Wirtschaft wieder in Schwung zu bringen.

Erfolge kann sie allerdings schon verbuchen: Jugoslawien wurde in die OSZE (Organisation für Sicherheit und Zusammenarbeit in Europa) aufgenommen. Ebenso konnte noch im Dezember des Vorjahres eine Wiederaufnahme in die UN erfolgen. Ansuchen zum Beitritt bei der Weltbank sind im Laufen.

Die EU will im Rahmen des „Stabilitätspaktes für den Balkan" größere Förderbeträge bereitstellen – man spricht von 1,74 Mrd. Euro in den nächsten zwei Jahren –, um Jugoslawien wieder den Anschluss an Europa zu ermöglichen.

Unternehmen aus ganz Europa und Übersee sitzen nun in den Startlöchern. Jetzt gilt es besonders für österreichische Firmen, die Pole-Position zu nutzen und ihr Ass auszuspielen. Wirtschaftsexperten prognostizieren einen regelrechten Run auf den jugoslawischen Markt und raten, möglichst schnell Präsenz zu zeigen. Ein international agierender Headhunter: „Wir können bereits steigendes Interesse internationaler Investoren bemerken. Vor allem Vertreter der Baubranche, des Finanzierungs- und Standortentwicklungssektors sowie Anbieter von Konsumgütern setzen erste Schritte in den jugoslawischen Markt."

Im Umgang mit Jugoslawen haben Deutsche, Österreicher und auch Schweizer keine

Probleme. In Deutschland leben etwa 750.000 Bürger aus der Bundesrepublik Jugoslawien, in der Schweiz ca. 300.000 und in Österreich ca. 250.000. Viele schon in der zweiten und dritten Generation. Sie stellen ein Bindeglied zwischen den Ländern dar. Und bringen ihre Kultur auch kulinarisch – in Form von jugoslawischen Restaurants – nahe. Außerdem gehörte das ehemalige Jugoslawien – aufgrund der Nähe – zu den beliebtesten Urlaubsländern.

Do's & Don'ts

Geschäftssprache: Englisch, Deutsch.

Pünktlichkeit: Wurde bisher ein wenig locker genommen. Der Trend geht zur allgemeinen Pünktlichkeit, in puncto Einhaltung von Lieferterminen und Verabredungen mit Geschäftsreisenden. Schließlich besteht großes Interesse für den ausländischen Markt, und der serbische Geschäftspartner weiß, dass er konkurrenzfähig sein muss.

Dresscode: Eher formell, im Anzug, Frauen in Kostüm oder Hosenanzug in gedeckten Farben.

Umgangsformen: Bei produktiven und guten Geschäftsbeziehungen kommt es relativ schnell zu nahen persönlichen Beziehungen und Freundschaften. Generell ist die Gastfreundschaft gegenüber Fremden sehr ausgeprägt.

Geschenke: Getränke (Brände, Whisky, Cognac – keinen Wein!), Werbegeschenke (z. B. Kalender, Organizer, Schreibutensilien) ohne aufdringliches Firmenlogo.

Geschäftsessen/Einladungen: Finden in guten Restaurants statt, sowohl zu Mittag als auch am Abend. Es wird reichlich aufgetischt – Fleisch, Fleisch und nochmals Fleisch. BSE scheint ein Fremdwort.

Man wird sehr bald auch privat eingeladen, die zwischenmenschlichen Beziehungen entwickeln sich schnell, die Serben sind in der Regel sehr aufgeschlossen.

Gesprächsthemen/Tabus: Nationale Themen mit Vorsicht angehen, das Thema um die Bombardierung Jugoslawiens am besten vermeiden. Rest-Jugoslawien nicht in denselben Topf mit jenen Ostblockstaaten werfen, die wirklich hinter dem Eisernen Vorhang waren. Gute Themen: Herausstellen, dass Serbien vor zehn Jahren auf hohem Niveau mit dem Westen gearbeitet hat. Und würdigen, dass wegen der zehnjährigen Krise zwar der Standard gefallen ist, aber dass die Leute mit hohem persönlichem Einsatz ihr Wissen up to date gehalten haben. Außerdem: alles rund um Familie, Urlaub, auch Neues aus der Heimat. Fast jeder hat einen oder mehrere Verwandte in Deutschland, Österreich oder in der Schweiz.

Sicherheit: Keine, ausgenommen im Kosovo. Dort sollten sich Geschäftsreisende nur in Begleitung ihres Verhandlungspartners bewegen.

Visitenkarten: Müssen nicht unbedingt zweisprachig sein. Wenn doch, dann Englisch/Serbisch.

Unternehmenskultur/Entscheidungsträger: Trend vom patriarchalischen Führungsstil zu modernen Managementkonzepten. Die Verantwortungsbereiche sind geteilt und Entscheidungen können auch bereits in den zweiten und dritten Managementebenen getroffen werden.

Verhandlungstaktik: Nicht mit der Tür ins Haus fallen, sondern erst ein vertrautes Klima schaffen.

Verträge: Werden in der Regel schriftlich abgeschlossen und gelten. Manchmal sind die Serben ein wenig zu optimistisch, betreffend ihre eigenen Möglichkeiten.

Umgang mit Konflikten: Ein lösungsorientierter Umgang mit Kritik & Co. Die Geschäftstreibenden wissen, wo sie Mängel haben, und sind bereit, ihr Wissen entsprechend zu vertiefen.

Kanada

Parlamentarische Monarchie
Einwohner: 30,3 Millionen
BSP/Einwohner: 19.170 $
Hauptstadt: Ottawa
Amtssprache: Englisch, Französisch
Religion: 12, 8 Millionen Katholiken, 850.000 Anglikaner, 730.000 United Church of Canada, Rest gemischt: Orthodoxe, Muslime, Juden, Sikhs
Wichtigste Außenhandelspartner: USA, Japan, Deutschland, Frankreich

US-Gepflogenheiten färben ab

Kanada ist ein klassisches Einwanderungsland. Und die Wurzeln der meisten Einwanderer reichen nach Europa. Briten und Franzosen sind bekanntlich die Gründer Kanadas im 17. Jahrhundert, im Laufe der Zeit gab es immer wieder Einwanderungswellen aus Zentral- und Osteuropa, aber auch aus Asien und Afrika. Das Staatsoberhaupt von Kanada ist nach wie vor europäischen Ursprungs: die britische Königin Elizabeth II., vertreten durch die einheimische Generalgouverneurin Adrienne Clarkson, repräsentiert das Land. Clarkson ist übrigens (ethnische) Chinesin.
Weniger im Privaten, mehr im Wirtschaftsleben haben sich die Kanadier den Geschäftsgepflogenheiten der USA angepasst. „US-Gepflogenheiten färben ab. Wie in den USA werden auch in Kanada Geschäfte immer schneller abgewickelt", erzählt ein in Kanada lebender Deutscher aus der Metallbranche, der seit 25 Jahren in der Nähe von Toronto lebt. „Der Konkurrenzkampf ist härter geworden, die Geschäftspolitik ebenfalls." Vorbei seien die Jahre, als die Geschäfte gemütlich bei einer Partie Golf angebahnt wurden. Heute heißt es auch in Kanada immer häufiger: „Verliere keine Zeit." Das gilt sowohl in Quebec, dem französisch-sprechenden Gebiet, als auch in den angelsächsischen Provinzen, deren Bewohner manchmal britischer als die Briten und französischer als die Franzosen sein wollen. Konservativ und traditionsbewusst, dabei allerdings offen und hilfsbereit allen Fremden gegenüber. Schnell nennt man einander beim Vornamen, was jedoch nicht automatisch auf ein freundschaftliches Verhältnis schließen lässt. Auf die Regeln der Höflichkeit wird nach wie vor großer Wert gelegt, besonders Frauen gegenüber. Zwar ist „sexual harassement" kein derart hochgespieltes Thema wie in den USA, dennoch kann allzu vertrauliches Ver-

halten gegenüber weiblichen Verhandlungspartnern leicht falsch ausgelegt werden. In puncto beruflicher Gleichberechtigung haben die Frauen einen kleinen Nachholbedarf. Zwar sind viele Frauen im Mittelmanagement anzutreffen, die oberen Ebenen sind jedoch nach wie vor von Männern dominiert.
Im Businesskontext bricht die konservative, traditionsbewusste Haltung der Kanadier zunehmend auf. Längst ist die Treue zu einmal gewählten Marken gebrochen, allein der Preis ist entscheidend. Mit eleganten technischen Lösungen oder der hohen Lebensdauer eines Produktes beeindruckt man heute niemanden mehr.
Noch mehr als in Europa steht die Konsumorientierung und Geschwindigkeit im Vordergrund. Reagieren Sie rasch! Bei Rückfragen zum Angebot wird eine schnelle Antwort erwartet. Bedenken Sie, dass bei Maschinen und Geräten ein Serviceteam, zum Beispiel ein qualifizierter Vertreter mit Ersatzteillager, auf dem nordamerikanischen Kontinent notwendig ist. Wer will im Notfall schon auf einen Techniker aus Europa warten?!"
Weitere Unterschiede: Die Hierarchien sind flach. Da die Manager sehr beschäftigt sind, erwischt man sie selten am Telefon. Nützen Sie die Möglichkeiten von schnellen, modernen Kommunikationsmitteln. Am Telefon reagiert, statt der gesuchten Person, meistens nur der Anrufbeantworter oder die Voice Mail.

Do's & Don'ts

Geschäftssprache: Englisch/Französisch – bei Verhandlungen in Quebec auch alle Unterlagen in französischer Sprache vorbereiten.

Pünktlichkeit: Wer zu spät kommt, sollte eine plausible Erklärung abgeben können. Im Schnitt sind anglophone Kanadier pünktlicher als frankophone.

Dresscode: Im anglophonen Raum punktet man noch immer grau in grau. In Quebec sind modische Varianten durchaus erlaubt. In zahlreichen Restaurants und Clubs herrscht Krawatten- und Jacket-Zwang.

Umgangsformen: Kanadier sind ein freundliches Volk und erwarten auch ein freundliches Gegenüber, besonders wenn ihnen etwas verkauft werden soll. Die Umgangsformen sind meist leger, auch Unbekannte werden mit dem Vornamen angesprochen.

Geschenke: Kleine Aufmerksamkeiten wie Wein, Whisky oder Süßigkeiten nur dann, wenn bereits eine persönliche Beziehung besteht. Ansonsten sollten Geschenke besser vermieden werden, da die Kanadier äußerst korrekt sind und jeden Verdacht der Beeinflussbarkeit meiden wollen.

Geschäftsessen/Einladungen: Einladungen ins Private oder auch zum Abendessen ins Restaurant sind eher selten, Business-Meetings zum Frühstück (zwischen 7 und 8 Uhr) oder zum Mittagessen häufiger. Alkohol wird dabei kaum getrunken, Rauchen ist verpönt. Es gibt viele Nicht-Raucher-Lokale, im Zweifelsfall immer vorher fragen.

Gesprächsthemen/Tabus: Religion und Politik sind generell keine guten Themen, Kommentare über das Verhältnis zwischen Franko- und Britisch-Kanadiern sind zu unterlassen. Besser: Gespräche über die Natur und Sport (Golf ist Volkssport).

Sicherheit: Keine besonderen Sicherheitsvorkehrungen erforderlich.

Visitenkarten: Es ist üblich, Visitenkarten zu Beginn eines Geschäftsgesprächs auszutauschen. Sie sollten auf Englisch sein.

Unternehmenskultur/Entscheidungsträger: Die Hierarchien sind flach, häufig nach amerikanischem System. Auch zwischen den einzelnen Hierarchiestufen redet man sich mit dem Vornamen an. In den meisten Unternehmen herrscht das Konzept der „offenen Tür", das keine Manager kennt, die von ihren Sekretärinnen abgeschirmt werden.

Verhandlungstaktik: Nach ein paar Sätzen Small Talk zügig zur Sache kommen. Das Gesprächsklima bei Verhandlungen ist sehr korrekt, gekennzeichnet durch geradlinige Argumentation und Transparenz über Verhandlungsziele. Privates hat in Geschäftsverhandlungen keinen Platz. Pokerface aufsetzen, keine Gefühle zeigen.

Verträge: Sind zu halten. Wenn alles unter Dach und Fach ist, folgt die Unterschrift. Und dann wird auch nicht nachverhandelt.

Umgang mit Konflikten: Sehr lösungsorientiert. Ganz wie in den USA, halten sich auch die Kanadier nicht lange damit auf, nach dem Schuldigen zu suchen.

Kolumbien

Republik Kolumbien
Einwohner: 40,8 Millionen
BSP/Einwohner: 2470 $
Hauptstadt: Santa Fe de Bogotá
Amtssprache: Spanisch
Religion: 95 Prozent Katholiken
Wichtigste Außenhandelspartner: USA, Venezuela, Deutschland, Japan, Mexiko

Kaffee, Cannabis und Koka

Kolumbien liegt im Nordwesten Südamerikas und verdankt seinen Namen Christoph Kolumbus (1451–1506). Kaum hatte er das wunderschöne Land entdeckt, kamen auch schon die ersten spanischen Siedler, die die hoch entwickelte Ackerbau- und Handelskultur der Chibcha unterwarfen und im Jahre 1538 die Villa de la Santa Fe, das heutige Bogotá, gründeten. Erst 1830 konnte Kolumbien die Spanier vertreiben und seine Unabhängigkeit erreichen. Dennoch ist Kolumbiens Geschichte von ständigen Unruhen gekennzeichnet, die 1840 mit einem Aufstand und der Spaltung in die beiden politisch verfeindeten Lager der Liberalen und Konservativen begann und in dem Tausend-Tage-Krieg (1899–1903) gipfelte. Durch die zahlreichen Angriffe der Guerillagruppen und die Zunahme der Macht und Gewalt lokaler Drogenkartelle ist die innenpolitische Lage Kolumbiens immer weiter verschärft worden. Einer Untersuchung des US-Außenministeriums und des US-Geheimdienstes CIA zufolge, steht Kolumbien weltweit unangefochten an der Spitze der Drogen produzierenden Länder. Seit 1990 ist eine Verdreifachung der Koka-Anbauflächen festzustellen. Entführungen, Gewaltverbrechen, Waffen- und Drogenhandel stehen noch immer an der Tagesordnung. Für Geschäftsreisende ist es wichtig, diverse Vorsichtsmaßnahmen einzuhalten. Am besten, Sie gehen nur in Begleitung eines Insiders aus, meiden die Altstadt von Bogotá und andere gefährliche Orte. Auf gar keinen Fall sollten Sie mit dem Auto über die Landstraßen fahren, sondern immer das Flugzeug als sicherstes Verkehrsmittel wählen.

Die Kolumbianer selbst, in der Regel freundlich und hilfsbereit, sind mehr als verunsichert. Kein Wunder: Allein im vergangenen Jahr sind 23.000 Personen Opfer der Auseinandersetzung zwischen Guerillaorganisationen geworden, darunter 1863 Zivilisten. Mehr als 1,5 Millionen Kolumbianer haben ihre Heimat aufgrund der hohen Kriminalitätsquote verlassen. Trotz der innenpolitischen Schwierigkeiten verläuft

Kolumbiens Außenhandel mit Deutschland und Österreich sehr positiv. Vor allem im Handel – mit Maschinen, mit Papier und Pappe und mit medizinischen und pharmazeutischen Erzeugnissen. Da die Probleme im Land für jedermann offensichtlich sind, können sich ausländische Geschäftspartner unumwunden informieren, wie Sie sich am besten verhalten sollen. Ansonsten sollten Sie sich nicht abfällig über die innenpolitischen Schwierigkeiten äußern. Und auch sonst schätzt es die einheimische Bevölkerung nicht – die übrigens zu fast 70 Prozent aus Mestizen, zu 20 Prozent aus Weißen, zu 10 Prozent aus Mulatten und Schwarzen und zu nur etwas mehr als 1 Prozent aus reinrassigen Indianern besteht –, wenn sich jemand als Besserwisser aufspielt. Wer jedoch mit Verständnis und Kenntnissen über die kolumbianische Kultur aufwartet, kassiert jede Menge Pluspunkte. Generell ist die Kommunikation mit Kolumbianern sehr unkompliziert. Die meisten Menschen sind herzlich und offen. Es kommt auch durchaus vor, dass Ihr Geschäftspartner schon beim ersten Treffen kommentarlos zum Du überwechselt. Bei allen Geschäften steht die persönliche Beziehung im Vordergrund. Die meisten Kolumbianer sind daran interessiert, ihre Geschäftspartner und auch seine Familie wirklich kennen zu lernen.

Do's & Don'ts

Geschäftssprache: Spanisch. Alle Unterlagen, Angebote und Bedienungsanleitungen sollten übersetzt werden. Im Gespräch kommt man in der Privatwirtschaft auch mit Englisch gut zurecht. Bei Verhandlungen mit staatlichen Stellen: Dolmetscher organisieren!

Pünktlichkeit: Mit Verspätungen bis zu einer Stunde muss man rechnen. Zu Geschäftsterminen selber vorsichtshalber pünktlich erscheinen, zu privaten Einladungen entspricht es der Höflichkeit, eine halbe Stunde zu spät zu kommen.

Dresscode: In der Hauptstadt Bogotá konventionell in Anzug mit Krawatte, in den anderen Millionenstädten, Medellin, Cali und Cartagena, sind die Kleidungsvorschriften lockerer.

Umgangsformen: Mehr als unkonventionell. Vor allem auf gleicher Ebene im Management wird man oft schon beim ersten Treffen mit Vornamen und per Du angesprochen. Ein Instrument der Vertraulichkeit, das nicht zu Unhöflichkeiten oder unkontrollierten Handlungen verleiten sollte. Zeichen des Unmutes oder sogar Zornausbrüche kommen nicht gut an, auch ein striktes „Nein" gilt in Kolumbien als unhöflich. Man sagt eher „Vielleicht", „Mal sehen", „Wir werden das sondieren".

Geschenke: Sind üblich. Je besser man den Geschäftspartner kennt, desto persönlicher sollte das Geschenk sein. Für den Anfang reichen jedoch hochwertiger Cognac oder Whisky, wertvollere Schreibutensilien, eine CD mit klassischer Musik oder Süßigkeiten.

Geschäftsessen/Einladungen: Finden meistens im Restaurant statt und dienen der Kontaktpflege. Die Nationalgerichte „Ajeiaco" (Kartoffelsuppe) und „Pipico" (rote Bohnen mit verschiedenen Fleischsorten) sind es wert, probiert zu werden. In Kolumbien ist Schweinefleisch übrigens teurer als Rindfleisch und wird daher nicht so oft verarbeitet.

Stimmt die persönliche Beziehung, lädt der Kolumbianer seinen Geschäftspartner auch irgendwann zu sich nach Hause ein. Hier gelten folgende Regeln: Eine halbe Stunde später kommen, eine kleine Aufmerksamkeit mitbringen (Blumen oder Konfekt), sich bald nach dem Kaffee, der nach dem Essen gereicht wird, verabschieden. Getrunken und geredet wird vor dem Essen. Einladungen nach Deutschland, in die Schweiz oder nach Österreich werden gerne angenommen. Auf dem Programm sollte ein Opernbesuch nicht fehlen.

Gesprächsthemen/Tabus: Komplimente über die Schönheit des Landes machen und sich nach der Familie erkundigen, die Familienbezogenheit der Kolumbianer ist sprichwörtlich. Weniger gute Themen sind die hohe Kriminalitätsquote, Drogenhandel, die Guerillabewegung etc.

Sicherheit: Unauffällige Kleidung (keinen Schmuck, Uhren oder verheißungsvolle Aktentaschen), nur wenig Bargeld mitnehmen, Vermeidung von Spaziergängen in als gefährlich bekannten Vierteln (leider gehört auch die Altstadt mit dem historischen Kern von Bogotá dazu), am besten nur in Begleitung eines Insiders ausgehen, nicht mit dem Auto außerhalb der Städte fahren (besser fliegen), Taxis nur in guten Hotels nehmen (nicht an der Straße anhalten).

Visitenkarten: In Kolumbien wird jeder, der auf der Universität war, mit „Doctor" angesprochen. Um seinem kolumbianischen Verhandlungspartner das Gefühl zu vermitteln, auf gleicher Ebene zu verhandeln, ist es empfehlenswert, seine Visitenkarte etwas aufzupeppen.

Unternehmenskultur/Entscheidungsträger: Es wurde schon viel privatisiert: Stromerzeugung, Bergbau, Stahlindustrie – in diesen Unternehmen sind die Hierarchien flach, ganz nach amerikanischem Vorbild. In den staatlichen Unternehmen sind nach wie vor strenge hierarchische Strukturen zu finden.

Verhandlungstaktik: Geduld ist angesagt! Es ist gut möglich, dass beim ersten Treffen überhaupt nicht übers Geschäft gesprochen wird. Erst muss eine persönliche, auf

Vertrauen basierende Beziehung etabliert werden. Häufig wird gefeilscht, der kolumbianische Geschäftsmann erwartet einen Preisnachlass von mindestens 15 Prozent. Um technisches Know-how zu verkaufen, sind Einladungen in heimische Produktionen empfehlenswert. So können sich die kolumbianischen Partner gleich vor Ort vom reibungslosen Ablauf überzeugen.

Geschäfte mit staatlichen Stellen können sich über zwei bis drei Jahre ziehen und werden optimalerweise von kolumbianischen Rechtsanwälten geführt.

Verträge: Gute Rechtsanwaltskanzlei suchen, die den Vertrag aufsetzt. Wichtige Klausel: Gewährleistung, dass der Vertrag auch noch Bestand hat, wenn die Wirtschaftslage wechselt. Zahlung: Gute ausländische Bank suchen und Akkreditiv verlangen.

Umgang mit Konflikten: Gemäß der Mentalität des Südens – emotional (temperamentvoll und schnell beleidigt). Hier ist Fingerspitzengefühl gefragt und eine gute persönliche Beziehung wichtig.

Korea (Süd-)

Republik Korea
Einwohner: 46,4 Millionen
BSP/Einwohner: 8600 $
Hauptstadt: Seoul
Amtssprache: Koreanisch
Religion: 14,46 Millionen Protestanten, 10,26 Millionen Konfuzianer, 9 Millionen Buddhisten
Wichtigste Außenhandelspartner: USA, Japan, VR China, Australien, Saudi-Arabien, Deutschland

Wer am besten singen kann, gibt den Ton an

Koreaner erwarten von ihren Geschäftspartnern rege Anteilnahme an ihrem gesellschaftlichen Treiben. Von Trinkspielen zum Karaokesingen – hier punktet derjenige, der über seinen Schatten springen kann.

Im „Land der Morgenruhe“ sollten Sie sich auf einige Überraschungen gefasst machen. Obwohl die Südkoreaner sehr europäisch und deshalb so vertraut wirken, sind die Mentalitätsunterschiede zwischen Europäern und Koreanern riesengroß. Besonders bezüglich der Geschäftsprinzipien. In Korea wird nach dem Sprichwort „der Zweck heiligt die Mittel“ verhandelt. Unüblich für den asiatischen Raum, zeigen die Koreaner durchaus Emotionen. Sie gebärden sich wütend oder frustriert und lachen, wenn ihnen etwas peinlich ist. Egal, wie unangemessen Ihr Verhandlungspartner reagiert, bleiben Sie ruhig und gelassen. Nehmen Sie nicht alles so ernst, eher wie eine Show.

Auch leere Drohungen, unrealistische Versprechungen und eine geschickte Verzögerungstaktik gehören zum Instrumentarium koreanischer Verhandler. Erforderliche Vorsichtsmaßnahmen: Lassen Sie Ihre koreanischen Geschäftspartner im Unklaren über Ihr Abreisedatum. Die Bereitschaft, eventuell einen oder zwei Tage anzuhängen, ist ein bewährtes Mittel gegen die koreanische Taktik, über Substantielles erst am letzten Nachmittag, und daher unter Zeitdruck zu verhandeln.

Zugeständnisse ohne Gegenleistungen sollten überhaupt nicht gemacht werden, denn sie werden nicht als freundliches Entgegenkommen, sondern als Schwäche gewertet. „Besser kein Geschäft als ein schlechtes Geschäft“ ist die richtige Devise,

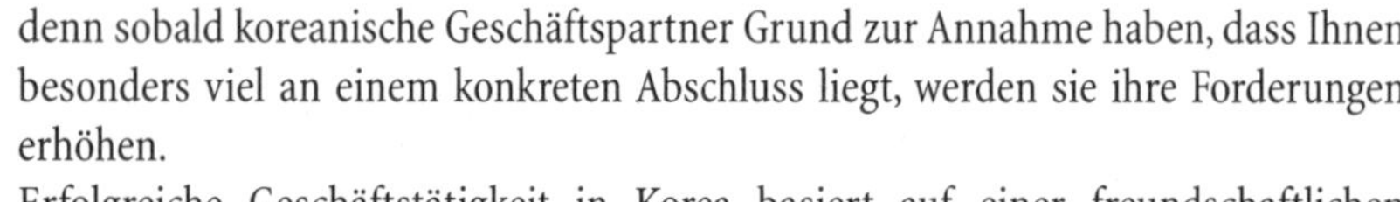

denn sobald koreanische Geschäftspartner Grund zur Annahme haben, dass Ihnen besonders viel an einem konkreten Abschluss liegt, werden sie ihre Forderungen erhöhen.

Erfolgreiche Geschäftstätigkeit in Korea basiert auf einer freundschaftlichen zwischenmenschlichen Beziehung. Um die formellen Barrieren des Beziehungszeremoniells möglichst schnell zu überwinden, nutzen zahlreiche Koreaner die Wirkung des Alkohols. Trinkspiele mit Wein, Bier oder auch mit Hochprozentigem sind im Geschäftsleben an der Tagesordnung. Ablehnen darf man solche Spiele übrigens genauso wenig wie das überall beliebte Karaokesingen. Sonst würde der koreanische Geschäftspartner sein Gesicht verlieren – das Ende jeglicher Beziehungen.

Do's & Don'ts

Geschäftssprache: Englisch. Allerdings überschätzen zahlreiche Europäer die Englischkenntnisse ihrer koreanischen Gesprächspartner. Daher: Vorsichtshalber Dolmetscher organisieren.

Pünktlichkeit: Wird erwartet, wenn auch selber nicht immer eingehalten.

Dresscode: Konservativ, im Anzug mit Krawatte, Frauen im Kostüm mit langem Rock oder Hosenanzug (und hochgeschlossen!).

Umgangsformen: Unerlässlich ist es, gute zwischenmenschliche Beziehungen aufzubauen und zu pflegen. Dazu gehören gemeinsames Essen und Feiern. Das „Kibun", das Sich-wohl-Fühlen, trägt entscheidend zu einem guten Geschäft und zu einer zuverlässigen Abwicklung bei. Zur Begrüßung leicht verbeugen und Augenkontakt halten. Händeschütteln ist unüblich. Wenn Koreaner „Ja" sagen und nicken, meinen sie oft nur „Vielleicht". „Vielleicht" heißt oft „Nein". Indizien für ein „Nein" sind meist nonverbaler Natur, wie Zusammenkneifen der Augen oder zischend Luft durch die Zähne zu ziehen. Absolut verpönt: die eigene Konkurrenz runtermachen!

Geschenke: Sind gern gesehen, besonders mit Banknoten gefüllte Briefumschläge. Sehen Sie die materiellen Zuwendungen an Geschäftsfreunde als Wartungsarbeiten, die der Betrieb einer komplexen Beziehungsmaschinerie erfordert. Keine Bedenken: Geldgeschenke sind in Südkorea an der Tagesordnung. Das ist ganz offiziell. Und egal, was Sie sonst noch bringen: Es darf weder in Japan noch in Korea selbst produziert worden sein. Willkommen sind hochwertige Weine und Brände, Schokolade und Swarovski-Figuren. Allerdings nicht mit einem Dreieck versehen, das bedeutet Unglück.

Geschäftsessen/Einladungen: Schuhe ausziehen und immer ein Präsent mitbringen. Ansonsten sollte man sich darauf einstellen, seine „Trinkfestigkeit“ zu beweisen und – nach dem Essen – seine Qualitäten als Sänger. Koreaner sind ganz wild auf Karaoke.

Gesprächsthemen/Tabus: Tabu ist alles, was mit Japan zu tun hat.

Sicherheit: Es sind keine besonderen Vorsichtsmaßnahmen nötig.

Visitenkarten: Der Nachname steht vorne, der Vorname hinten. Koreaner immer mit Nachnamen anreden. Verwunderliches Detail: In Korea gibt es für 45 Millionen Menschen nur 273 Familiennamen. Die Hälfte der Koreaner heißt entweder Kim, Lee, Park oder Choi. Die Visitenkarte des Gegenübers mit der rechten Hand nehmen und nicht einfach einstecken, sondern entsprechend würdigen: vor sich auf den Tisch legen und ab und zu wohlwollend einen Blick darauf werfen. Wichtig ist, seinen Titel auf der eigenen Karte etwas aufzuwerten, damit der koreanische Gesprächspartner auf gleicher Ebene verhandelt. In Korea ist selbst ein Kleinstunternehmer „Präsident“.

Unternehmenskultur/Entscheidungsträger: Es gelten starke hierarchische Strukturen, man sollte möglichst hoch – auf Geschäftsführerebene – einsteigen. Entscheidungen werden häufig emotional getroffen, es zählt „das gute Gefühl“.

Verhandlungstaktik: Der westliche Geschäftspartner sollte auf leere Drohungen und Zornausbrüche, unrealistische Versprechungen und eine geschickte Verzögerungstaktik vorbereitet sein. Beste Reaktion: Die Gebärden nicht so ernst nehmen, das Abreisedatum im Ungewissen lassen und sich nicht in die Karten schauen lassen. Gute Strategie: bescheiden und freundlich um Unterstützung bitten, ohne von seiner Position abzurücken.

Verträge: Sind schriftliche Momentaufnahmen. Vielfach wird unterschrieben, ohne dass die Absicht besteht, sich an die Vereinbarungen auch wirklich zu halten. Vielmehr erwarten die koreanischen Unternehmer von ihren westlichen Partnern flexible Vertragsgestaltung, stets angepasst an die dynamischen Rahmenbedingungen.

Umgang mit Konflikten: Da die meisten Koreaner kritische Worte sehr persönlich nehmen, auch wenn sie sich auf ihre Firma, ihre Stadt oder ihr Land beziehen, sollte Kritik immer sehr vorsichtig geäußert werden. Offene Konfrontation, Tadel, aber oft auch für unsere Verhältnisse harmlose Sticheleien oder eine nicht ganz dem gesellschaftlichen Status entsprechende Behandlung sind überhaupt zu vermeiden. All das führt zu Gesichtsverlust, und somit in den meisten Fällen zu einem irreparablen Schaden in der persönlichen Beziehung.

Kroatien

Republik Kroatien
Einwohner: 4,5 Millionen
BSP/Einwohner: 4620 $
Hauptstadt: Zagreb
Amtssprache: Kroatisch
Religion: 76,6 Prozent Katholiken, 11,1 Prozent Serbisch-Orthodoxe
Wichtigste Außenhandelspartner: Deutschland, Italien, Russland, Slowenien, Österreich

Verhandlungen „durch die Blume"

Kroatische Unternehmen lassen sich derzeit in vier Gruppen unterteilen: erstens die staatlichen Betriebe, deren Mitarbeiter in einer Art Warteposition verharren, dann die traditionellen privaten Unternehmen, die sich in einem Transformationsprozess auf dem Weg zur Globalisierung befinden. Drittens die kleinen Newcomer, mit risikofreudigem und hoch motiviertem Personal. Und viertens die lokalen Niederlassungen der internationalen Konzerne, wie Coca-Cola, IBM usw. Je nach Zugehörigkeit des Unternehmens können sich Geschäftsverhandlungen kurz und effektiv oder langwierig und kompliziert entwickeln.

Beinahe immer müssen Sie viel Geduld mitbringen. Allein schon deshalb, weil an den meisten Sitzungen zahlreiche Mitarbeiter teilnehmen, deren Funktion und Sinn zwar nicht immer ganz klar ist. Dennoch: Sie leisten verbale Beiträge, stellen Fragen und – es wird geredet und diskutiert, auch wenn schon klare Ergebnisse und Vereinbarungen getroffen wurden und es eigentlich nichts mehr zu besprechen gibt. Die Gründe dafür sehen zahlreiche Manager in der kommunistischen Vergangenheit des Landes: Die Menschen müssen sich erst an Freiheit und Unabhängigkeit gewöhnen. Und sind zum einen Teil allem Neuen gegenüber ein wenig ängstlich, zum anderen müssen sie erst lernen, visionär zu denken.

Außerdem fehle es den kroatischen Wirtschaftstreibenden an internationaler Erfahrung.

Doch nicht mehr lange: Da sich die meisten kroatischen Geschäftsleute über diese ihre Unerfahrenheit durchaus im Klaren sind, vertrauen sie gerne auf die Erfahrungen ihrer internationalen Partner. Sofern diese genug diplomatisches Geschick besitzen, sie das niemals spüren zu lassen. Die Kroaten haben feine Antennen dafür, ob

man sie respektiert oder ob ihre internationale Unerfahrenheit insgeheim belächelt wird. Der Wille zur ehrlichen Unterstützung kommt hingegen immer gut an.
Die Basis für gute Geschäfte ist eine persönliche, auf Vertrauen beruhende Beziehung. Diese zu etablieren ist nicht unbedingt schwer, denn die Kroaten sind in der Regel sehr offen, gastfreundlich und höflich. Die Höflichkeit reicht sogar so weit, dass sie Schwierigkeiten haben, das Wort „Nein" zu gebrauchen. Und da es als äußerst unhöflich gilt, jemanden unter Druck zu setzen, ist es oft problematisch, genaue Stellungnahmen zu erhalten. Ein lokaler Vertreter ist mit den kroatischen Umgangsformen sicherlich vertrauter, kann Signale „durch die Blume" besser einschätzen und besitzt gute Kenntnisse des Marktes. Wichtig ist vor allem, dass er die Eigentumsverhältnisse durchblickt und sich leicht zum tatsächlichen Entscheidungsträger durcharbeitet. Das operative Management ist nicht immer die richtige Adresse.

Do's & Don'ts:

Geschäftssprache: Englisch oder Deutsch, bei Verhandlungen mit staatlichen Stellen Dolmetscher organisieren. Werbematerial, technische Anleitungen, Angebote und Verträge ins Kroatische übersetzen lassen. Ein paar Worte Kroatisch lockern die Atmosphäre: guten Tag/dobr dan (dober dan), auf Wiedersehen/dovidenja (dovidschenja), danke/hvala (hwala).

Pünktlichkeit: Geschäftliche Verabredungen werden in der Regel sehr genau eingehalten und auch vom Partner erwartet. Wobei eine kleine Verspätung kein großer Fauxpas ist.

Dresscode: Geschäftlich und privat ähnlich wie in Deutschland, Österreich und in der Schweiz, übertriebener Chic könnte als Anmaßung empfunden werden.

Umgangsformen: Mit der Tür ins Haus fallen, belehrendes Verhalten und direkte Offenheit sind verpönt. Die Verhaltensweisen in puncto Formalitäten und Höflichkeit ähneln eher den österreichischen. Allerdings wird noch mehr „durch die Blume" gesprochen und viel diskutiert. Üben Sie sich in Geduld – und erklären Sie alles, sooft wie nötig.

Geschenke: Aufmerksamkeiten mit regionalem Bezug, wie hochwertige Weine und Brände, Süßigkeiten etc.

Geschäftsessen/Einladungen: Jede Verhandlung findet ihren Abschluss in einem gemeinsamen, ausgiebigen Essen. Bei den traditionellen Unternehmen sind „späte" Mittagessen beliebt, die zwischen 14.30 und 15 Uhr beginnen, sich bis in den Abend ziehen und üblicherweise recht „weinhaltig" sind. Unbedingt genug Zeit einplanen,

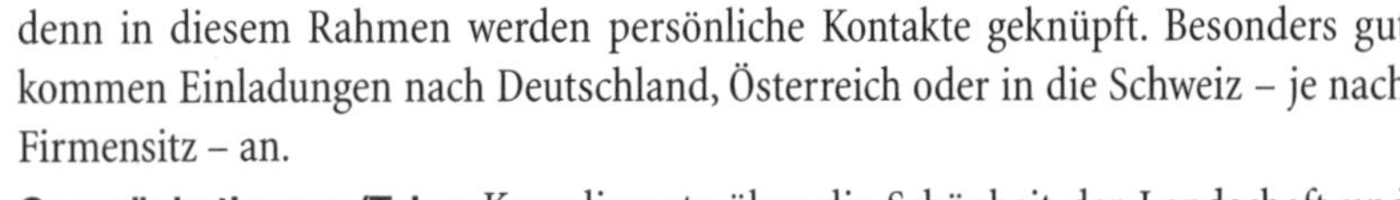

denn in diesem Rahmen werden persönliche Kontakte geknüpft. Besonders gut kommen Einladungen nach Deutschland, Österreich oder in die Schweiz – je nach Firmensitz – an.

Gesprächsthemen/Tabu: Komplimente über die Schönheit der Landschaft und über die gute Küche werden überall gern gehört. Familie und Sport sind ebenfalls gute Themen. Krieg und Politik sollte man lieber nicht ansprechen. Und auf gar keinen Fall schätzen es die Kroaten, wenn sie als Jugoslawen bezeichnet oder mit anderen Ex-Staaten in einen Topf geworfen werden.

Sicherheit: In den Grenzgebieten zu Jugoslawien und Bosnien besteht erhebliche Gefährdung durch Landminen. Da die Minen oft dicht am Straßenrand verlegt wurden, sollten Sie sich entsprechend verhalten. Teilweise sind Minenfelder durch gelbe Plastikstreifen abgesperrt oder durch Schilder oder Pfähle mit Plastikstreifen gekennzeichnet. Bisweilen fehlt jedoch jede Kennzeichnung.

Visitenkarten: In Englisch/Deutsch, mit Titel und Position. In den traditionellen Unternehmen steht auf der Karte eines jeden Abteilungsleiters „Direktor" – und er will in der Regel auch so angesprochen werden. Um auf gleicher Ebene zu verhandeln, sollte man seine eigene Visitenkarte ruhig etwas „aufpeppen".

Unternehmenskultur/Entscheidungsträger: Frauen genießen hohes Ansehen und sind überdurchschnittlich häufig in Schlüsselpositionen anzutreffen.Bei den staatlichen, aber auch bei den traditionellen Privatunternehmen herrschen hierarchische Strukturen. Da oft die Eigentumsverhältnisse ungeklärt sind, können sich Verhandlungen als sehr problematisch herausstellen. Im Zuge der Privatisierungen ist ein Trend zu modernen Managementkonzepten festzustellen.

Verhandlungstaktik: Generell mangelt es den kroatischen Geschäftsleuten an internationaler Erfahrung, an Risikofreudigkeit und an der Fähigkeit, visionär zu denken. Allerdings haben sie ein feines Gespür dafür, wenn der westeuropäische Partner ihnen ehrliche Wertschätzung entgegenbringt und die Absicht, sie wirklich zu unterstützen. Dann fassen sie Vertrauen und lassen sich leiten. Ohne Geduld und Fingerspitzengefühl läuft allerdings nichts. Denn auch, wenn wir längst meinen, alles sei transparent und klar, hat der Kroate noch unendlich viele Fragen.

Verträge: Meistens nicht mehr als eine Bestandsaufnahme. Oft wird nachverhandelt.

Umgang mit Konflikten: Gemäß ihrer südländischen Mentalität sind aufbrausende Diskussionen zu erwarten. Nachdem sich die Wogen dann geglättet haben, sind Kompromisse möglich.

Kuba

Republik Kuba
Einwohner: 11,1 Millionen
BSP/Einwohner: 3030 $
Hauptstadt: Havanna
Amtssprache: Spanisch
Religion: 56 Prozent gelten als konfessionslos, 39 Prozent Katholiken, verschiedene protestantische Kirchen
Wichtigste Außenhandelspartner: Keine Angaben

Vom Leben im goldenen Käfig

Bei einem Besuch dieser wunderschönen Karibikinsel sticht dem Geschäftsreisenden fast überall die Mangelwirtschaft ins Auge. Trotzdem verlieren die Einheimischen selten ihre gute Laune. Sie sind stolz auf ihre Insel, auch wenn sie das Gefühl haben, „im goldenen Käfig“ zu leben. Erst bei näherer Bekanntschaft äußern Intellektuelle und Angehörige der Oberschicht Frustration mit den Limitationen im Lande und kritisieren Reise- und Informationsbeschränkungen, Mangelwirtschaft, geringe Bezahlung und und und. Ein Akademiker verdient oft nicht mehr als 20 US-Dollar im Monat.

Ihrer Mentalität entsprechend blicken sie jedoch sehr optimistisch in die Zukunft und sind unseren südländischen EU-Nachbarn in Verhalten und Kultur sehr ähnlich. Kein Wunder, mehr als 70 Prozent der Kubaner sind Nachfahren der spanischen Einwanderer. Zwölf Prozent sind Schwarze, Nachfahren der afrikanischen Sklaven, und der Rest sind Mulatten, Mestizen und ein kleiner Teil Asiaten (vor allem Chinesen). Rassismus zwischen den Bevölkerungsgruppen gibt es nicht, da Fidel Castro dies sofort nach der Revolution verboten hat. Und daran halten sich die Kubaner in der Regel. Nicht nur, weil die kubanischen Gefängnisse noch immer den Ruf haben, mehr als abschreckend zu sein. Sondern auch, weil die Menschen generell sehr freundlich, herzlich und hilfsbereit sind – auch Fremden gegenüber.

So ist Kuba in den vergangenen Jahren bei den Touristen immer beliebter geworden, jetzt scheint das Land auch für den Außenhandel wieder spannend zu werden. Zwar gilt momentan die nicht bezahlte Auslandsschuld Kubas als Haupthindernis für den Ausbau der bilateralen Handelsbeziehungen. Doch die EU-Mitgliedsstaaten sind dabei, Umschuldungsabkommen zu unterzeichnen, die nicht nur die Altschuld neu strukturieren, sondern vor allem auch Neugeschäfte ermöglichen.

Zur Marktsondierung und -bearbeitung empfiehlt sich die Teilnahme an der EU-geförderten Messe in Havanna. Chancen bestehen vorwiegend für Ausrüstungen für die Elektrizitätswirtschaft, Maschinen und Vorprodukte für die Leicht- und die Stahlindustrie, für das Verkehrswesen und den Bergbau, des Weiteren alles Notwendige zur Aufrechterhaltung der schon gut ausgebauten Infrastruktur im Tourismus. Geplant ist auch die Modernisierung der lokalen Lebensmittel-, Möbel- und Baustoffindustrie. Entsprechende Technologie aus Europa ist sehr willkommen.

Do's & Don'ts

Geschäftssprache: Spanisch, viele sprechen auch Englisch. Angebote, Werbematerial und technische Unterlagen sowie Bedienungsanleitungen sollten ins Spanische übersetzt werden.

Pünktlichkeit: Wird vom ausländischen Geschäftsreisenden erwartet, selbst erlauben sich die Kubaner häufig großzügige Verspätungen.

Dresscode: Mit Ausname offizieller Stellen eher informell.

Umgangsformen: Freundlich, offen, herzlich und positiv. Sozialismus wird in der Karibik offensichtlich anders gelebt als in der ehemaligen UdSSR. Ausgeprägte Höflichkeit gegenüber weiblichen Executives.

Geschenke: Werden überall gerne angenommen. Hier kann man auch mit typischen Werbegeschenken – wie Timer, Kugelschreiber und Organizer – punkten. Die „normalen" Angestellten sind sehr arm und freuen sich über jede Aufmerksamkeit. Frauen schätzen Seidentücher, T-Shirts oder Kosmetikprodukte. Für Verhandlungspartner der Upperclass eignen sich Geschenke mit regionalem Bezug, wie Bildbände, hochwertige Weine und Brände, klassische Musik. Nur Tabak-Produkte sollte man besser zu Hause lassen. Schließlich sind kubanische Rauchwaren auf der ganzen Welt berühmt.

Geschäftsessen/Einladungen: Finden zu Mittag oder auch am Abend statt, aber nur, wenn der potentielle Lieferant zahlt. Restaurantbesuche, besonders die in internationale Hotels in Havanna, sind für Einheimische fast unerschwinglich. Selbst das durchschnittliche Gehalt eines Akademikers ist, wie erwähnt, oft nicht höher als 20 USD/Monat.

Privat wird man kaum eingeladen. Nicht aus mangelnder Gastfreundschaft, sondern weil wenige daheim über ein passendes Ambiente verfügen. Wer seinem kubanischen Geschäftspartner etwas besonders Gutes tun will, lädt ihn nach Europa. Ohne diese finanzielle Hilfe hat er kaum Gelegenheit, seinen „goldenen Käfig" – so sehen zahlreiche Einheimische das Leben auf der Insel – zu verlassen.

Gesprächsthemen/Tabus: Die Familie ist ein gutes Thema, Komplimente über die Schönheit der Insel stärken das Selbstbewusstsein der Kubaner, sind sie doch – trotz der unverkennbaren Mangelwirtschaft – stolz auf ihr Land.

Sicherheit: Abgesehen von harmlosen Taschendieben, ist Kuba eine sichere Insel. Die Zustände in kubanischen Gefängnissen sind mehr als abschreckend.

Visitenkarten: In Spanisch oder Englisch, genug Karten mitnehmen, bei Verhandlungen jedem Anwesenden eine geben.

Unternehmenskultur/Entscheidungsträger: Zwischen rein staatlichen und gemischten bzw. privaten Unternehmen herrscht ein großer Unterschied. Bei privaten Unternehmen entscheidet der Chef, und das relativ schnell und unkompliziert. Bei staatlichen Betrieben bremsen starke Hierarchien die zügige Verhandlungsführung.

Verhandlungstaktik: Außer in staatlichen Organisationen ist die Verhandlungsatmosphäre freundschaftlich und angenehm. Mit Small Talk beginnen, dann warten, bis der kubanische Verhandlungspartner zum Thema kommt.

Verträge: Werden im Allgemeinen eingehalten. Probleme gibt es immer wieder bei der Devisenzuteilung und den Finanzierungen. Bezüglich der Zahlung empfiehlt sich Vorauszahlung oder von einer renommierten internationalen Bank bestätigte Akkreditive.

Umgang mit Konflikten: Es wird über Probleme offen geredet. Generell gilt: Die Kubaner neigen häufig dazu, mehr zu versprechen, als sie halten können. Dahinter steckt keine böswillige Absicht, sondern vielmehr ein grenzenloser Optimismus.

Lettland

Republik Lettland
Einwohner: 2,45 Millionen
BSP/Einwohner: 2420 $
Hauptstadt: Riga
Amtssprache: Lettisch
Religion: 55 Prozent Lutheraner, 24 Prozent Katholiken, 9 Prozent Russisch-Orthodoxe
Wichtigste Außenhandelspartner: Deutschland, Russland, Finnland, Schweden, Litauen, Estland

Skandinavische Sitten in Lettland

Am 18. November feiert die Republik Lettland ihre Unabhängigkeit, die sie 1991 erreichte. Darauf sind die Letten genauso stolz wie auf ihre Zugehörigkeit zu Nordeuropa. Sie haben unter der Sowjetmacht ihre kulturelle Eigenart bewahrt, bereits 1988 das Lettische als Amtssprache eingeführt und fühlen sich als echte Skandinavier. Sie wollen mit Russland nicht mehr viel zu tun haben. Mehr als 50 Jahre sowjetischer Vorherrschaft sind genug, jetzt wollen sich die Letten unabhängig von russischem Einfluss entwickeln. Und auch die große russische Minderheit in ihrem Land (33,8 Prozent der lettischen Bevölkerung sind Russen) betrachtet das baltische Volk mit Unbehagen.
Dennoch ist die lettische Wirtschaftslage noch immer abhängig von der Situation in Russland.
„Seit Mitte der 90er-Jahre konnte Lettland jährliche Wachstumsraten um die sechs Prozent verzeichnen", erzählt ein Vertreter der Außenhandelskammer. „Die Russlandkrise im Jahre 1998 hat diesen steilen Erfolgsweg unterbrochen. Durch den hohen Anteil Russlands am gesamten Außenhandel sowie durch die Rolle von Lettlands Hafenstädten als Transitpunkt für russische und weißrussische Waren hatte Lettland von allen drei Baltenstaaten am stärksten mit den wirtschaftlichen Folgen der Russlandkrise zu kämpfen." Für die Zukunft prognostizieren die Experten jedoch kontinuierlichen Aufschwung.
In ihrem Verhalten nehmen sich die Letten die Deutschen zum Vorbild. Und verhandeln auch dementsprechend. Kurz, knapp und präzise. Und sie sind bereit, für Qualität viel Geld auszugeben. Wer seine Argumentation entsprechend aufbaut und in dem Verkaufsgespräch betont, dass er die Aufnahme Lettlands in die EU begrüßt,

macht sich schnell Freunde. Und eine gute, persönliche Beziehung gilt in Lettland auch im Geschäftsleben noch immer als sehr erstrebenswert. Aufgebaut wird sie am besten durch mehrmalige Besuche vor Ort, gemeinsame Abendessen und – ganz nach russischem Vorbild – ein paar bestandene Trinkproben.
Je nach Verhandlungspartner – zum Beispiel haben die Russen in Lettland noch starken Einfluss im Bankensektor – ist es sinnvoll, einen Vertreter einzuschalten, der gute Beziehungen zu alten Seilschaften hat. Das ist auch empfehlenswert, wenn Ihr Geschäftspartner ein staatlicher Betrieb ist. Als Außenstehender wird man die oft verschlungenen Wege zu wirklichen Entscheidungsträgern nicht finden. Bei der Vertreter-Vermittlung hilft die jeweilige Außenhandelskammer.

Do's & Don'ts

Geschäftssprache: Englisch, Deutsch und Russisch. Die Landessprache ist Lettisch. Wer mit Kenntnissen dieser baltischen Sprache überrascht, weckt Sympathie: Hallo – Sveiks! Auf Wiedersehen – Uz redzeanos! Ja – Ja! Nein – Ne! Danke – Paldies! Bitte – Ludzu! Entschuldigung – Atvainojiet! Bei wichtigen Verhandlungen Dolmetscher organisieren.

Pünktlichkeit: Es herrschten skandinavische Disziplin und präzise Einhaltung von Terminen.

Dresscode: Wie bei uns, auf allzu große Extravaganz besser verzichten. Im Schnitt liegt das monatliche Gehalt der Letten 30 Prozent unter dem Durchschnittseinkommen der EU-Bürger.

Umgangsformen: Zu Anfang höfliche Zurückhaltung, beim näheren Kennenlernen herzlich und offen.

Geschenke: Hier kann man noch mit herkömmlichen Werbegeschenken, besonders mit elektronischen Geräten, wie Solarrechner, Timer und Organizer, punkten. Der Gipfel der Großzügigkeit ist ein PC.

Geschäftsessen/Einladungen: Dienen zum Aufbau und zur Vertiefung einer persönlichen Beziehung. Es herrschen russische Gepflogenheiten – der Geschäftsreisende kann sich darauf einstellen, etliche Trinkproben bestehen zu müssen.

Gesprächsthemen/Tabus: Komplimente zur wirtschaftlichen Entwicklung kommen gut an. Und auf jeden Fall betonen, dass man die Letten als Skandinavier sieht und den EU-Eintritt dieses Landes begrüßt. Außerdem punktet derjenige, der sich in Kunst, Kultur und Sport auskennt. Hier ein paar Namen, die Sie kennen sollten: Rainis (Janis Pliekšans, 1865–1929), bedeutender lettischer Schriftsteller, Kulturschaf-

fender, Politiker, mit einer Anzahl von Gedichtbänden, Theaterstücken u. a. Rainis ist als „Mensch des 20. Jahrhunderts in Lettland“ nominiert worden; Janis Rozentals (1866–1916) und Vilhelms Purvitis (1872–1945) sind die bekanntesten lettischen Maler. Janis Rozentals entwickelte die lettische Genre- und die Porträtmalerei. Vilhelms Purvitis beeinflusste stark die lettische Landschaftsmalerei und gab ihr einen bleibenden Platz in Europa; Janis Lusis ist der einzige lettische Athlet (Speerwurf), der alle drei olympischen Medaillen erkämpfte (Gold, Silber, Bronze). Tabu ist wie immer jegliche Kritik an Land und Leuten, vorsichtshalber auch das Thema Kommunismus vermeiden.

Sicherheit: Keine besonderen Sicherheitsvorkehrungen erforderlich.

Visitenkarten: In Englisch.

Unternehmenskultur/Entscheidungsträger: Zwar nimmt auch hier die Privatisierung der ehemals staatlichen Betriebe zu, moderne Managementmethoden sind allerdings noch nicht sehr weit verbreitet. Starke Hierarchien bestimmen das Bild.

Verhandlungstechnik: Verhandlungen müssen gut vorbereitet werden. Es ist nötig, auf alles – insbesondere auf technische Fragen – eine konkrete detaillierte Antwort zu wissen. Es wird alles sachlich diskutiert, Emotionen haben keinen Platz. Man kann durchaus zügig zum Thema kommen. Die Letten wissen mittlerweile auch: Zeit ist Geld. Preisverhandlungen können sich allerdings sehr in die Länge ziehen, da die Letten sehr preisbewusst sind. Sie wollen zwar das Beste haben, aber das Wenigste dafür zahlen. Nicht unüblich für Nordeuropäer.

Verträge: Handschlagqualität. Das geschriebene Wort zählt.

Umgang mit Konflikten: Lösungsorientiert.

Libanon

Libanesische Republik
Einwohner: 4,2 Millionen
BSP/Einwohner: 3560 $
Hauptstadt: Beirut
Amtssprache: Arabisch
Religion: 60 Prozent Muslime, 40 Prozent Christen
Wichtigste Außenhandelspartner: Italien, Frankreich, USA, Deutschland, Schweiz, Großbritannien

Einst „Schweiz" des Ostens

Phönizien, das Küstengebiet am Fuß des Libanongebirges ist eines der ältesten Siedlungsgebiete des Mittelmeerraumes. Die Städte Tyros, Sidon und vor allem Byblos, die Geburtsstätte unseres Alphabets, blicken auf eine mehr als 5000-jährige Geschichte zurück. Zu Beginn des 7. Jahrhunderts gründete eine Gruppe syrischer Christen im heutigen Nordlibanon ein maronitisches Gemeinwesen. Im Süden siedelten Araber, die den drusischen Glauben (eine schiitische Richtung des Islam) annahmen. Im Laufe der Zeit wuchs nicht nur die christliche Gemeinde, auch die muslimische. 1920 legte die französische Mandatsverwaltung die heutigen libanesischen Grenzen fest und schuf, ohne den französischen Einfluss zu verringern, eine neue Balance zwischen Christen und Muslimen. 1946 erlangte der Libanon seine Unabhängigkeit.

Der wirtschaftliche Aufschwung des jungen Staates wurde durch den 15 Jahre andauernden Bürgerkrieg jäh gestoppt. 1975 eskalierten die innenpolitischen Konflikte zwischen den Religionsgemeinschaften durch zusätzlichen Druck von außen. Die einst blühende libanesische Wirtschaft wurde ruiniert. Früher als die „Schweiz des Nahen Ostens" bekannt, verlor der Libanon nun seine führende Rolle im internationalen Bankwesen zur Gänze und ist gegenwärtig selbst stark von ausländischer Finanzhilfe abhängig.

Mittlerweile hat sich die innenpolitische Situation weitestgehend stabilisiert. Das neue Gleichgewicht der Macht: Der Staatspräsident wird von den maronitischen Christen gestellt, der Premierminister von den Sunniten und der Parlamentspräsident von den Schiiten. Damit wurde den unterschiedlichen Religionsgemeinschaften Rechnung getragen. Das Verhältnis Christen : Muslime beträgt 40 : 60. Die größten

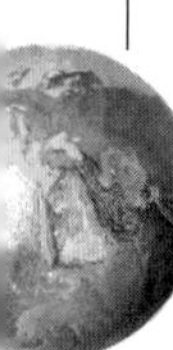

Gruppen sind Schiiten, Maroniten, Sunniten, Griechisch-Orthodoxe, Griechisch-Katholiken, Drusen, Armenier (orthodoxe und katholische). Somit besitzt das libanesische Volk eine Vielfalt voneinander abweichender Sitten und Gepflogenheiten. Der Islam bestimmt zwar weite Bereiche des Lebens, jedoch ist der Libanon jenes arabische Land, in dem die europäische Lebensweise am stärksten ausgeprägt ist. Besonders die Christen orientieren sich am Westen, hauptsächlich an Frankreich. Generell gilt: Die Libanesen sind äußerst gastfreundlich, herzlich und offen. Einladungen werden schnell ausgesprochen, sind immer ernst gemeint und sollten auf jeden Fall akzeptiert werden.

Auch die Beziehungen zwischen Deutschland und dem Libanon haben sich wieder intensiviert. Deutschland gehört für den relativ kleinen – aber für die deutsche Wirtschaft interessanten – libanesischen Exportmarkt zu den Haupthandelspartnern. Mindestens 300 libanesische Firmen nehmen im Libanon (auch) deutsche Wirtschaftsinteressen wahr, etwa 30 deutsche Unternehmen haben sich seit 1992 in Beirut niedergelassen und Repräsentanten entsendet. Ein Manager aus der Verpackungsindustrie erzählt: „Ruhe ist eingekehrt und das Leben nimmt wieder seinen Lauf. Längst kann man in Beiruts Hamra-Straße wieder alles kaufen, was gut und teuer ist, längst bieten die Nachtclubs der Hotels wieder Unterhaltung und auch das berühmte ‚Casino de Liban' hat seine Pforten wieder geöffnet." Und ein Industrieller ergänzt: „Der französische Einfluss ist unverkennbar. Die Libanesen legen auch sehr viel Wert auf gutes Essen und großzügigen Lebensstil. Die Restaurants des Libanon zählen zu den besten des Nahen Ostens, die Tische biegen sich unter den unzähligen Schüsseln mit pikanten Speisen." Die Prognosen sind optimistisch: Der Libanon ist wieder im Kommen. Die Hoffnung ist groß, dass das Land wieder das wird, was es einmal war: die Schweiz des Nahen Ostens.

Do's & Don'ts

Geschäftssprache: Französisch, Englisch und Arabisch. Fast jeder Libanese spricht diese drei Sprachen.

Pünktlichkeit: Mit der eigenen Pünktlichkeit nehmen es die meisten Libanesen nicht so genau. Vom Gast erwarten sie jedoch rechtzeitiges Erscheinen.

Dresscode: Konservativ, Anzug und Krawatte. Frauen im Hosenanzug oder Kostüm mit langem Rock und hochgeschlossener Bluse. Auch wenn sich die Libanesinnen freizügiger kleiden – lassen Sie es nicht auf eine Provokation ankommen.

Umgangsformen: Freundlich, herzlich und höflich. Durch zuvorkommendes Verhalten kann man zu Libanesen relativ schnell eine persönliche Beziehung aufbauen. Man ist schnell beim „Du“. Je besser man sich kennt, desto häufiger kommt es zu Berührungen. Zur Begrüßung und zum Abschied gibt's den dreifachen Bruderkuss.

Geschenke: Je nach Religionszugehörigkeit wählen. Moslems keinen Alkohol schenken. Ansonsten kommen elegante Feuerzeuge, gute Zigarren und hochwertige Schreibgeräte gut an. Bei geschäftlichen Verhandlungen die Geschenke gleich am Anfang übergeben.

Geschäftsessen/Einladungen: Gehören zum Berufsalltag dazu. Sowohl zu Mittag, ab 14 Uhr, als auch am Abend (da wird meist die Ehefrau mitgenommen), ab 21 Uhr. Die libanesische Küche ist vielfältig und auch für unseren Geschmack vorzüglich. Nur etwas zu üppig. Meistens ist man nach der Vorspeisen-Tafel schon satt. Auch die lokalen Biere, Weine und – als Aperitif – der Anisschnaps „Arraq“ sind es wert, gekostet zu werden. Passen Sie Ihren Umgang mit Alkohol dem Ihres Gesprächspartners an.

Private Hauseinladungen werden relativ selten ausgesprochen, nur bei guter Bekanntschaft. Als Dank einen großen Blumenstrauß mitbringen.

Gesprächsthemen/Tabus: Aus der Politik sollte man sich unbedingt raushalten. Besser: Komplimente machen – über die gute Küche, den guten Araq, über die Schönheit der Landschaft und über die wirtschaftliche Entwicklung.

Sicherheit: Die Kriminalität ist geringer als in manchen europäischen Hauptstädten. Aufgrund der politischen Situation sollten Sie Ihre Geschäftsreise sorgfältig vorbereiten. Einzelheiten, wie Abholung vom Flughafen, Transport und Unterkunft im Libanon, sollten vorab festgelegt bzw. mit dem dortigen Gesprächspartner vereinbart werden. Fahrten nur in Begleitung ortskundiger libanesischer Vertrauenspersonen!

Visitenkarten: Auf Englisch oder Französisch. Peppen Sie Ihre Karte ruhig ein wenig auf, denn auch die Libanesen neigen zur Übertreibung. Auch der Chef eines Kleinunternehmens nennt sich „Präsident“ oder „Vorsitzender“.

Unternehmenskultur/Entscheidungsträger: Hierarchische Strukturen und ein patriarchalisches Führungssystem.

Verhandlungstaktik: Libanesen sind bekannt für ihren Geschäftssinn und verhandeln in der Regel geschickt und unnachgiebig. Besonders, was den Preis betrifft. Daher immer großzügige Rabatte einkalkulieren. Verhandlungen werden oft durch Besucher oder Telefonanrufe gestört. Das empfinden die Libanesen nicht als unhöflich. Bleiben Sie ruhig und gelassen. Nur der Geduldige macht das Geschäft.

Verträge: Besonders kleine Unternehmen neigen dazu, mehr zu versprechen, als sie halten können. Vorsichtshalber die Bonität prüfen bzw. Zahlungsgarantien vereinbaren.

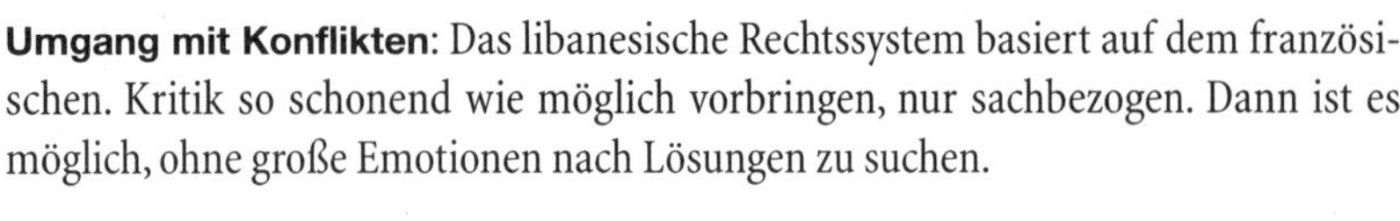

Umgang mit Konflikten: Das libanesische Rechtssystem basiert auf dem französischen. Kritik so schonend wie möglich vorbringen, nur sachbezogen. Dann ist es möglich, ohne große Emotionen nach Lösungen zu suchen.

Litauen

Republik Litauen
Einwohner: 3,7 Millionen
BSP/Einwohner: 2540 $
Hauptstadt: Vilnius
Amtssprache: Litauisch
Religion: 3 Millionen Katholiken, Minderheiten von Russisch-Orthodoxen
Wichtigste Außenhandelspartner: Russland, Deutschland, Polen, Italien, Großbritannien

Besserwisser sind verpönt

Litauen ist in den letzten Jahren zu einem bevorzugten Standort für ausländische Investoren geworden. Schweden und die USA haben annähernd gleich hohe Investitionsbestände in Litauen und teilen sich den ersten Platz. Mit großem Abstand folgt Deutschland. Die größten Investitionen konzentrieren sich auf die Elektronik-, Tabak- und die Mineralölindustrie.
Litauens strategisches, politisches und wirtschaftliches Ziel ist die Mitgliedschaft in der EU. Das Freihandelsabkommen zwischen der EU und Litauen wurde am 17. Juni 1994 unterzeichnet und trat am 1. Januar 1995 in Kraft. Nach diesem Abkommen wurde über einen Zeitraum von sechs Jahren allmählich eine Freihandelszone zwischen den Vertragspartnern errichtet. Dieses Abkommen ist Bestandteil des Assoziierungsabkommens zwischen der EU und Litauen vom 12. Juni 1995. Obgleich von EU-Seite die Beitrittsverhandlungen bis 2003 abgeschlossen sein sollen, rechnet niemand ernsthaft mit einem Ende vor 2005. Die ersten Verhandlungen gestalten sich zäh und langwierig, wobei die wichtigsten Kapitel, wie Energiepolitik (Kernkraftwerk Ignalina) und Landwirtschaft, noch nicht einmal begonnen wurden.
In der freien Wirtschaft gilt für Verhandlungen: Zuerst einmal eine auf Vertrauen basierende, persönliche Beziehung aufbauen. Das funktioniert am besten, indem Sie Ihrem Partner Zeit geben, Sie kennen zu lernen: gemeinsame Essen, Unternehmungen, Einladungen nach Deutschland/Österreich/in die Schweiz helfen ihm, seine Zurückhaltung zu überwinden. Generelles Verhalten: freundliche Distanz, Bescheidenheit und Hilfsbereitschaft. Verpönt sind Besserwisser und Schwätzer.

Do's & Don'ts

Geschäftssprache: Die litauische Sprache gehört zum baltischen Zweig der indo-

europäischen Sprachfamilie und weist Ähnlichkeiten mit dem Sanskrit auf. Im Vergleich zu allen anderen lebenden indoeuropäischen Sprachen hat Litauisch das alte Vokalsystem und mehrere sprachliche Besonderheiten weitgehend beibehalten. Ein Großteil der Bevölkerung ist zwei- oder dreisprachig (Litauisch, Russisch, Englisch oder Deutsch).

Pünktlichkeit: Es herrscht skandinavische Disziplin, daher Einhaltung von Terminen.

Dresscode: Wie in Deutschland, Österreich und in der Schweiz, auf allzu große Extravaganz besser verzichten.

Umgangsformen: Zu Anfang wirken die Litauer sehr kühl und üben sich in höflicher Zurückhaltung, beim näheren Kennenlernen entpuppen sie sich aber als herzlich und offen. Es dauert zwar etwas länger, bis die litauischen Geschäftsleute Vertrauen zu ihren Partnern aufbauen, dann steht allerdings einer guten und dauerhaften Verbindung nichts mehr im Wege. Empfohlene Verhaltensweise: abwartend höflich und zurückhaltend, keine überschwänglichen Worte und Gesten.

Geschenke: Mozart-Kugeln, Sachertorte, Schokolade oder andere Süßigkeiten, Bildbände des jeweiligen Heimatlandes, klassische Musik.

Geschäftsessen/Einladungen: Dienen zum Aufbau und zur Vertiefung einer persönlichen Beziehung. Es herrschen russische Gepflogenheiten – der Geschäftsreisende sollte sich darauf einstellen, den litauischen Wodka besser kennen zu lernen. Jedoch muss er nicht – wie in Russland – immer mithalten. Alles mit Maß und Ziel, lautet die litauische Devise. Wer keinen Alkohol verträgt, sollte das lieber offen zugeben. Denn: Wer aus der Rolle fällt, kassiert Minuspunkte.

Abendessen ins private Heim gelten schon als besondere Geste der Freundschaft. Einladungen nach Österreich, Deutschland oder in die Schweiz werden gerne angenommen. Zahlreiche Litauer lieben die Berge und sind begeistert von der Kultur im Ausland.

Gesprächsthemen/Tabus: Komplimente zur wirtschaftlichen Entwicklung kommen gut an. Und auf jeden Fall betonen, dass man die Litauer als Skandinavier sieht und den EU-Eintritt dieses Landes begrüßt. Außerdem punktet derjenige, der sich in Kunst, Kultur und Sport auskennt. Hier ein Name, den der ausländische Manager kennen sollte: Basketball-Star Zalgiris Kaunas. Fettnäpfchen gibt es nicht wirklich. Wichtig ist, darauf zu achten, die Städtenamen richtig auszusprechen. Also Vilnius, nicht Wilna, Klaipeda und nicht Memel.

Sicherheit: Keine besonderen Sicherheitsvorkehrungen nötig.

Visitenkarten: In Englisch oder Deutsch. Titel werden nur bei hochoffiziellen Anlässen verwendet.

Unternehmenskultur/Entscheidungsträger: Zwar nimmt auch hier die Privatisierung der ehemals staatlichen Betriebe zu, moderne Managementmethoden sind allerdings noch nicht sehr weit verbreitet. Starke Hierarchien bestimmen das Bild.

Verhandlungstaktik: Zuerst ein bisschen Small Talk. Dann zügig zum Thema kommen. Die Litauer wissen mittlerweile auch: Zeit ist Geld. Generell müssen Verhandlungen immer gut vorbereitet werden. Es ist nötig, auf alle – insbesondere auf technische – Fragen eine konkrete, detaillierte Antwort zu wissen. Qualität in den Vordergrund stellen.

Verträge: Werden gehalten und sollten schriftlich formuliert sein.

Umgang mit Konflikten: Lösungsorientiert.

Malaysia

Persekutuan Tanah Malaysia
Einwohner: 22 Millionen
BSP/Einwohner: 3670 $
Hauptstadt: Kuala Lumpur
Amtssprache: Malaiisch („basah malaysia")
Religion: 56 Prozent Sunniten, 18 Prozent Buddhisten, 12 Prozent chin. Religionen, 7 Prozent Hindus
Wichtigste Außenhandelspartner: USA, Japan, Singapur, Rep. Korea, Rep. China, Deutschland

Bumiputras und Chinesen

Malaysia ist ein pulsierender Vielvölkerstaat: 60 Prozent Malaien, 30 Prozent Chinesen, 8 Prozent Inder und Pakistanis, der Rest ist bunt zusammengewürfelt aus Thailand, von den Philippinen und aus Europa. Auch die Religionen variieren entsprechend: 56 Prozent sind Anhänger des Islams, 18 Prozent Buddhisten, 12 Prozent chinesische Religionen, 7 Prozent Hindus und 7 Prozent Christen. Scheinbar friedlich leben sie alle nebeneinander: durch „Budi". Mit „Budi" ist jenes malaysische Verhalten gemeint, das aus gegenseitigem Respekt, Höflichkeit, sozialem Frieden, Zurückhaltung, Verständnis und Toleranz besteht. „Lautes, dominantes Verhalten ist den Malaysiern fremd und stößt daher nicht auf besondere Sympathie", sagt ein deutscher Markenhersteller, der vier Jahre in Malaysia gelebt hat. „Und Sympathie ist die Basis einer persönlichen Beziehung. Malaysier machen nur Geschäfte mit demjenigen, den sie kennen und mögen. Das gilt für die Malaien genau wie für die Chinesen." Bis vor ein paar Jahren dominierten die Chinesen das Wirtschaftsleben von Malaysia. Um der Überfremdung entgegen zu wirken und wirtschaftliche Balance zwischen den Malaysiern herzustellen, hat Regierungschef Mahathir bin Mohamad (Spitzname: Dr. M) die so genannte Bumiputra-Politik eingeführt. Übersetzt heißt „Bumiputra" „Sohn der Erde"; gemeint sind damit die Malaien, die durch dieses Programm entsprechend gefördert werden: im Bildungsbereich, bei der Vergabe öffentlicher Aufträge und Arbeitsplätze. So wurde beispielsweise eine Quotierung eingeführt, nach der in Industrieunternehmen mindestens 40 Prozent der Beschäftigten Bumiputras sein müssen, in der öffentlichen Verwaltung mindestens 75 Prozent.

Folglich entscheidet die Herkunft der Malaysier darüber, welche Umgangsformen angebracht sind. Malaien sind Anhänger des Islams. Das heißt: Sie essen kein Schweinefleisch, trinken keinen Alkohol, man sollte nichts mit seiner linken Hand berühren (schon gar nicht das Essen) und man muss peinlichst darauf achten, seinem Gegenüber nicht seine Schuhsohlen zu zeigen. Chinesen – hingegen – lieben Schweinefleisch, essen auch alles andere und trinken gerne Bier und Zwetschkenschnaps, allerdings müssen Sie bestimmt Rituale (siehe China) einhalten. Die Inder sind auch nicht gerade einfach: Sie essen auf keinen Fall Rindfleisch, Lammfleisch nicht besonders gerne, sehr häufig sogar gar kein Fleisch (siehe Indien). Wer seinen Geschäftspartner zum Essen ausführen möchte, fragt am besten, wo man gut essen kann, oder lädt ihn in sein Hotel ein. Es steht außer Frage, dass Sie ein Hotel der gehobenen Klasse wählen. Denn danach wird Sie Ihr potentieller Geschäftspartner beurteilen. Wer billig absteigt, gilt nicht als sparsam, sondern erregt Misstrauen. Sie können sich auch ruhig mit Statussymbolen „schmücken". Tragen Sie Ihre Cartier-Uhr, geben Sie Feuer mit dem Dupont-Feuerzeug – der Gebrauch von Markenartikeln schafft Prestige, der Träger gewinnt an Bedeutung. Zur Kontaktaufnahme ist es sinnvoll, sich von einer angesehenen Persönlichkeit vorstellen zu lassen. Denn dann geht der gute Ruf Ihres „Mentors" automatisch auf Sie über.

Do's & Don'ts

Geschäftssprache: Englisch, ein paar Worte Malaiisch signalisieren Ihrem Partner, dass Sie sich ernsthaft um Land und Leute bemühen.

Pünktlichkeit: Seinen Gesprächspartner warten zu lassen bedeutet für ihn Gesichtsverlust. Kein guter Start in erfolgreiche Verkaufsgespräche.

Dresscode: Konventionell, nicht unbedingt mit Anzug, jedoch Krawatte und langärmeliges Hemd. Frauen im Hosenanzug oder Kostüm, aber mit langem Rock und hochgeschlossener Bluse.

Umgangsformen: Das fast permanente Lächeln ist Ausdruck einer Vielzahl von Gefühlen: Freundlichkeit, aber auch Verlegenheit und Schüchternheit, ja sogar Ärger, Traurigkeit und Gesichtsverlust. Fremde brauchen Jahre, um die verschiedenen Lächeln zu deuten. Genauso schwierig ist das Erkennen ablehnender Antworten. Das Wort „Nein" zu gebrauchen, gilt als unhöflich und wird daher selten gebraucht. Abschlägige Antworten sind Formulierungen wie „Ja, aber ...", „Es könnte schwierig werden", – nonverbal – Luft zischend durch die Zähne ziehen oder Termine ständig verschieben.

Geschenke: Erst wenn eine persönliche Beziehung besteht! Dann ist alles, was glitzert und glänzt, gern gesehen. Keine Uhren und keine Messer schenken! Für Kinder keine Stoffhunde. Hunde gelten generell als unrein. Geschenke am besten in rotes Papier (Glück) einpacken, Weiß ist die Farbe der Trauer. Und mit beiden Händen übergeben. Der Beschenkte wird das Päckchen nicht in Ihrer Gegenwart auspacken, aus Angst vor Gesichtsverlust. Beamten besser nichts schenken, es könnte als Bestechungsversuch aufgefasst werden.

Geschäftsessen/Einladungen: Finden meistens zu Mittag und zur Vertiefung der persönlichen Beziehung statt. Vorsicht: Bumis nicht in chinesische Restaurants einladen. Am besten fragen, wo man gut essen kann, oder ein internationales Hotel wählen.

Private Einladungen führen eher in Klubs (z. B. Golf) als ins private Wohnhaus. Wird man als Geschäftsreisender privat eingeladen, ist das als ganz besondere Wertschätzung zu sehen.

Gesprächsthemen/Tabus: Stellen Sie sich auf Fragen nach Ihrem Gehalt, nach dem Grund, warum Sie nicht verheiratet sind bzw. keine Kinder haben, etc. ein. Wenn Sie nicht bereit sind, Auskunft zu geben, lächeln Sie freundlich mit dem Hinweis, dass es in unserem Kulturkreis nicht üblich ist, solche Themen zu diskutieren. Das wird in der Regel akzeptiert. Gern gehört werden natürlich Komplimente: über die Schönheit der Landschaft, die gute Küche und den wirtschaftlichen Erfolg des Unternehmens. Tabu ist jegliche Kritik am Islam, an der Innenpolitik (Förderung der malaiischen Bevölkerung), an Dr. Ms Ansichten zum Westen etc.

Sicherheit: Mit Taschendiebstählen kann man rechnen.

Visitenkarten: Können in englischer Sprache sein. Hauptsache, Ihre Karte enthält so viele Infos, wie möglich. In puncto Funktion, Qualifikation und Titel. Die Karte gilt als „Gesicht" des Gesprächspartners. Also niemals darauf schreiben oder die Karte gar achtlos ins Portemonnaie bzw. in die Hosentasche stecken! Sondern: Sie vor sich auf den Tisch legen und ab und zu wohlwollend anschauen.

Unternehmenskultur/Entscheidungsträger: Je nach Betrieb unterschiedlich. In malaiischen Staatsbetrieben entscheidet man in Gremien, chinesische Familienunternehmen sind nach wie vor hierarchisch aufgebaut. Hier entscheidet der Älteste, nach sorgfältiger Beratung mit seinen Managern. Doch egal, ob Sie mit „Bumis" oder Chinesen verhandeln, es dauert eine kleine Ewigkeit, bis eine Entscheidung getroffen wird.

Verhandlungstaktik: Malaysier verhandeln nur mit Menschen, die sie kennen und mögen. Daher ist eine gute persönliche Basis entscheidend für wirtschaftlichen Erfolg. Diese etablieren Sie am besten durch häufige Besuche, unaufdringliches freundliches Verhalten und absolute Höflichkeit. Jede Art von Druckausübung kann zum Abbruch der Verhandlungen führen.

Verträge: Werden in der Regel eingehalten.

Umgang mit Konflikten: Wichtigster Grundsatz ist: Konfliktvermeidung und das Streben nach Harmonie. Es ist üblich, sich schweigend abzuwenden, statt zu diskutieren.

Marokko

Königreich Marokko
Einwohner: 27,77 Millionen
BSP/Einwohner: 1240 $
Hauptstadt: Rabat
Amtssprache: Arabisch
Religion: 89 Prozent Muslime
Wichtigste Außenhandelspartner: Frankreich, Spanien, USA, Deutschland, Italien

Sympathie geht durch den Magen

Marokko gilt nicht nur durch seine geografische Lage als das westlichste arabische Land. Auch die Mentalität seiner Bewohner ist herzlich, offen und tolerant, sofern keines ihrer ungeschriebenen Gesetze verletzt wird.
Wie in allen arabischen Ländern laufen auch in Marokko alle Geschäfte über eine gute persönliche – auf gegenseitigem Vertrauen basierende – Beziehung. Die lässt sich am besten beim Essen etablieren. Die Marokkaner schätzen gutes Essen, und so sollten Sie, wenn Sie marokkanische Geschäftsfreunde zu Gast haben, gute Restaurants mit regionalen Spezialitäten wählen. In Marokko können Einladungen in einheimische Restaurants allerdings ein wenig gewöhnungsbedürftig werden, besonders dann, wenn Sie nicht nur als Geschäftspartner, sondern als Freund akzeptiert werden. Dann kann es nämlich vorkommen, dass alle mit der Hand aus einer Schüssel essen. Und zwar nur mit der rechten Hand, die linke gilt als unrein. Denn obwohl Marokko sehr westlich wirkt, darf man dennoch nicht außer Acht lassen, dass der Islam Staatsreligion ist. Damit sind zahlreiche Tabus zu beachten: kein Alkohol (auch wenn der marokkanische Geschäftspartner auf Auslandsbesuch die eine oder andere Ausnahme macht, sollte man ihn nicht mit Alkoholgeschenken kompromittieren), kein Schweinefleisch, die Fußsohlen vorsichtshalber auf dem Boden lassen und auf gar keinen Fall mit anwesenden Frauen scherzen. Obwohl die Stellung der Frau zunehmend stärker wird, auch im Business-Bereich, trifft der westeuropäische Manager hauptsächlich bei privaten Einladungen auf weibliche Gesellschaft.
Eine Einladung ins Privatleben des marokkanischen Partners ist übrigens ein Zeichen höchster Wertschätzung. Hier sollten Sie Blumen, Gastgeschenke und Süßigkeiten für die Kinder mitbringen. In Anbetracht des extrem niedrigen Lohnniveaus wird Großzügigkeit geschätzt. Das gilt natürlich auch für Trinkgelder. Außerdem sollten Sie viel Zeit mitbringen, Eile zu signalisieren gilt als extrem unhöflich.

Unternehmer mit langfristigen Absichten sollten einheimische Vertreter einsetzen, die einflussreich und gesellschaftlich anerkannt sind. Ihr guter Ruf überträgt sich rasch auf Sie selbst, nach dem Motto „Deine Freunde sind auch meine Freunde" stehen Ihnen bald alle Türen offen.

Do's & Don'ts

Geschäftssprache: Von einem Ausländer wird nicht vorausgesetzt, dass er das marokkanische Arabisch spricht. Perfektes Französisch ist allerdings ein Muss, genauso wie die Übersetzung sämtlicher Unterlagen in diese Sprache. Mit Englisch kommt man nicht allzu weit.

Pünktlichkeit: Wird geschätzt, ohne allerdings den Stellenwert wie in Europa zu erreichen.

Dresscode: Abhängig davon, ob man es mit Firmen, Banken oder staatlichen Stellen zu tun hat. Grundsätzlich ist ein Sommeranzug mit Krawatte angebracht. Bei höheren Stellen dunklen Anzug wählen. Saloppe Kleidung werten die meisten Marokkaner als persönliche Missachtung ihrer Person und der Gebräuche ihres Landes.

Umgangsformen: Titel und Stellung einer Person spielen in dem alten Königreich eine große Rolle. Selbst Kleinunternehmer lassen sich mit dem Titel „Präsident" anreden, daher kann man seine eigene Visitenkarte ruhig etwas „aufpeppen".

Geschenke: Geschenke mit regionalem Bezug und kulinarische Spezialitäten werden sehr geschätzt, aber auch herkömmliche Werbegeschenke, wie Kugelschreiber, Timer und Organizer, kommen gut an.

Geschäftsessen/Einladungen: Der marokkanische Geschäftspartner kümmert sich um das Wohl des Europäers und erwartet eine ähnliche Betreuung beim Gegenbesuch. Viel Wert wird auf gute Bewirtung gelegt.

Gesprächsthemen/Tabus: Vermieden werden sollten Diskussionen über die Religion, die Stellung der Frau, den König und Marokkos Position in der Westsaharafrage. Da praktisch alle Marokkaner die politische Entwicklung im eigenen Land wie in der Welt verfolgen, kann eine politische Diskussion manchmal nicht vermieden werden. Hier sollte jedoch sensibel auf arabische Ansichten (z. B. Irak) Rücksicht genommen werden. Komplimente über die marokkanische Küche, Lebensweise oder Kultur und die große Tradition des Landes werden sehr geschätzt.

Sicherheit: Das Sicherheitsniveau in Marokko ist generell recht hoch. Körperliche Angriffe sind selten, kleinere Betrügereien oder Diebstähle sind jedoch nicht ungewöhnlich.

Visitenkarten: Auf der einen Seite in die französische Sprache, auf der anderen ins Arabische übersetzt.

Unternehmenskultur/Entscheidungsträger: Hier muss zwischen alten Institutionen, patriarchalisch geführten Unternehmen und der „new economy" unterschieden werden. Viele der Entscheidungsträger in der Wirtschaft sind durch französische Schulen und Universitäten gegangen und agieren auch demgemäß. Vor allem bei den Klein- und Mittelunternehmen herrscht häufig eine patriarchalische Führung vor, wo sich der oft bejahrte Firmenchef sämtliche Entscheidungen vorbehält. Hinweise auf Verhandlungen mit hoch gestellten Persönlichkeiten sind oft vorteilhaft.

Verhandlungstaktik: Es gilt als unhöflich, gleich mit der Tür ins Haus zu fallen. Fragen nach dem persönlichen Wohlbefinden und nach der Familie sind bei jedem Gespräch üblich. Zahlreiche Marokkaner ziehen auch für wichtige Verhandlungen die lockere Atmosphäre auf dem Golfplatz, im Restaurant oder in den eigenen vier Wänden vor. Nach einem Besuch in Marokko ist das Follow-up extrem wichtig, da sonst die Gefahr besteht, dass der ganze Besuch in Vergessenheit gerät.

Verträge: Die Unterschrift gilt. Allerdings tauchen häufiger Zahlungsprobleme auf, sodass gerade am Anfang einer Geschäftsverbindung das Akkreditiv als – durchaus übliches – Zahlungsmittel vereinbart werden sollte.

Umgang mit Konflikten: Die meisten Marokkaner sind gegenüber Kritik ungemein empfindlich, daher die Form des Sandwich-Feedback wählen. Das heißt: Zuerst loben – und zwar konkrete Details –, dann kritisieren und zum Abschluss wieder etwas allgemein Positives sagen.

Mexiko

Vereinigte Mexikanische Staaten
Einwohner: 95,8 Millionen
BSP/Einwohner: 3840 $
Hauptstadt: Mexiko City
Amtssprache: Spanisch
Religion: 89,8 Prozent Katholiken
Wichtigste Außenhandelspartner: USA, Deutschland, Japan

Geschäfte beim Barbecue abwickeln

Per 1. Juli 2000 trat das Freihandelsabkommen zwischen der EU und Mexiko in Kraft. Damit eröffnen sich für westeuropäische Firmen komplett neue Perspektiven. Mit diesem Abkommen und der zunehmenden Industrialisierung Mexikos ist das Exportpotential für die nahe Zukunft enorm. Der bilaterale Außenhandel Europa–Mexiko verspricht in den nächsten Jahren extrem zuzulegen.

Mit der Mentalität der Mexikaner kommt der Europäer eigentlich ganz gut zurecht, da sie zum Teil der unserer südeuropäischen Nachbarn entspricht. Herzlichkeit, Gastfreundschaft und ein Lächeln auf den Lippen, so begegnen uns die Mexikaner und so sollten wir ihnen entgegentreten. Wichtig ist, dass der europäische Vertreter ernsthaftes Interesse an einer persönlichen Beziehung signalisiert. Sympathie ist unter den Rahmenbedingungen des harten Wettbewerbs besonders mit den USA zwar nicht Erfolgsfaktor Nr. 1, wird aber immer dann ausschlaggebend, wenn alle anderen Erfolgselemente, wie Preis, Service oder Qualität, bereits erfüllt sind. Zumal die „Gringos“ – und damit sind in erster Linie die US-Amerikaner gemeint – nicht unbedingt an oberster Stelle der Beliebtheitsskala stehen. Die Beziehung zu Deutschland, Österreich und der Schweiz hingegen ist unbelastet – und das ist eine große Chance.

Außerdem hat der Außenhandel im Sommer 2000 eine interessante Wende genommen: Die Präsidentschafts- und Parlamentswahlen in Mexiko endeten in einem Erdrutschsieg für Vicente Fox und seine Mitte-Rechts-Partei PAN. Damit stellt nach 71 Jahren zum ersten Mal eine andere Partei den Staatspräsidenten. Die Börse und der mexikanische Peso haben außerordentlich positiv auf den Regierungswechsel reagiert. Nun erwarten sich die mexikanischen Unternehmerverbände – neben der Abschaffung jeglicher Korruption – weitere Liberalisierungsschritte, einen Abbau der Bürokratie und, damit verbunden, zunehmende Dynamik.

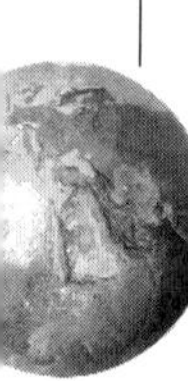

Do's & Don'ts

Geschäftssprache: Spanisch und Englisch. Kenntnisse der spanischen Sprache öffnen Herzen und Türen. Geschäftliche und technische Unterlagen sollten ins Spanische übersetzt werden.

Pünktlichkeit: Wird geschätzt, ohne allerdings den Stellenwert wie in Europa zu erreichen. Die Mexikaner haben generell ein anderes Zeitgefühl und nehmen es mit der Pünktlichkeit nicht so genau. Das sollte man ihnen allerdings niemals vorwerfen. Daher: Termine kurz vor Anreise noch einmal bestätigen lassen und so planen, dass jeder das Gefühl hat, man sei nur seinetwegen vor Ort.

Dresscode: Es gibt – mit Ausnahme von Mexiko City – keine Krawattenpflicht. Nach amerikanischem Vorbild kann man durchaus mit Poloshirt und Stoffhose bekleidet zum Geschäftstermin erscheinen. Bei offiziellen Anlässen ist jedoch nach wie vor schlichte Eleganz und dunkler Anzug empfehlenswert.

Umgangsformen: Höflich, herzlich und gastfreundlich begegnen die Mexikaner ihren Geschäftspartnern und die gleiche Behandlung wünschen sie sich von ihm ebenfalls. Auch in diesem lateinamerikanischen Land basiert der Geschäftserfolg auf einer guten, persönlichen Beziehung, aufgebaut auf Wertschätzung und Vertrauen. Generell ist man schnell beim „Du", trotzdem höfliche Distanz wahren.

Geschenke: Geschenke mit regionalem Bezug werden sehr geschätzt (Hutschenreuther Porzellan, Swarovski-Figuren etc.). Auf keinen Fall Messer (z. B. Schweizer Messer) schenken! Nur kleine Aufmerksamkeiten erhalten die Freundschaft. Große Geschenke gleich zu Beginn des Kontakts haben einen negativen Beigeschmack. Da in Mexiko lange Zeit Korruption an der Tagesordnung war, wollen sich die Geschäftsleute jetzt davon weit distanzieren.

Geschäftsessen/Einladungen: Finden üblicherweise in Restaurants statt (Ehefrau des Geschäftspartners mit einladen!). Einladungen ins Privatleben des mexikanischen Partners sind als Zeichen höchster Wertschätzung zu werten. Süßigkeiten oder Blumen mitbringen, aber keine gelben oder weißen, und mindestens eine halbe Stunde später kommen.

Gesprächsthemen/Tabus: Kritische Fragen zu Themen wie Staatsverschuldung, Korruption, Kirche oder Militär, sowie der Status der Indios und das Verhältnis der ethnischen Gruppen untereinander sollten vermieden werden. Besser: Sich nach dem Befinden der Familie erkundigen, Komplimente verteilen, wo es nur geht (wirtschaftlicher Aufbau, Landschaft, Kultur, Küche etc.), und sich über sportliche Erfolge informieren.

Sicherheit: Allgemein hat sich die Situation in Mexiko aufgrund der stark angestiegenen Kriminalität verschlechtert. Landesweit hat die Zahl der bewaffneten Überfälle zugenommen. Bei einem Überfall sollte keinerlei Gegenwehr geleistet werden. In Mexiko-Stadt nur Taxis von offiziellen Taxi-Ständen („Sitios“) benutzen! Bei auf freier Strecke angehaltenen Taxis besteht insbesondere nach Einbruch der Dunkelheit die Gefahr, ausgeraubt zu werden.

Visitenkarten: Englisch und Spanisch. Wenn auf der mexikanischen Karte ein Titel steht, möchte der Geschäftspartner auch so angesprochen werden.

Unternehmenskultur/Entscheidungsträger: Mexikanische Unternehmen und Organisationen sind streng hierarchisch aufgebaut. Daher sollte bereits der erste Kontakt möglichst hoch angesetzt werden, auch wenn Termine mit diesem Personenkreis schwer zu bekommen sind. Die Einschaltung einer gut eingeführten Persönlichkeit kann dabei sehr hilfreich sein.

Verhandlungstaktik: Zielorientiert, ohne lange Einleitung. Oft wird in großen Gruppen verhandelt. Je nach Projekt sollten auf der österreichischen Seite Spezialisten anwesend sein, damit keine Fragen offen bleiben. Zurückhaltend, freundlich und zuvorkommend, aber selbstsicher auftreten. Mexikaner werten zu hohe Kompromissbereitschaft als Schwäche. Achtung: Die meisten Mexikaner gebrauchen anstelle des Wortes „Nein“ Floskeln wie „Vielleicht“ oder „Wir werden sehen“.

Verträge: Abmachungen sind nur dann verbindlich, wenn sie schriftlich erfolgen und von beiden Seiten abgezeichnet werden. Vertretungs- und Distributionsverträge vorsichtshalber von einem Rechtsanwalt prüfen lassen!

Umgang mit Konflikten: Kritik immer sachbezogen äußern, möglichst ohne direkte Schuldzuweisung. Verletzter Stolz und gekränkte Ehre können zu unangemessenen Reaktionen führen. Niemals sollten Sie Ihre Geduld verlieren oder zornig werden, damit würde Ihr mexikanischer Geschäftspartner sein Gesicht verlieren – keine gute Basis für weitere Geschäfte.

Neuseeland

Commonwealth of New Zealand
Einwohner: 3,7 Millionen
BSP/Einwohner: 14.600 $
Hauptstadt: Wellington
Amtssprache: Englisch
Religion: 62,1 % Christen, Maori-Kirchen
Wichtigste Außenhandelspartner: Australien, USA, Japan, VR China, Deutschland

Nicht mit Australien vergleichen

Neuseeland umfasst zwei große Inseln, die Süd- und die Nordinsel, sowie zahlreiche weitere kleinere Inseln und Inselgruppen. Mit einer Landfläche von rund 270.000 Quadratkilometern ist Neuseeland rund eine Viertel kleiner als die Bundesrepublik Deutschland.

Aus geologischer Sicht ist Neuseeland noch relativ jung, da der Großteil der heutigen Landschaft erst in den letzten 20 Millionen Jahren entstand. Die ersten Siedler Neuseelands waren die Maori, die vor etwa 1200 Jahren mit ihren Segelkanus von den Gesellschaftsinseln im heutigen Französisch Polynesien (Tahiti) kamen. Sie gründeten die neuseeländische Maori-Kultur mit einem Gesellschaftssystem, basierend auf Großfamilien und einer Häuptlingsaristokratie, ähnlich den Kulturen der Südseeinseln.

Der erste Europäer, der Neuseeland entdeckte, war der holländische Seefahrer Abel Tasman im Jahre 1642. Der Engländer James Cook kartografierte zwischen 1768 und 1779 die gesamte Küstenlinie und Ende des 18. Jahrhunderts begann die Besiedlung durch die Europäer, vornehmlich Engländer. Im Jahre 1840 wurde Neuseeland britische Kolonie, erreichte 1907 seine Unabhängigkeit und erlangte 1947 volle Souveränität, ist jedoch auch heute noch dem britischen Königshaus formell untertan.

Von den rund 3,8 Millionen Einwohnern Neuseelands leben fast zwei Drittel auf der Nordinsel und mit 13 Einwohnern pro Quadratkilometer hat das Land eine der niedrigsten Bevölkerungsdichten der Welt.

Ihrer Abstammung entsprechend, sind die Neuseeländer „very british", allerdings weniger versnobt, sondern herzlich und offen. Obwohl die Queen noch immer Staatsoberhaupt ist, verfügen die Neuseeländer über eine gute Portion Nationalstolz. Sie lieben ihre Heimat. Und dementsprechend hören sie es ungern, wenn Neuseeland in einem Atemzug mit Australien genannt wird, als ob es sich um ein und dasselbe Land handelte.

In Neuseeland pflegt man im Vergleich zu anderen industrialisierten Ländern einen wesentlich entspannteren und weniger reglementierten Lebensstil. Die Menschen sind sehr eigenständig, selbstgenügsam und praktisch orientiert, gleichzeitig aber aufgeschlossen und gastfreundlich. Schnell wird auch der Geschäftsreisende ins Privatleben eingeladen, zum „afternoon tea" oder zum Barbecue.
Sport hat im Leben der meisten Neuseeländer einen hohen Stellenwert. Im Winter ist Rugby, gefolgt von Fußball, die beliebteste Sportart, während man im Sommer eher Kricket spielt. Daneben werden viele andere Sportarten ganzjährig betrieben: Tennis, Rasenbowling, Jogging und Leichtathletik, Golf, Reitsport, Schwimmen und Segeln (viele Familien besitzen ein eigenes Boot). Außerdem gibt es gute Möglichkeiten zum Klettern und Bergsteigen, Wandern (Tramping) oder Hochseefischen.
Die Maori sind stolz auf ihre polynesische Herkunft und ihr kulturelles Erbe. Trotz ihrer formal-rechtlichen Gleichstellung mit den Weißen (Pakeha) sehen sie ihre Interessen und Belange von Seiten der Regierung vernachlässigt.

Do's & Don'ts

Geschäftssprache: Englisch. Deutsche Briefe werden in der Regel nicht beantwortet.

Pünktlichkeit: Spielt im Geschäftsleben eine wesentliche Rolle. Insbesondere bei Telefonaten. Bei einer Zeitverschiebung von elf Stunden muss der Mitteleuropäer schon um 6 Uhr morgens zum Hörer greifen, um seinen Geschäftspartner in Neuseeland vor Dienstschluss zu erwischen.

Dresscode: Die meisten Neuseeländer kleiden sich im europäischen Stil. Die Maori tragen bei besonderen Anlässen, wie traditionellen Festen, kulturellen Zeremonien oder rituellen Handlungen, ihre traditionelle Kleidung.

Umgangsformen: In Neuseeland begrüßt man sich normalerweise mit einem Händedruck. Die gebräuchlichsten Grußformeln sind Gidday, nach dem englischen „Good Day" (Guten Tag), oder einfach „Hello" oder „Hi". Die Maori begrüßen sich mit einer Umarmung oder dem traditionellen Hongi-Gruß, bei dem man mit geschlossenen Augen die Nasen aneinander reibt und einen Laut wie „mm-mm" von sich gibt. In Bezug auf Gestik und Körpersprache gibt es kaum Unterschiede zu anderen Ländern, deren Bewohner überwiegend angelsächsischer Abstammung sind. Generell verhält man sich ein wenig introvertiert und eher zurückhaltend, bei näherer Bekanntschaft jedoch herzlich und offen.

Geschenke: Auch hier gilt das Sprichwort „Kleine Geschenke erhalten die Freundschaft" – und regionale kulinarische Spezialitäten werden in Neuseeland sehr geschätzt. Sachertorte aus Österreich, Schokolade aus der Schweiz, Wein von der Mosel. Wichtig ist, zum Geburtstag des Geschäftspartners entsprechend zu reagieren (Paket und Karte schicken) und bei Firmenjubiläen persönlich zu erscheinen.

Geschäftsessen/Einladungen: Während des Mittagessens kann das Geschäft durchaus diskutiert werden, beim Abendessen – das in der Regel in Begleitung des Ehepartners stattfindet – jedoch nicht mehr.

Neuseeländer laden gerne ihre Geschäftspartner nach Hause ein und veranstalten vor allem im Sommer an den Wochenenden häufig „Barbies" (Barbecues, also Grillfeste). Üblich ist auch zum „afternoon tea" einzuladen (erscheinen Sie zwischen 15 und 16 Uhr), mit einer Einladung zum „tea" meint der Neuseeländer eine Einladung zum Abendessen. „Supper" ist ein Imbiss spät in der Nacht. Kleine Geschenke an den Gastgeber, wie Blumen, Pralinen oder eine Flasche Wein, sind immer gerne gesehen, werden aber nicht erwartet.

Gesprächsthemen/Tabus: Neben der international üblichen Breite von Sportarten sind es derzeit vor allem zwei Sportarten, die die Neuseeländer fesseln: Rugby und Segeln. Wer sich hier auskennt, punktet. Komplimente über die Schönheit und Vielfalt der Landschaft hören natürlich auch alle Neuseeländer gerne. Und die Weltpolitik kann auch ein gutes Thema sein. Nur zu Schilderungen über die Geschichte der Maoris und über den Umgang mit den Maoris sollten Sie besser keinen Kommentar abgeben.

Sicherheit: In Auckland hat zwar in den letzten Jahren die Kriminalität zugenommen, verglichen mit dem Rest der Welt herrscht hier jedoch noch „heile Welt".

Visitenkarten: Auf Englisch. Und da sich jeder in knappen Worten persönlich vorstellt, ist es bei dieser Gelegenheit üblich, gleich die Karte zu übergeben.

Unternehmenskultur/Entscheidungsträger: Die Hierarchien werden langsam flacher. Der Managing Director segnet lediglich die Wahl seiner Einkäufer und Techniker ab.

Verhandlungstaktik: Kaum ein Unterschied zu deutschen Gepflogenheiten. Neuseeländer sind es gewohnt, schnell zum Thema zu kommen und offen zu sagen, was Sache ist. An soliden, langfristigen Geschäftsverbindungen sind sie eher interessiert als an spekulativen Eintagsfliegen.

Verträge: Wie in Großbritannien, es gilt englisches Recht. Nachdem alle Details verhandelt sind und die Unterschrift steht – Handschlagqualität.

Umgang mit Konflikten: Die 20.000 Kilometer Distanz retten nicht über verschiedene Problemsituationen hinweg. Bei Reklamationen zum Beispiel erwartet der neuseeländische Kunde schnelle Reaktion. Deshalb ist es besser, vor Ort einen verlässlichen Partner zu haben.

Niederlande

Königreich der Niederlande
Einwohner: 16,7 Millionen
BSP/Einwohner: 24.780 $
Hauptstadt: Den Haag
Amtssprache: Niederländisch
Religion: 36 Prozent Katholiken, 26 Prozent Protestanten
Wichtigste Außenhandelspartner: Deutschland, Belgien, Luxemburg, Großbritannien, USA, Frankreich

Das glücklichste Volk der Welt

Nach den Ergebnissen einer Umfrage, fühlen sich die Niederländer als das glücklichste Volk der Welt. Das beruht nicht nur auf der selbstbewussten Überzeugung, dass in ihrem Land alles besser ist als woanders, sondern auch auf ihrer lockeren, beinahe südländischen Lebenseinstellung, bei der Gemütlichkeit und ein relativierter Bezug zu Arbeit und Leistung im Vordergrund stehen. Seit Jahrhunderten leben in den Niederlanden die verschiedensten konfessionellen Gruppen friedlich und respektvoll miteinander, andere Einstellung in puncto Leben und Partnerschaft werden durchaus akzeptiert. So sind von der Nordseeküste bis zur deutschen oder belgischen Grenze Homosexuelle gesellschaftlich akzeptiert und dürfen sogar heiraten, leichte Drogen, wie Cannabis und Haschisch, sind legal, Euthanasie ist unter gewissen Umständen erlaubt.
Den Deutschen gegenüber halten die meisten Niederländer kritische Distanz. Die Gründe: zum einen die Vergangenheit, Besetzung der Niederlande zwischen 1940 bis 1945, zum anderen die „Großer-Bruder/Kleiner-Bruder-Geschichte“. Trotzdem ist Deutschland der wichtigste Außenhandelspartner der Nierderlande. Im profitorientierten Businesslife spielen solche unterschwelligen Animositäten keine große Rolle, zumindest so lange nicht, wie sich der deutsche Partner bescheiden und angenehm verhält. Dann sind die meisten Niederländer freundlich, offen, natürlich, pragmatisch, direkt und überaus liberal und tolerant. Sie sind auch mit ihren Geschäftspartnern ziemlich schnell beim Vornamen und per „Du“. Dadurch sollte sich allerdings niemand zu Intimitäten hinreißen lassen. Denn genau wie bei uns dauert es einige Zeit, bis echte Freundschaft entsteht. So lange ist freundliche Distanz angesagt!
Sparsamkeit zählt wohl zu den bekanntesten Eigenschaften des durchschnittlichen

Niederländers. Er dreht jeden Gulden zehnmal um, bevor er ihn ausgibt, und versucht immer, für wenig Geld in der ersten Reihe zu sitzen. Er verfügt über eine große Portion britischen Humor und über die Fähigkeit, auch einmal über sich selbst zu lachen. Das hat natürlich nichts damit zu tun, dass die Niederländer bei Verhandlungen nicht mit dem nötigen Ernst bei der Sache sind. Auch wenn die Atmosphäre locker und humorvoll ist, wird hart verhandelt. Der Preis ist fast immer das ausschlaggebende Kriterium. Den meisten Niederländern liegt der Handel im Blut. Schon Ende des 15. Jahrhunderts gründeten reiche Amsterdamer Händler, die mit Ostindien Handel trieben, eine Aktiengesellschaft, um sich Risiken und Gewinne zu teilen: die Niederländisch-Ostindien-Kompanie. Die Regierung gewährte der Kompanie das Handelsmonopol zwischen dem Kap der Guten Hoffnung und der Magellanstraße. Weiterhin räumte sie ihr das Recht ein, Verträge mit den Nachbarprovinzen zu schließen, Streitkräfte zu unterhalten und offizielle Vertreter in den neuen Ländern zu ernennen. Im 18. Jahrhundert wandelte sich die Kompanie von einem rein kommerziellen Schifffahrtsunternehmen zu einer Territorialverwaltung, die ein starkes Interesse am Handel mit landwirtschaftlichen Produkten zeigte. Der Grundstein für den Export war gelegt. Heute kennen die Menschen fast überall auf der Welt holländische Produkte, wie Käse, Butter, Tomaten, Gemüse, Tulpen – und natürlich Heineken Bier. Niederländische Konzerne, wie Unilever, Shell und Philips, haben in allen wichtigen Regionen der Welt Niederlassungen oder Joint Ventures gegründet. Über die Hälfte des Bruttosozialproduktes – Dienstleistungssektor nicht inbegriffen –wird exportiert. Das stellt im weltweiten Vergleich der Industriestaaten eine der höchsten Exportquoten dar.

Do's & Don'ts

Geschäftssprache: Holländisch, Englisch, zum großen Teil auch Deutsch. Angebote und Verträge sollten zumindest ins Englische übersetzt werden.

Pünktlichkeit: Wer zu einem Business-Meeting zu spät kommt, erweckt den Anschein, ein schlechtes Timemanagement zu haben, inkompetent und nicht vertrauenswürdig zu sein. Auch Liefertermine sind unbedingt einzuhalten.

Dresscode: Vorsichtshalber, wie gewöhnlich, in Anzug oder Kostüm erscheinen. Sie sollten sich jedoch nicht wundern, wenn Sie Ihren Verhandlungspartner in Jeans und Pullover vorfinden. Vor allem in der „new economy".

Umgangsformen: Toleranz wird in den Niederlanden groß geschrieben. Homosexuelle dürfen heiraten, Haschisch ist legal, Andersartigkeiten von Glaube, Lebensanschauung und Lebensart werden weitestgehend akzeptiert.

Geschenke: Da die Holländer Süßigkeiten und Wein schätzen, braucht man sich über Geschenke kein Kopfzerbrechen zu machen. Zu vermeiden: Allzu große Aufmerksamkeiten, die den Anschein der Bestechung erwecken könnten. Besonders den niederländischen Beamten sagt man nach, sie seien überaus korrekt.

Geschäftsessen/Einladungen: Anstelle eines warmen Menüs ist in Holland mittags nur kalte Küche angesagt. Erst am Abend kommt etwas Warmes auf den Tisch, gegessen wird im Kreise der Familie. Einladungen am Abend ins Restaurant kommen besonders gut an, wenn die Familie bzw. die Ehefrau ebenfalls eingeplant ist. Gern gehen die niederländischen Geschäftsleute nach Büroschluss noch auf einen „Borreltje" – ein informelles Treffen in einem Pub oder Café. Konsumiert werden dort Kaffee, Bier, ein Jenever (klarer Schnaps) und maximal ein paar kleine Brötchen.

Gesprächsthemen/Tabus: Über alles kann man reden und fast alles kritisieren. Die große Ausnahme ist das Königshaus: Da mehr als 95 Prozent aller Niederländer „Oranien-Fans" sind, haben sie für Hohn und Spott über das Königshaus wenig übrig. Wer sich im Sport auskennt, punktet.

Sicherheit: Es sind keine besonderen Vorsichtsmaßnahmen nötig.

Visitenkarten: Auf Englisch. Steht kein Titel auf der niederländischen Visitenkarte, heißt das noch lange nicht, dass der Verhandlungspartner keinen hat. Understatement ist in und auf Titel wird kein Wert gelegt. Die Anrede „mijnheer" (Herr) bzw. „mevrouw" (Frau) passt – und reicht aus.

Unternehmenskultur/Entscheidungsträger: Die Hierarchien sind flach und transparent. Niederländer schätzen „inspraak" – Mitspracherecht. Entscheidungen werden häufig von working groups getroffen. In den meisten Unternehmen herrscht Open-door-Politik, patriachalische Strukturen gibt es kaum noch. Manager sind häufig sehr jung und unkonventionell, aber überaus dynamisch und auf jeden Fall mit ausreichenden Vollmachten ausgestattet, um die Verhandlungen bis zum Abschluss führen zu können.

Verhandlungstaktik: Sofort zur Sache kommen, Small Talk ist nicht angesagt. Die Niederländer verhandeln direkt, offen und effizient. Sie erwarten klare Verhältnisse und Darstellungen, kalkulieren sehr genau und sind bei Verhandlungen gut vorbereitet. Wer den besten Preis bietet, macht in der Regel das Geschäft. Die Niederländer sind bekannt für ihre Sparsamkeit.

Verträge: Sind zu halten. Sind alle Details geklärt, zählt die Unterschrift.

Umgang mit Konflikten: Unstimmigkeiten werden am besten im persönlichen Gespräch gelöst. Es gilt Kompromisse zu finden, wobei offen und unmissverständlich vorgegangen wird.

Norwegen

Königreich Norwegen
Einwohner: 4,4 Millionen
BSP/Einwohner: 34.310 $
Hauptstadt: Oslo
Amtssprache: Norwegisch
Religion: Evangelisch-Lutherische Kirche ist Staatskirche – 89 Prozent
Wichtigste Außenhandelspartner: Schweden, Deutschland, Großbritannien, USA, Dänemark

Bescheidenheit ist Trumpf

Die Norweger haben ihren eigenen Kopf. Das haben sie mit ihrem Votum 1995 gegen den Beitritt zur Europäischen Union unter Beweis gestellt. Mit dem Wort „Union" verbinden die meisten Norweger sowieso nichts Positives. Auch die „Kalmarer Union", die 1389 Norwegen in den Staatsverband mit Schweden und Dänemark eingliederte, stieß nicht auf echte Gegenliebe. Auf die 1814 errungene nationale Eigenständigkeit hingegen sind die meisten Norweger richtig stolz. Symbole dieses nationalen Selbstverständnisses sind: der König, die Flagge und die Hymne („Ja, ich liebe dieses Land ...").
Aus dieser Einstellung ergeben sich auch die – wenigen – Fettnäpfe, die dem Geschäftsreisenden auflauern: Norweger schätzen es nicht im Geringsten, als Skandinavier bezeichnet zu werden. Und dulden Kritik weder an ihrem König und ihrem Land noch an dem überdurchschnittlich hohen Preisniveau. Natürlich wissen sie, dass alles sehr teuer bei ihnen ist. Doch es langweilt sie regelrecht, es immer wieder zu hören. Geld spielt sowieso nicht so eine große Rolle.
Wofür soll man es auch ausgeben? In Norwegen gilt das Präsentieren von Statussymbolen als der Gipfel der Geschmacklosigkeit. Selbst der König wohnt in einem bescheidenen Schloss, fährt selber mit dem Auto und lebt Understatement pur. Getreu dem Sprichwort: „Sei wie das Veilchen im Moose, sittsam, bescheiden und rein – und nicht wie die stolze Rose, die immer bewundert will sein" – damit wäre die Mentalität der Norweger auf den Punkt gebracht. Norweger haben eine tiefe Abneigung gegenüber hierarchischem und autokratischem Verhalten. Nur die neuen Millionäre der Internet-Start-ups brechen den Ehrenkodex und zeigen ihren wirtschaftlichen Erfolg in Form von Prunkvillen, Luxuslimousinen und teuren Segel-

yachten. Und werden deshalb regelrecht verachtet. Die anderen Millionäre, zum Beispiel die aus dem Ölgeschäft, frönen dem Dolce Vita nämlich nur im Ausland. Wer dazugehören will, lebt nach dem ungeschriebenen Gesetz „Du sollst nicht glauben, du bist mehr als wir!" Womit wir gleich beim nächsten Thema wären: Leutseligkeit und extrovertiertes Verhalten – stoßen in Norwegen ebenfalls auf Unverständnis. Mit höflicher Distanz und abwartender Zurückhaltung – einerseits aus Kontaktscheue, andererseits als bewusstes Vermeiden einer Anbiederung – reagieren die Nachkommen der Wikinger auf ihre deutschen Geschäftspartner. Auch wildes Gestikulieren und langes Gerede gehören nicht zum Repertoire der Norweger. Präsentationen und Verhandlungen sollten daher kurz und präzise gehalten werden.
Wirklich ins Schwärmen geraten die meisten Norweger nur dann, wenn sie von Sport und Natur reden. Sportler und Naturliebhaber sollten daher nicht mit ihren Hobbies hinterm Berg halten, denn hier liegen die gemeinsamen Interessen, die eine Basis für eine gute Beziehung – auch im Geschäftsleben – bilden. Sympathie ernten besonders Skifahrer, Wanderer und Angler. Bei diesen Sportarten kommt die Liebe zur Natur ins Spiel, die in den Herzen der meisten Norweger tief verankert ist. An den Wochenenden im Winter sind die meisten Einheimischen im Wald anzutreffen. Kind und Kegel schnallen die Langlaufskier an und machen sich auf in die Natur, um dort bei Minustemperaturen ein Picknick abzuhalten. Auf dem offenen Feuer wird Suppe gekocht, es gibt Würstchen und Tee. Sicherlich würde ein Glas Glühwein die Atmosphäre angenehmer machen, aber Alkohol gilt in Norwegen als Feind der Menschen. Und daher haben viele Norweger ein gespaltenes Verhältnis zu Wein, Wodka & Co. TV-Werbung für Alkohol ist verboten, erhältlich ist er nur über das staatliche Monopol, zu gesalzenen Preisen. Wer seinem norwegischen Geschäftsfreund eine Freude machen will, lädt ihn samt Gattin abends ins Restaurant – und trinkt eine Flasche Rotwein auf gute Beziehungen. Eine Investition, die sich lohnt.

Do's & Don'ts

Geschäftssprache: Ein paar Worte Norwegisch kommen sicherlich gut an. Takk for maten/danke fürs Essen; hei, god dag/guten Tag; ha det bra/auf Wiedersehen, ha det/tschüß. Ansonsten läuft alles auf Englisch, viele sprechen auch Deutsch oder können zumindest Deutsch verstehen und lesen.

Pünktlichkeit: Unpünktlichkeit wird als ein Mangel an Respekt interpretiert.

Dresscode: Nicht ganz so formell wie bei uns.

Umgangsformen: Als Ehrengast eines offiziellen Essens (man sitzt rechts vom

Gastgeber, links von der Gastgeberin) sollte man eine lockere, witzige, nicht zu kurze Rede vorbereiten. Sie kann je nach Teilnehmer auch auf Deutsch oder Englisch gehalten werden, muss jedoch mit dem berühmten Satz: „Takk for maten"/„Danke fürs Essen" enden. Ansonsten ist die Kommunikation eher unkompliziert, das „Sie" wurde abgeschafft, auch Titel werden nicht genannt. Es zählt, was man kann.

Geschenke: Alkohol und Zigaretten sind in Norwegen sehr teuer (eine gute Flasche Rotwein ca. 20 Euro) und kommen eigentlich immer gut an. Es sei denn, der norwegische Geschäftspartner zählt zum „avholdsfolk" – das sind strikte Alkoholgegner. Unverfänglicher und sehr beliebt sind typische Süßigkeiten.

Geschäftsessen/Einladungen: Finden häufig um die Mittagszeit statt, durchaus auch um Geschäftliches zu diskutieren. Anstelle eines warmen Menüs ist in Norwegen mittags meist nur kalte Küche angesagt, meistens „smørebrød" – Brötchen. Redet der Norweger von einem Essen zu „middag", spricht er von einem Abendessen, das üblicherweise zwischen 18 Uhr und 19 Uhr beginnt und zwischen 22 Uhr (im Winter) und 23 Uhr (im Sommer) endet. Norwegen ist stolz auf seine vielen typischen Gerichte – ein kleiner Auszug daraus: Fårikål: würziger Hammel-in-Kohl, Lutefisk: Laugenfisch, Pinnekjøtt: Gepökelte Lammrippe, auf Birkenreisern gekocht, Rakfisk: gegorener Fisch (Vorsicht – sehr gewöhnungsbedürftig).
Abendessen in Restaurants dienen der Beziehungspflege. Wer seinen Geschäftspartner am Abend einladen möchte, sollte dessen Partner/in nicht vergessen. Einladungen in Restaurants sind für die meisten Norweger etwas Besondere, da sie sich selbst im Schnitt nur einmal im Monat leisten, auswärts zu essen. Kein Wunder: 120 Euro muss man für zwei Personen (mit Wein, Vor- und Nachspeise) schon hinblättern.

Gesprächsthemen/Tabus: Norweger sind es leid zu hören, wie teuer es bei ihnen ist. Auch kommt Kritik am Königshaus selten gut an. Und: Niemals Negatives über Konkurrenzunternehmen oder Abwertendes über andere Menschen und Kulturen reden. Norweger sind sehr tolerant und haben einen starken Gerechtigkeitssinn. Besser: Schönheit der Landschaft, Reinheit der Umwelt und Leistung der Sportler, z. B. Vegard Ulvand und Bjørn Dæhli loben. Beide Langläufer gewannen bei den Olympischen Winterspielen 1992 in Albertville je drei Goldmedaillen und schrieben damit ihre Namen unauslöschlich in die norwegische Sportgeschichte ein. Wer selber sportlich aktiv ist und die Natur liebt, sollte das unbedingt erwähnen – hier finden sich jede Menge Gemeinsamkeiten.

Sicherheit: Keine besonderen Sicherheitsvorkehrungen erforderlich.

Visitenkarten: Es ist üblich, Visitenkarten auszutauschen. Sie müssen nicht ins Norwegische übersetzt werden, eine Übersetzung ins Englisch reicht aus.

Unternehmenskultur/Entscheidungsträger: Flache Hierarchien. Auch junge Mittelmanager können über hohe Summen verhandeln. Die meisten Firmen schnüren für ihre Mitarbeiter ein umfangreiches Paket an Sozialleistungen. Dazu gehören Fahrten ans Meer, Mitgliedschaft im Fitnessclub, Kindermädchen, Putzfrau und Zusatzversicherungen.

Verhandlungstaktik: Norweger sind fast immer sehr gut vorbereitet, agieren nach Plan, sind zielorientiert, fokussieren das Wesentliche. Abschweifungen und langes „Um- den-heißen-Brei-Herumreden“ ist nicht ihr Stil. Alles muss kurz und präzise sein.

Verträge: Handschlagqualität. Das geschriebene Wort zählt.

Umgang mit Konflikten: Offenes Gespräch, lösungsorientiert.

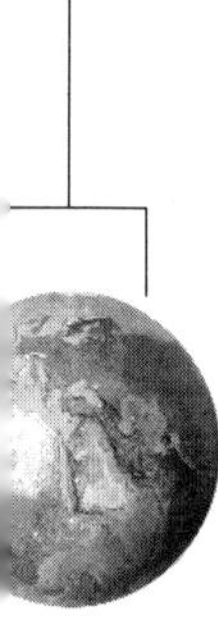

Österreich

Republik Österreich
Einwohner: 8 Millionen
BSP/Einwohner: 26.830 $
Hauptstadt: Wien
Amtssprache: Deutsch
Religion: 78 Prozent Katholiken
Wichtigste Außenhandelspartner: Deutschland, Italien, Frankreich, Schweiz

Geschäfte auf der Insel der Seligen

Viele Deutsche glauben, Österreich sei so etwas wie Deutschlands 18. Bundesland. Vorsicht! Abgesehen davon, dass die Österreicher auf ihre eigene Identität bestehen, wirken solche Aussagen mehr als überheblich. Obwohl Österreicher und Deutsche fast die gleiche Sprache sprechen, sind die Unterschiede in der Mentalität riesengroß. Während Deutsche stolz darauf sind, sich niemals ein Blatt vor den Mund zu nehmen und immer offen ihre Meinung zu sagen, ist es in Österreich üblich, nur durch die Blume zu kritisieren. Negatives wird nie offen angesprochen. Man zieht stillschweigend seine Konsequenzen. Um so entsetzter waren die Österreicher über die Sanktionen der EU. Nicht nur die Unterstellung des Auslandes, die schwarz-blaue Regierung hätte nationalsozialistische Züge machte ihnen zu schaffen, am schlimmsten war es für sie, plötzlich im Kreuzfeuer der Öffentlichkeit zu stehen. Österreichs traditionelle Außenhandelspartner vereinbarten trotz aller Sanktionen „Business as usual" – Newcomer zögerten jedoch, Österreich als Standort zu wählen. Der Weisenrat hat die Österreicher rehabilitiert, verkappte Nazis sind sie weiß Gott nicht – viele waren mit der politischen Situation unzufrieden und haben die rechtsorientierte FPÖ vor allem aus Protest gewählt.
Die Deutschen nennen sie „Piefke", nach einem deutschen Kapellmeister, der am Ende des preußisch-österreichischen Krieges vor den Toren Wiens eine große Parade mit dem Armeekorps vor König Wilhelm I. präsentierte. Kenner unter den vor die Stadt geeilten Wienern riefen „Die Piefkes kommen!" Der Ruf pflanzte sich fort und wurde zum Synonym für die 50.000 paradierenden Preußen. Bis heute nennt man in Österreich alle Deutschen nördlich des Mains „Piefkes" – eigentlich kein Schimpfwort. Im Laufe der Zeit hat sich die Bedeutung des Begriffs „Piefke" allerdings gewandelt und steht heute als Synonym für Zeitgenossen, die besonders zackig und besserwisserisch unterwegs sind.

Die Österreicher haben zu den Deutschen ein gespaltenes Verhältnis. Zwar ist Deutschland Österreichs wichtigster Außenhandelspartner und auch als Touristen sind die Deutschen sehr beliebt – dennoch: Der leichte Komplex, die Großer-Bruder/Kleiner-Bruder-Beziehung, tritt immer wieder ans Licht. Besonders, wenn das Verhalten der Deutschen dementsprechend ist. Also sollten Deutsche gerade Österreichern gegenüber nicht den Macher rauskehren, der immer weiß, wo's langgeht, sondern auch einmal um Rat fragen und um Kooperation bitten.
Und, wie sehen sich die Österreicher selber? „Charmant, freundlich, ein bisserl ‚Küss die Hand', ein bisserl Schmäh und ein Schuss Rebensaftvertilger Hans Moser'scher Prägung – so sieht man den Wiener und so sieht er sich auch selbst, wenn er nicht gerade nuschelnd, nörgelnd seiner Existenzkrise durch Querulieren Herr zu werden versucht", schreibt Norbert Steidl in seinem Wien-Reiseführer (Velbinger Verlag). Das ist natürlich ein wenig übertrieben, dennoch liegt in Wien, besonders im Winter, ein Hauch Melancholie in der Luft. Und auch die Lieder sind dementsprechend: „Der Tod, das muss ein Weaner sein ..."
Wie in Deutschland ist allerdings auch Österreich von regionalen Unterschieden geprägt. Zum Beispiel ist der typische Tiroler eher introvertiert, wie der Norddeutsche, aber er bemüht sich – zumindest den Touristen gegenüber. Viele Kärntner sind herzlich und offen, wenn auch manchmal ein bisschen oberflächlich, wie die Rheinländer.
Natürlich trifft man im Wirtschaftsleben in ganz Österreich auch auf absolut toughe Verhandler, die konsequent ihr Ziel verfolgen. Die Mehrzahl ist allerdings anders. Noch immer läuft das Geschäft wesentlich gemütlicher als in Deutschland oder in der Schweiz. Hier wird noch Wert auf persönliche Kontakte und auf eine – auf Vertrauen basierende – Beziehung gelegt.

Do's & Don'ts:

Geschäftssprache: Deutsch, mit österreichischer Färbung. Hier ein paar Vokabeln: „Grüß Gott" anstatt „Guten Tag", „Auf Wiedersehen" = „Servus" oder „Auf Wiederschauen".

Pünktlichkeit: Trotz aller Gemütlichkeit, Pünktlichkeit ist wichtig.

Dresscode: Konventionell im Anzug mit Krawatte. In Wien tragen oft sogar die Kellner im Kaffeehaus einen Smoking. Wer auch bei „gewöhnlichen" Geschäftsreisen auf alles vorbereitet sein will, sollte in jedem Fall einen Smoking einpacken, Damen ein entsprechendes Cocktailkleid. Hat Sie Ihr Geschäftspartner zum traditionellen Opernball eingeladen, müssen Sie sich einen Frack/ein Abendkleid besorgen.

Umgangsformen: Höflich und freundlich. Besonders in Wien trifft man noch auf Gentlemen der alten Schule. Der Handkuss für Damen wird allerdings immer seltener.

Geschenke: Kommen gut an, besonders regionale Spezialitäten.

Geschäftsessen/Einladungen: Das Businessfrühstück wird immer beliebter. Allerdings nicht schon um 7 Uhr, wie bei den Amerikanern, sondern erst um etwa 9 Uhr. Ansonsten geht man zur Mittagszeit ins Restaurant. Liebhaber der gutbürgerlichen Küche (Tafelspitz, Gulasch, Schweinsbraten) kommen hier voll auf ihre Kosten. Über Geschäftliches spricht man erst nach dem Kaffee.
Private Einladungen sind eher selten. Mit Geschäftsreisenden geht man aus, um ihnen möglichst viel von der österreichischen Kultur zu zeigen: zur Weinverkostung beim Heurigen, in die Oper oder ins Theater, vielleicht sogar auf einen Ball und – ganz stilecht – in der Nacht auf eine heiße Gulaschsuppe, noch in eines der faszinierenden Kaffeehäuser der k.-u.-k-Zeit, die in der Ballsaison schon um 5 Uhr in der Früh öffnen.

Gesprächsthemen/Tabus: Loben Sie die Kultur, die Schönheit der Landschaft und die gute Küche. Darüber freut sich der Österreicher, auch wenn er es nicht zugeben und Ihre Komplimente abschwächen wird. Auch wenn Ihr Gesprächspartner selber klagt – über das eigenen Land, die Politik und über das Leben selbst, halten Sie sich zurück. Besonders Deutschen räumt der Österreich nicht das Recht ein, Kritik an Österreich zu üben.

Sicherheit: Keine besonderen Sicherheitsvorkehrungen nötig, weder auf dem Land noch in der Stadt. Wien gilt als eine der sichersten Städte der Welt.

Visitenkarten: Werden zu Beginn der Verhandlungen ausgetauscht. Auf der Karte stehen in der Regel Titel und Funktion. Sprechen Sie Österreicher mit dem höchsten Titel an. Es gibt jede Menge Ehrentitel, wie Hofrat und Kommerzialrat. Häufig reden sich die Österreicher nur mit dem Titel an: Frau/Herr Magister (Magisterstudium), Frau/Herr Professor (Lehrer), Frau/Herr Ingenieur etc. In der älteren Generation ist es teilweise noch üblich, die Ehefrau mit dem Titel des Mannes anzusprechen.

Unternehmenskultur/Entscheidungsträger: Österreich ist das Land der Klein- und Mittelbetriebe. In denen herrscht zwar noch immer der patriarchalische Führungsstil vor, aber die Einkäufer verfügen über die nötige Entscheidungskompetenz. In multinationalen Unternehmen gibt es moderne Managementkonzepte, die Unternehmenskultur ist dort wie überall auf der Welt gleich.

Verhandlungstaktik: Nicht mit der Tür ins Haus fallen! Ein wenig Small Talk, über die Reise, das Wetter, Kunst und Kultur, lockert die Atmosphäre. Ansonsten ist das Gesprächsklima freundlich und verbindlich. Wenn Sie Ihren österreichischen Partner überzeugt haben, stellt er keine großen Fragen. Es ist nicht üblich, jedes Detail zu erläutern (Ausnahme: technische Verhandlungen). Es gilt als unhöflich, Anbieter mit pedantischen Fragen zu quälen. Wenn man sich im Großen einig ist, wird's am Kleinkram nicht scheitern. Unhöflich ist es auch, direkt „Nein" zu sagen.

Verträge: Ehrensache, zu seinem Wort zu stehen. Egal, ob schriftlich oder mündlich.

Umgang mit Konflikten: Es ist üblich, Negatives nicht direkt, sondern durch die Blume zu sagen. Gerade vom „großen deutschen Bruder" kann Kritik schwer angenommen werden. Die Deutschen haben sowieso den Ruf, an allem etwas auszusetzen zu haben, rechthaberische und überhebliche Besserwisser zu sein – daher Kritik immer sachbezogen und gut verpacken, sodass der Österreicher sein Gesicht wahren kann.

Pakistan

Islamische Republik Pakistan
Einwohner: 131,6 Millionen
BSP/Einwohner: 125 Millionen
Hauptstadt: Islamabad
Amtssprache: Urdu
Religion: Fast 100 Prozent Muslime
Wichtigste Außenhandelspartner: Japan, USA, Saudi-Arabien, Malaysia, Vereinigte Arabische Emirate, Kuwait, Großbritannien, VR China, Deutschland, Schweiz

„Insh allah“ – wenn Gott will ...

Geschäftsbeziehungen sind in Pakistan hauptsächlich an Personen gebunden. Daher war es für europäische Vertreter ein großes Problem, dass in den vergangenen Jahren häufig die Regierung gewechselt hat. Da die meisten Betriebe staatlich sind, wurden die Führungsspitzen ebenfalls ausgewechselt. In den vergangenen zehn Jahren wurden allein bei Pakistan Steel fünf Mal Leute im Headquarter ausgetauscht. Immer wieder muss der westliche Geschäftspartner von Neuem beginnen, vertrauensbildende Maßnahmen zu setzen. Dazu gehören persönliche Besuche, mehrmals pro Jahr. Auch wenn keine direkten Geschäfte anstehen. Erst wenn ein fundiertes Vertrauensverhältnis existiert, laufen die Verhandlungen unkompliziert und locker. Da die meisten Manager in London studiert haben, sind die Unterschiede der Businesskultur nicht großartig. Wichtig ist, dass man nicht mit der Tür ins Haus fällt, sondern mit Small Talk beginnt. Einleitungen über das Wetter, die Landschaft, Kultur und Musik lockern das Gesprächsklima, bevor der westliche Manager mit seiner Präsentation beginnt.

Oft sind bei Verhandlungen zahlreiche Personen anwesend, auch solche, deren Funktion nicht ganz klar ist. Das sind in der Regel Mitarbeiter, die etwas lernen sollen. Ferner wichtig bei Präsentationen: nutzenorientiert argumentieren, technische Experten mitbringen und bei wichtigen Verhandlungen Vertreter der Außenhandelsstelle oder der Botschaft einladen. Abwarten und Tee trinken, lautet auch im Land der Indus (so der historische Name Pakistans, der von dem Fluss Indus abgeleitet wird) das Geheimnis guter Geschäfte. Tee abzulehnen ist übrigens ein extremer Fauxpas. Er gehört bei Verhandlungen zur Tradition, genauso wie Geduld und Höflichkeit. Letztere zeigt sich auch im Umgang mit Ablehnungen. Ein hartes Nein empfindet der Pakistani als Bedrohung, und da er selbst versucht, Ablehnungen elegant zu umschreiben, erwartet er das auch von seinen Partnern. Zustimmungen sind allerdings auch nicht so wie in unserem Kulturkreis zu werten. Vorsichtshalber hängen die Pakistanis immer ein „Insh allah“ – „Wenn Gott will“ – an ihr „Ja“.

Do’s & Don’ts

Geschäftssprache: Englisch. Ansonsten gehört noch „Urdu“ zur offiziellen Landessprache.

Pünktlichkeit: Im Geschäftsleben bemühen sich die Pakistanis um Einhaltung der Termine. Es sei denn, sie wollen als Kunden ihre Macht demonstrieren – und lassen deshalb den Anbieter warten. In der Freizeit oder zu Abendeinladungen kommt man mit einer Verspätung von einer Stunde gerade rechtzeitig.

Dresscode: Für Männer Anzug und Krawatte, für Frauen konservativ (auf keinen Fall schulterfrei und Mini-Rock). Im Sommer sind Safari-Anzüge erlaubt. Es ist möglich, dass der pakistanische Verhandlungspartner in Landestracht oder in militärischer Uniform erscheint.

Umgangsformen: Bedenken Sie, dass der Islam Staatsreligion ist. 96,7 Prozent sind Moslems, 1,6 Prozent Christen, 1,5 Prozent Hindus. Nicht vergessen: Moslems nicht Mohammedaner nennen. Und: Angehörige des Islam essen kein Schweinefleisch und trinken meist keinen Alkohol. Für Geschäftsreisen gibt es bessere Zeitpunkte als den Ramadan (Fastenmonat der Moslems). Freitags, der Sonntag für Moslems, haben alle Büros, Firmen, Banken und Geschäfte geschlossen. In puncto Körperkontakt gilt: Zwischen Männern ist Händeschütteln in etwas abgewandelter Form gebräuchlich. Der Jüngere/Rangniedrigere ergreift die Hand des anderen mit beiden Händen und senkt gleichzeitig seinen Kopf. Gute Bekannte begrüßen sich auch mit einer kurzen Umarmung mit gegenseitigem Schulterklopfen. Eine Frau grüßt man nur mit einer kurzen Verneigung, es sei denn, sie reicht dem Mann von sich aus die Hand. Generelles Verhalten: Seinem Gegenüber nicht die Fußsohlen zeigen, in der Öffentlichkeit weder rauchen noch Alkohol trinken, emotionelles Auftreten vermeiden.

Geschenke: Sind gern gesehen, besonders glitzernde Swarovski-Figuren oder goldverziertes Porzellan. Weiter: CDs mit klassischer Musik, Bildbände des Heimatlandes, Schweizer Messer, Uhren und Radios.

Geschäftsessen/Einladungen: Finden oft im privaten Kreis mit der ganzen Familie statt. Meistens beginnt die Einladung gegen 21 Uhr mit ein paar Drinks und Small Talk. Gegessen wird erst gegen 23 Uhr. Und danach sollte man sich verabschieden.

Wenn mit der Hand gegessen wird, nur die rechte benutzen, die linke gilt als unsauber. Reichere Familien haben häufig Personal, zum Abschied ist es üblich, jedem Bediensteten ein kleines Trinkgeld zu geben.

Sicherheit: Die größeren Städte sind des Öfteren Schauplatz religiöser, ethnischer und politisch motivierter Gewalttaten. Es kommt immer wieder zu Sprengstoffanschlägen. In Karachi sollte vor dem Besuch abgelegener Stadtbezirke sicherheitshalber ortskundiger Rat eingeholt werden. Nutzen Sie die Flughafentransfers, die von allen größeren Hotels angeboten werden.

Visitenkarten: Brauchen nicht übersetzt zu werden. Auf pakistanischen Visitenkarten stehen häufig etliche Namen. Normalerweise stellt sich der pakistanische Geschäftsmann mit Namen und Titel vor, mit dem er angesprochen werden möchte. Im Zweifelsfall fragen!

Gesprächsthemen/Tabus: Tabu sind politische und soziale Problembereiche (Kaschmirkonflikt, Religion und Glaubenshaltung, Gespräche über Frauen und Sex, Israel und Juden, Atomversuche und die überdimensionale Macht der Militärs). Besser: Kultur und Landschaft bewundern, Komplimente über den wirtschaftlichen Fortschritt des Landes machen, sich nach dem Wohlbefinden des Gesprächspartners erkundigen.

Unternehmenskultur/Entscheidungsträger: Sind nur in der Top-Ebene zu finden, stark hierarchische Strukturen, patriarchalische Regeln.

Verhandlungstaktik: Die Devise „Zeit ist Geld" ist den meisten Pakistanis fremd. Sie wollen ihre Geschäftspartner gut kennen lernen und eine Vertrauensbeziehung aufbauen. Also: Geduldig abwarten, bloß nicht drängen. Zusätzliche Schwierigkeit: Da Manager im Headquarter häufig ausgetauscht werden, muss man immer wieder von vorne beginnen! Generelles Verhalten: Business ist für die meisten Pakistanis eine ernste Angelegenheit, Witze oder lockere Redensarten haben dort sicherlich keinen Platz.

Verträge: Haben Handschlagqualität, sofern nicht zwischendurch die Vertragspartner ausgetauscht werden.

Umgang mit Konflikten: Alle Probleme können offen ausgesprochen werden, lösungsorientiert. Zur Vorbeugung: Zusagen werden oft von den Worten „Insh allah" – „Wenn Gott will" – begleitet.

Polen

Republik Polen
Einwohner: 38,6 Millionen
BSP/Einwohner: 3510 $
Hauptstadt: Warschau
Amtssprache: Polnisch
Religion: 91 Prozent Katholiken
Wichtigste Außenhandelspartner: Deutschland, Italien, Frankreich, Russland, Großbritannien

Zukunftsmarkt Polen

Aufstieg und Fall großer Königshäuser, Sieg und Untergang bis zur völligen Auflösung staatlicher Existenz rückten Polen in den über 1000 Jahren seiner Geschichte oft in den tragischen Mittelpunkt europäischer Geschichte. Vom 14. Jahrhundert bis ins 17. Jahrhundert war in Europa Politik ohne Polen undenkbar. Sein Einfluss verringerte sich mehr und mehr, bis Polen schließlich Spielball fremder Interessen wurde. 1793 unter Russland, Österreich und Preußen aufgeteilt, verschwand Polen für mehr als 100 Jahre als eigener Staat von Europas Landkarte. Erst mit dem Ende des 1. Weltkriegs konnte sich Polen aus der Knechtschaft befreien, um im 2. Weltkrieg wieder von deutschen Truppen besetzt zu werden. Der Ausgang des Krieges war für die Polen katastrophal: 6 Millionen Opfer, darunter fast die gesamte jüdische Bevölkerung von 3 Millionen Menschen. 1945 wurden die Staatsanteile Polens neu gemischt: die Sowjetunion behielt die Ostgebiete, die Polen wurden mit Schlesien, Ostpommern, West- und Teilen Ostpreußens entschädigt. Fortan (bis 1989) hatte das Land eine kommunistische Regierung. Mit allem, was dazugehört: Verstaatlichung der Wirtschaft, Unterdrückung der Kirche, schlechte Lebensbedingungen etc. – erst 1997 konnte Polen eine demokratische Verfassung etablieren.

Heute erlebt Polen ein kleines Wirtschaftswunder. 1989 schaffte Polen die Planwirtschaft ab, privatisierte die Hauptindustriezweige und legte Zinsen und Wechselkurse auf der Grundlage von Angebot und Nachfrage fest. Auf das Werben um ausländische Investoren reagierten viele Nationen. Nicht nur aus Deutschland und Österreich kommen die Manager, sondern aus Frankreich und Italien – ja, natürlich auch aus den USA. In Rekordzeit sind riesige Einkaufszentren und Business-Parks entstanden. Das Wirtschaftsrad ist schnell in Schwung gekommen. Nicht zuletzt aufgrund des großen Engagements der polnischen Wirtschaftstreibenden.

Fleißig, engagiert, zuverlässig und interessiert, sofern sie ihren eigenen Vorteil sehen und Verantwortung tragen dürfen – so sehen zahlreiche Vertreter deutscher Firmen die Polen heute. Und in puncto Allgemeinbildung können die Polen mit Deutschen und Österreichern zumindest mithalten. Besonders auffällig ist das in Bezug auf Fremdsprachenkenntnisse. Fast jeder spricht fließend Englisch oder Deutsch und verfügt über gute Grundkenntnisse der französischen Sprache. Allerdings ist es für Manager mit langfristigen Absichten auch sinnvoll, Polnisch zu lernen. Die Polen werten es als Zeichen besonderer Wertschätzung, andererseits verstehen die ausländischen Partner auf diese Weise wesentlich leichter die jeweiligen kulturellen Unterschiede. So können Verhandlungen – und auch später die Zusammenarbeit – in einem besseren Klima des gegenseitigen Respekts stattfinden.

Do's & Don'ts

Geschäftssprache: Englisch. Schriftliche Anfragen, Angebote und Broschüren sollten dennoch ins Polnische übersetzt werden.

Pünktlichkeit: Entspricht unseren Gepflogenheiten.

Dresscode: Konventionell, mit Anzug und Krawatte, Frauen im Kostüm oder Hosenanzug in gedeckten Farben. Die Polen in den Business-Metropolen legen sehr viel Wert auf gute Kleidung.

Umgangsformen: Höflichkeit ist Trumpf. Begrüßung und Abschied erfolgen stets per Handschlag. Auch der Handkuss ist nach wie vor in Mode, jedoch eher bei abendlichen Festivitäten als im Business.

Geschenke: Da man oft selbst beschenkt wird, sollte man nicht mit leeren Händen kommen. Gern gesehen sind noch immer Zigaretten und Zigarren, Feuerzeuge, hochwertiger Cognac, CDs mit klassischer Musik, Bildbände über das Land, in dem man lebt, exklusive Kugelschreiber, Solarrechner und elektronische Terminkalender.

Geschäftsessen/Einladungen: Beim Mittag- oder Abendessen wird Vertrauen aufgebaut. Allerdings wird beim Essen selbst nicht viel geredet. Dafür sitzt man nachher lange (abends bis weit nach Mitternacht) zusammen. Trinksprüche in polnischer Sprache kommen natürlich besonders gut an – und werden mit polnischem Wodka begossen.

Einladungen finden selten im privaten Haus statt. Wenn doch, ist dies eine besondere Auszeichnung.

Gesprächsthemen/Tabus: Kritik oder Witze über den Papst und die katholische Kirche werden überhaupt nicht geschätzt, auch die politische Vergangenheit hat im

Small Talk keinen Platz. Besser: Familie, Sport oder Kultur. Trotz jahrhundertelanger Fremdherrschaft besitzt Polen ein reiches kulturelles Erbe, insbesondere in der Musik, der Literatur und im Film. Zu den bedeutendsten Persönlichkeiten gehören der Astronom Nikolaus Kopernikus, der Komponist Frédéric Chopin, der Schriftsteller Henryk Sienkiewicz und der Filmregisseur Andrzej Wajda.

Sicherheit: Die persönliche Sicherheit ist gewährleistet, für Autos gelten offensichtlich eigene Gesetze. Also: Wer auf Nummer Sicher gehen will, lässt seinen Wagen daheim. So manches Auto ist auch schon von einem bewachten Parkplatz verschwunden. Nicht umsonst wird Polen das Italien des Ostens genannt.

Visitenkarten: Englische oder deutsche Bezeichnungen reichen aus. Wichtig ist, jedem eine zu geben.

Unternehmenskultur/Entscheidungsträger: Hierarchische Strukturen sind in Staatsbetrieben und großen Fabriken mit hoher Wahrscheinlichkeit anzutreffen.

Verhandlungstaktik: Stellen Sie sich auf harte Verhandlungen ein – Polen sind geborene Kaufleute und meistens sehr gut vorbereitet. Der Partner wird nicht selten mit hohen Preisnachlassforderungen konfrontiert. Zugeständnisse bezüglich der Zahlungsmodalitäten können Verhandlungen erleichtern. Bankgarantien oder Akkreditive sind bei größeren Projekten empfehlenswert.

Verträge: Werden in der Regel gehalten. Bezüglich der Zahlungsmodalitäten sollten Sicherheiten vereinbart werden, z. B. Akkreditiv.

Umgang mit Konflikten: Ist der persönliche Kontakt gegeben, kann man offen über jedes Problem reden und gemeinsam eine Lösung finden. Wichtig: Auf der Sachebene bleiben, auf persönliche Kritik – besonders aus dem Mund eines Deutschen – reagieren die meisten Polen mehr als allergisch.

Portugal

Portugiesische Republik
Einwohner: 9,9 Millionen
BSP/Einwohner: 10.670 $
Hauptstadt: Lissabon
Amtssprache: Portugiesisch
Religion: 90 Prozent Katholiken
Wichtigste Außenhandelspartner: Spanien, Deutschland, Frankreich, Italien

Patiencia – Geduld heißt das Zauberwort

So wie das Land einen eigenen, von Spanien verschiedenen Charakter besitzt, unterscheiden sich auch die Portugiesen von den Spaniern. In ihrer ganzen Art sind die Bewohner der südlichsten Atlantikküste Europas wesentlich gelassener und zurückhaltender als ihre temperamentvollen Nachbarn. Wilde Gesten und aufbrausende Stimmung scheint ihnen fremd, statt sich aufzuregen, ziehen sie sich zurück. Schicksalsergeben, in tiefer Melancholie. Vergänglichkeit haben die Portugiesen nur allzu oft am eigenen Leibe zu spüren bekommen. So galt zum Beispiel die Hauptstadt Lissabon im 15./16. Jahrhundert als die nach Venedig reichste Stadt der Welt. Hier war der Ausgangspunkt für überseeische Entdeckungen und der Umschlagplatz der in Brasilien „erworbenen" Reichtümer. Auch mit indischen Gewürzen und afrikanischen Edelhölzern wurde Gewinn bringend gehandelt. 3000 Paläste und 100 Kirchen zählte man damals in Lissabon. All dem wurde am Allerheiligentag des Jahres 1755 ein neunminütiges, schnelles, aber schmerzhaftes Ende gemacht. Bei einem Erdbeben wurde fast die ganze Stadt zerstört. Und im August 1988 erschütterte erneut eine Katastrophe die portugiesische Hauptstadt. Die Bilder des verheerenden Großbrands, der über 20 Gebäude – darunter die großen Kaufhäuser zwischen Baixa und Chiado – zerstörte, gingen um die Welt.

Vielleicht lässt sich dadurch ein wenig der Hang zur Melancholie erklären. Im Wirtschaftsleben spielt die wehmütige Grundstimmung, die der Portugiese übrigens „saudade" nennt, zwar nur eine untergeordnete Rolle, dennoch: Da alles vergänglich scheint, folgt auch das Wirtschaftsleben eigenen Gesetzen. Nicht alles wird sofort erledigt, „Amanha!" lautet häufig die Antwort auf die Frage „Wann?". Amanha heißt übersetzt „morgen", kann aber genauso übermorgen oder in drei Tagen bedeuten. Daher ist „patiencia" – Geduld – angesagt. In Portugal eine geschätzte Tugend. Gelassen sein, warten können, Interesse an einer persönlichen Beziehung, die auf gegenseitigem Vertrauen basiert – das sind die Erwartungen Ihres portugiesischen Geschäftspartners. Persönliche Beziehungen lassen sich relativ leicht aufbauen, bedürfen aber einer kontinuierlichen Pflege. Sonst wenden sich die Portugiesen schnell anderen Partnern zu, von denen sie sich mehr erhoffen. Beziehungsbildende Maßnahmen sind gemeinsame Unternehmungen (z. B. Stierkampf; da kommt es darauf an, möglichst wenig Blut zu vergießen, der Stier wird nicht getötet; oder ein Besuch im Fado-Lokal – der portugiesische Geschäftspartner freut sich über Interesse an seiner Kultur), Gegenbesuche in unserer Heimat mit Programm und – zuerst – Geschäftsessen, die übrigens in Restaurants der besten Klasse stattfinden. Private Einladungen werden erst ausgesprochen, nachdem man persönlichen Kontakt mit den einzelnen Personen für längere Zeit gepflegt hat. Dafür lernt man dann gleich die ganze Familie kennen. Eine wesentliche Rolle im zwischenmenschlichen Bereich spielt die Höflichkeit. Das kann sogar so weit gehen, dass Ihr portugiesischer Geschäftsmann aus reiner Höflichkeit Interesse an einem Produkt zeigt, ohne ernste Absichten zu haben.

Ansonsten sind die kulturellen Unterschiede im Wirtschaftsleben Deutschland/Portugal nicht sehr groß. Man muss allerdings unterscheiden, ob man Geschäfte im südlichen oder im nördlichen Teil verfolgt. Im Süden ist die typische Südländer-Mentalität anzutreffen, speziell in Bezug auf zeitliche Angaben und Verlässlichkeit. Im Norden handeln die Geschäftsleute eher nach mitteleuropäischen Maßstäben. Die Zugänglichkeit der Leute ist im Norden viel leichter als im südlichen Teil, was geschäftliche Kontakte betrifft.

Wer mit einheimischen Vertretern arbeitet, sollte darauf achten, dass dieser auf jeden Fall persönliche Beziehungen und beste politische Verbindungen besitzt, denn, wie gesagt, ohne diese lassen sich keine guten Geschäfte erledigen. Generell ist Portugal für Wirtschaftstreibende sehr interessant. Das lokale Personal ist gut ausgebildet, die Löhne sind jedoch sehr niedrig.

Do's & Don'ts:

Geschäftssprache: Englisch. Angebote, technische Unterlagen und Werbematerial ins Portugiesische übersetzen lassen. Obwohl jeder Portugiese mit etwas gutem Willen Spanisch verstehen oder lesen kann, niemals spanische Unterlagen senden.

Pünktlichkeit: Man bemüht sich um Pünktlichkeit, es gelingt aber nicht immer.

Dresscode: Formelle Business-Kleidung.

Umgangsformen: Auffallend sind die höflichen Umgangsformen, aber auch der

Hang zur Melancholie. Portugal hat einmal zu den führenden Völkern Europas gehört. Große Gesten und übertreibende Gebärden sind den Portugiesen ein Greuel, sie sind zurückhaltend, gelassen, freundlich, aber distanziert.

Geschenke: Generell kommen kleine Aufmerksamkeiten mit regionalem Bezug gut an und werden meistens entsprechend erwidert. Verhandlungspartner des öffentlichen Sektors bzw. Großfirmen freuen sich als „Dankeschön" für ein erfolgreich abgewickeltes Geschäft besonders über Einladungen zu Geschäftsreisen.

Geschäftsessen/Einladungen: Finden in Restaurants der gehobenen Kategorie statt, Geschäftliches erst nach dem Essen besprechen.

Bei formellen Anlässen im persönlichen Bereich wird vorab ein Blumengebinde geschickt, notfalls auch am Tag danach mit einem Dankeswort.

Gesprächsthemen/Tabus: Gute Themen sind die Familie, positive Aspekte in Portugal (gute Küche, schöne Landschaft), Interesse an der portugiesischen Kultur: Portugal war früher eine große Seemacht, in den traditionellen Fado-Lokalen in Lissabon besingen Frauen melancholisch die glorreiche Vergangenheit.

Sicherheit: Kein Problem in Portugal.

Visitenkarten: Werden überall erwartet, auf Englisch. Portugiesen erwarten, mit ihrem akademischen Grad angesprochen zu werden: Senhor Engenheiro, Senhora Doutora. Im Zweifelsfall ist es besser, die portugiesischen Gesprächspartner mit Frau Doktor oder Herr Ingenieur anzureden, als gar keinen Titel zu verwenden.

Unternehmenskultur/Entscheidungsträger: Hierarchische Strukturen. In allen Bereichen sind in Portugal persönliche Kontakte von besonderer Bedeutung. Erledigungen für Personen, die man persönlich kennt bzw. die von einem Bekannten empfohlen wurden, erfolgen meist viel rascher und unbürokratischer.

Verhandlungstaktik: Die Portugiesen sind wesentlich introvertierter und schwermütiger als ihre südländischen Nachbarn. Für Verhandlungen sollte viel Zeit eingeplant werden, da der portugiesische Geschäftspartner erst Vertrauen entwickeln muss. In allen Bereichen ist höfliche Zurückhaltung angesagt. Diskussionen über unangenehme Themen, wie etwa offene Forderungen, werden gerne vermieden bzw. zerredet. Ausbleibende Zustimmung heißt in den meisten Fällen „Nein".

Verträge: Zahlungs- und Liefermodalitäten genau festlegen. Oft schätzt der portugiesische Geschäftsmann seine Lage zu optimistisch ein. Es ist damit zu rechnen, dass Lieferungen später als vereinbart eintreffen und Rechnungen mit einer Verzögerung von 60 bis 90 Tagen bezahlt werden.

Umgang mit Konflikten: Wichtig ist, immer auf der Sachebene zu bleiben. Die Portugiesen sind sehr stolz und leicht verletzbar. So ist es besser, Kritik persönlich und so nett wie möglich vorzubringen. Denn: Angelegenheiten, die in anderen Ländern durch ein kurzes Telefonat geregelt werden, führen häufig zu längeren Diskussionen, gefolgt von schriftlicher Korrespondenz, die aufgrund der Höflichkeitsfloskeln eher umfangreich ausfällt.

Rumänien

Republik Romania
Einwohner: 22,5 Millionen
BSP/Einwohner: 1360 $
Hauptstadt: Bukarest
Amtssprache: Rumänisch
Religion: 86,8 Prozent Rumänisch-Orthodoxe, 5,1 Prozent Römisch-Katholische
Wichtigste Außenhandelspartner: Italien, Deutschland, Russland, Frankreich, Großbritannien

Geschäfte der „dritten Dimension"

Oft das „Land der Römer" genannt, war Rumänien ursprünglich eine römische Provinz.Und so nehmen die Rumänen auf dem Balkan eine Sonderrolle ein: Als einzige – umgeben von Slawen und Ungarn – besitzen sie eine romanische Sprache. Unter allen Romanen sind sie allerdings die einzigen orthodoxen Christen.

Und so gilt Rumänien zu Recht als Land der Gegensätze und der Paradoxa: Es ist die Heimat des bekannten Künstlers Constantin Brancusi, der Schriftsteller und Philosophen Eugen Ionesco, Emil Cioran und Mircea Eliade und auch die der weltberühmten Turnerin Nadia Comaneci. Zugleich ist sein Name oft mit Dracula und Ceausescu verbunden. Und auch wenn Dracula der Vampir der Fantasie des Schriftstellers Bram Stoker entsprungen ist, so war die „Ceausescu-Epoche" für die Rumänen kein Märchen, sondern grausame Wirklichkeit.

Der verhasste Staatschef hat – außer einen übertrieben prunkvollen Palast – nur einen riesigen Scherbenhaufen hinterlassen. Feudalismus und Größenwahn haben das Land zerstört und Existenzen ruiniert. Um überdimensionale Industriekomplexe zu errichten, hat Ceausescu zum Beispiel ganze Dörfer zerstört und damit der ländlichen Bevölkerung ihre Lebensgrundlage geraubt. Keine Frage, dass Anbau von Getreide, Zuckerrüben, Obst und Gemüse für die Versorgung der rumänischen Bevölkerung von enormer Wichtigkeit ist, zumal die Industrie längst nicht die erhofften Profite erbrachte.

1995 hat das rumänische Parlament ein Programm für die Privatisierung der Wirtschaft verabschiedet. Kleine Erfolge stellten sich erst im Jahre 2001 ein. Zwar steigt noch immer die Inflation, die Arbeitslosenquote und die Armut der Bevölkerung – doch ein kleiner Funken Hoffnung bringt etwas Licht in die düstere Wirtschaftslage:

Im Jahr 2000 konnte Rumänien erstmals ein Wirtschaftswachstum von 1,5 Prozent verzeichnen, für das Jahr 2001 wird mit einem Zuwachs von drei Prozent gerechnet. Trotzdem: Rumänien hat allzu lang notwendige Reformen unterlassen und ist auch deshalb von der EU auf einen der beiden letzten Beitrittsplätze verwiesen worden, sodass selbst der neue Präsident Iliescu einen Beitritt vor 2007 oder gar 2010 für nicht wahrscheinlich hält.
Ihrer Mentalität entsprechend verhalten sich viele Rumänen durchaus südeuropäisch, kommunikativ und gastfreundlich. Allein ihre Lebenslust lässt zu wünschen übrig, wirken sie doch oft frustriert, hoffnungslos und melancholisch. Kein Wunder, Rumänien ist eines der ärmsten Länder Europas. Aufgrund der schlechten wirtschaftlichen Lage ist auch die Entscheidungsfreudigkeit mehr als gering. Die Zeit, bis ein echter Auftrag zustande kommt, dauert ewig, immer wieder kommt es zu Neuverhandlungen und Rückfragen. Die beabsichtigte Privatisierung der staatlichen Betriebe verunsichert die Manager, und so denken viele zuerst an ihren persönlichen Vorteil. Geschäfte der „dritten Dimension", wie ein niederländischer Investor sie nennt, seien in Rumänien an der Tagesordnung. Allerdings ist es sinnvoller, sich einen lokalen Vertreter zu suchen, den man mit einer großzügigen Provision ausstattet, als selbst zu entscheiden, wen man „beschenkt". Für Ausländer ist es schwer, hinter die Kulissen zu blicken. Die Machtverhältnisse in diesem Land sind immer noch ein einziges Rätsel. Ein Insider kann viel gezielter agieren und letztendlich auch mehr erreichen. Alte Seilschaften spielen nach wie vor eine große Rolle.

Do's & Don'ts

Geschäftssprache: Englisch, zum Teil auch Französisch, da zahlreiche Manager in Frankreich studierten.

Pünktlichkeit: Zeit spielt nicht die Hauptrolle. Seien Sie dennoch vorsichtshalber pünktlich und tolerieren Sie Verspätungen Ihres Verhandlungspartners großzügig.

Dresscode: Konventionell, ohne modische Aktualität.

Umgangsformen: Denken Sie daran, dass Rumänien – vor Albanien – das ärmste Land Europas ist. Zuerst begegnen Ihnen die Leute misstrauisch, später herzlich, offen und gastfreundlich.

Geschenke: Zigaretten, exklusive Getränke, Bildbände, CDs, hochwertige Schreibgeräte, aber auch herkömmliche Werbegeschenke, wie Timer, Organizer und Rechner.

Geschäftsessen/Einladungen: Im Allgemeinen werden Verhandlungen und

Geschäftsabschlüsse bevorzugt in Restaurants geführt, in Verbindung mit einem mehrstündigen Essen, bei dem viel gegessen und getrunken wird. Im Allgemeinen bestehen die Mahlzeiten aus Suppe, Fleisch, Kartoffeln, Brot und Gemüse. Dazu trinkt man Wein oder Bier. Beliebt ist auch ein Pflaumenbranntwein namens Tuica. Rumänische Spezialitäten sind Mititei (gegrillte Fleischbällchen), Patricieni (gegrillte Wurst) und Mamaliga (Maisbrei). Gebäckstücke werden gerne zum Nachtisch gegessen. Trinksprüche sind zu allen Gelegenheiten üblich.
Private Einladungen in die Familie des Geschäftspartners sind ebenfalls möglich, Blumen oder Süßigkeiten und Getränke mitbringen! Gegeneinladungen zu uns kommen gut an, ebenso zu allem, was sich die Rumänen selbst nicht leisten können.

Gesprächsthemen/Tabus: Zum Beispiel Sport. Viele Rumänen spielen Fußball und betreiben eine Vielzahl weiterer Sportarten, wie Oina, ein traditionelles Spiel, ähnlich dem Baseball. Aber auch Kultur ist ein Thema: Ionescos Absurdes Theater zum Beispiel. Tabus: politische Vergangenheit, Sinti und Roma, kriminelle Aktivitäten rumänischer Banden, rumänische Mafia.

Sicherheit: Verhalten Sie sich unauffällig. Nachts nicht allein spazieren gehen. Wer innerhalb Rumäniens mit dem Auto unterwegs ist, sollte diebstahlsicher parken und das Fahrverbot an Samstagen, Sonntagen und Feiertagen einkalkulieren.

Visitenkarten: Werden üblicherweise ausgetauscht. Auf der einen Seiten Rumänisch, auf der anderen in Deutsch.

Unternehmenskultur/Entscheidungsträger: Ausgeprägte hierarchische Strukturen, autoritäre Kommunikation in rumänischen Unternehmen.

Verhandlungen: Aufgrund der schlechten wirtschaftlichen Lage lässt die Entscheidungsfreudigkeit rumänischer Verhandler zu wünschen übrig. So dauern Verhandlungen meist mehrere Monate und laufen in Schleifen. Gängige Taktik: Immer wieder wird neu verhandelt und nachverhandelt. Vorsicht ist geboten, wenn Ihr Verhandlungspartner den erstbesten Preis akzeptiert. Dann sollten Sie seine Bonität prüfen.

Verträge: Ein unterschriebener Vertrag hindert den rumänischen Partner noch lange nicht daran, verschiedene Bereiche neu zu verhandeln.

Umgang mit Konflikten: Die meisten Rumänen sind um Ausreden nicht verlegen, zumindest wenn es um ihr eigenes Fehlverhalten geht. Daher: Kritik immer sachbezogen äußern, um eine schnelle Lösung herbeizuführen.

Russland

Russische Förderation
Einwohner: 147 Millionen
BSP/Einwohner: 2260 $
Hauptstadt: Moskau
Amtssprache: Russisch
Religion: 35 Millionen Russisch-Orthodoxe, 15–22 Millionen Muslime, 700.000 Juden, 320.000 Katholiken, Minderheiten von Buddhisten, Protestanten, starke Verbreitung von Sekten
Wichtigste Außenhandelspartner: GUS, Deutschland, USA, Italien, Frankreich, Finnland

Keine nüchterne Sache

Von den Karpaten zogen Urslawen im 1. Jahrtausend v. Chr. an den Dnjepr und behaupteten sich gegen die nördlichen Steppenvölker. Am Handelsweg von der Ostsee zum Schwarzen Meer entstand im 9. Jahrhundert die Kiewer Rus. Seit 988 christianisiert, entwickelte sich das Kiewer Reich zum geografisch größten Staat Europas. Heute erstreckt sich Russland noch immer über die Hälfte des Erdballs.

Genau wie es nicht alle Einwohner Großbritanniens schätzen, als Engländer bezeichnet zu werden, kann es sich als Fehler erweisen, einen Russen als Russe zu bezeichnen.

In der russischen Föderation gibt es eine Vielzahl von Völkerschaften, welche der finno-ugrischen, ural-ataischen oder Turk-Sprachgruppe angehören. Insgesamt sind das mehr als 150 Völker. Auch Menschen, welche ihre eigentliche Muttersprache nicht mehr beherrschen, sind stolz auf ihre Abstammung und in dieser Hinsicht empfindlich. So kann die Frage nach den Wurzeln auch ein Gespräch eröffnen, das eine vertrauensbildende Wirkung hat. Und darauf kommt es an. Die meisten Geschäfte werden auf der Beziehungsebene geschlossen. Und erst dann, wenn der russische Partner Vertrauen gewonnen hat. Das kann dauern. Verhandlungen erstrecken sich mitunter über mehrere Tage. Man muss sich sehr viel Zeit nehmen, auf jeden Einzelnen eingehen. Im Allgemeinen sind die Leute sehr misstrauisch.

Aber es lohnt sich: Ist das Eis erst gebrochen, wird aus dem knallharten, militärischen Geschäftsmann mit regungslosem Pokerface ein gastfreundlicher, herzlicher,

fast sentimentaler Typ. So ist es sogar möglich, dass sich aus Geschäftsbeziehungen echte Freundschaften entwickeln. Als Geschäftspartner wie auch im Privaten gelten die Russen als sehr verlässlich. Wenn erst einmal die Finanzierung geregelt ist, läuft in der Regel alles zur allgemeinen Zufriedenheit.
Erfolge, Geschäftsabschlüsse, aber auch das Ende einer Verhandlung wird in Russland immer entsprechend gefeiert. Und zwar mit gegenseitigen Lobgesängen, in Form von Toasts, die man ausspricht, bevor alle das mit Wodka gefüllte Wasserglas runterkippen. Nicht trinken wird meistens als Beleidigung gewertet. Die Russen sind stolz darauf, so viel vertragen zu können und trotzdem „klar im Kopf" zu bleiben – zumindest nach eigenem Ermessen.
Kleiner Tipp eines unserer interviewten Managers: „Trinken Sie ein Schnapsglas voll Öl vor solch einem Trinkgelage. Das erhöht die eigene Toleranzgrenze. Man zwird nicht so schnell betrunken, dafür schlägt der Kater am nächsten Morgen kräftig zu." Er erinnert sich noch mit Grausen an eine Wirtschaftsmission: „Da wurden die ersten gregorianischen Cognacs bereits um neun Uhr in der Früh serviert. Im Laufe des Tages mussten wir 24 Gläser trinken." Wer da nicht mithalten kann, bleibt den Russen suspekt. Wer den Trinktest besteht, erntet Hochachtung.

Do's & Don'ts

Geschäftssprache: Zahlreiche Wirtschaftstreibende beherrschen die deutsche oder englische Sprache – organisieren sie aber trotzdem einen Übersetzer. Und stellen Sie sicher, dass der Dolmetscher auch die Zwischentöne übersetzt. Oft muss er bei spezifischen oder technischen Ausdrücken passen oder zwangsläufig zum Dichter werden. Vorsicht bei unbedachten Äußerungen!

Pünktlichkeit: Bei Verhandlungen pünktlich sein, jedoch Wartezeiten einkalkulieren. Manchmal auch länger als eine Stunde.

Dresscode: Konservativ. Extravaganz könnte den Partner in Verlegenheit bringen.

Umgangsformen: Die Begrüßung erfolgt per Handschlag, bei guten Bekannten auch mit „Bruderkuss" rechts und links auf die Wange und auch auf den Mund. Es ist allerdings unüblich, Frauen die Hand zu reichen.

Geschäftsessen/Einladungen: Erfolgreiche Verhandlungen werden in der Regel gebührend gefeiert, mit einem ausgedehnten Mahl, und anschließend mit Wodka begossen. Hier punktet jeder, der viel vertragen kann. Und originelle Trinksprüche auf Lager hat.
Private Einladungen sind ein Zeichen hoher Wertschätzung. Dafür mindestens drei,

vier Stunden Zeit einplanen. Bringen Sie der Hausfrau Blumen mit, aber in ungerader Zahl und natürlich keine roten, aber auch keine gelben Rosen.

Geschenke: Kleine Geschenke erhalten die Freundschaft. Beliebt sind Kugelschreiber, harte Getränke (besonders Whisky), Pralinen, amerikanische Zigaretten und Feuerzeuge, Solartaschenrechner, Parfum etc.

Gesprächsthemen/Tabus: Zuerst ist Small Talk angesagt: Familie, Reisen – alles möglichst unverfänglich. Tabus: Politik, Wirtschaft, Vergangenheit.

Sicherheit: Um sicherzustellen, nicht der russischen Taximafia in die Hände zu fallen, bereits von Österreich aus einen Abholdienst vom Flughafen bestellen (in jedem guten Reisebüro). Außerdem sollte man abends nicht allein – und schon gar nicht ohne Reisepass – spazieren gehen. Wer ohne Pass, vielleicht sogar noch leicht schwankenden Ganges angetroffen wird, könnte im Gefängnis landen.

Visitenkarten: Ins Russische übersetzen lassen und sich nicht wundern, wenn Ihr Gesprächspartner keine hat. Notieren Sie seine Daten ohne Kommentar.

Unternehmenskultur/Entscheidungsträger: Noch immer dominieren hierarchische Strukturen. Den Vorgesetzten Ihrer Verhandlungspartner lernen Sie am besten bei einem gemeinsamen Essen kennen. Zahlreiche Direktoren sind gewöhnt, die Arbeit den Spezialisten zu überlassen und nur zu gesellschaftlichen Anlässen zu erscheinen. Also: Den Chef auf jeden Fall mit einladen!

Verhandlungstaktik: Die Verhandlungen sind zäh und ziehen sich über mehrere Stunden. Üblich ist, ein- bis zweimal das Zimmer zu verlassen und sich zwecks interner Beratung zurückzuziehen. Stellen Sie sicher, dass Ihr Team einer Meinung ist, und diskutieren Sie nicht vor den russischen Geschäftspartnern. Russen werten Kompromisse als ein Zeichen von Schwäche, daher sind sie sehr geduldig und erreichen durch das „Aussitzen“ von Schwierigkeiten oft Zugeständnisse des Partners. Wer die Strategie des „Aussitzens“ ebenfalls beherrscht, erreicht oft bessere Konditionen als beim ersten Angebot. Auch ein „Nein“ muss nicht immer ein „Nein“ bleiben.

Verträge: Werden in der Regel gehalten. Schwierigkeiten sind – wenn überhaupt – bei der Zahlung zu erwarten.

Umgang mit Konflikten: Wo ein Wille, ist nicht immer ein Weg. Optimistische Vorschläge, Probleme irgendwie zu lösen, sollten im Vorfeld besprochen werden. Ansonsten riskieren Sie Schwierigkeiten, besonders wenn Sie sich mit Mafia-unterwanderten Unternehmen eingelassen haben.

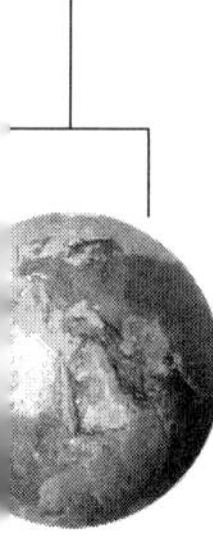

Saudi-Arabien

Königreich Saudi-Arabien
Einwohner: 20,7 Millionen
BSP/Einwohner: 6910 $
Hauptstadt: Riad
Amtssprache: Arabisch
Religion: 98 Prozent Muslime
Wichtigste Außenhandelspartner: USA, Großbritannien, Japan, Deutschland, Italien, Frankreich

Drängeln bringt Minuspunkte

Saudi-Arabien ist eines der reichsten Länder der Welt. Ein Viertel der Weltreserven an Erdöl und beachtliche Mengen an Erdgas und Metallerzen befinden sich in saudischem Besitz. Täglich exportiert Saudi-Arabien acht Millionen Fässer Öl. Mit immer höheren Gewinnspannen. Innerhalb eines Jahres ist der Ölpreis von neun auf 30 Dollar gestiegen. So ist es trotz hoher Ausgaben – zum Beispiel müssen zwei Drittel aller Lebensmittel importiert werden – möglich, dass die Bürger des Landes umfangreiche Sozialleistungen erhalten und dass sowohl die medizinische Versorgung als auch das Bildungswesen kostenlos sind.

Geduld, Zeit und echtes Interesse für die Belange des Geschäftspartners sind die Grundvoraussetzungen für ein angenehmes Verhandlungsklima. Das allerdings immer wieder gestört werden kann. Im Büro des saudi-arabischen Geschäftsmannes ist der Geschäftsreisende selten der einzige Gast. Durch Besuche und Telefonanrufe wird die Unterhaltung immer wieder unterbrochen. Dies ist üblich und bedeutet keine Missachtung. Ganz im Gegenteil, der saudi-arabische Partner gewährt einen Einblick in seinen Geschäftsalltag. Ein Zeichen von Vertrauen, das für die Beziehungen so wichtig ist. Denn ohne eine gute, persönliche Basis läuft nichts. Und so muss der Geschäftsreisende viel Zeit und Geduld mitbringen, wenn er in Saudi-Arabien erfolgreich sein will. Geschäftsabschlüsse zu tätigen, wie wir es gewohnt sind, gilt fast schon als unhöflich. Das persönliche Gespräch steht im Mittelpunkt. Der Geschäftspartner will genau wissen, wie Sie leben, wie groß Ihre Familie ist, was alle machen, welche Einstellungen Sie haben. Kurz: Er will Sie kennen lernen. Sie sollten das Ganze nicht als geschickte Verhandlungsstrategie abtun, sondern als ernstes Interesse werten. Vertrauensbildende Maßnahmen sind von entscheidender Bedeutung: Sie ebnen den Weg zu Geschäftsabschlüssen, deren Verhandlungen noch immer ein wenig dem Basarhandel ähneln. Erst wenn in den Verhandlungen der Punkt erreicht ist, an dem Sie sagen „Bis hierhin und nicht weiter", geben sich die Saudis zufrieden und haben das Gefühl, gut verhandelt zu haben. Ein weiterer Tipp: Achten Sie auf Zwischentöne. „Ja" heißt maximal „Gut möglich", und wenn das „Ja" auch noch mit dem Nachhang „insh allah" – „Wenn Gott will" – versehen ist, bleibt alles offen.

Do's & Don'ts

Geschäftssprache: Arabisch und Englisch. Kundige der arabischen Sprache haben einen Verhandlungsvorteil. Es ist empfehlenswert, wenigstens ein paar Worte Arabisch zu lernen, um seinem Geschäftspartner sein Interesse an Sprache und Kultur zu signalisieren.

Pünktlichkeit: Wird erwartet. Saudis haben allerdings ein anderes Zeitgefühl als wir. Verspätungen sind keine Seltenheit, im schlechtesten Fall kann es sogar passieren, dass der Termin ohne Absage einfach nicht stattfindet.

Dresscode: Formell. Frauen dürfen keine Haut zeigen und müssen einen schwarzen Umhang tragen, Männer trotz tropischer Hitze den dunklen Anzug und das langärmelige Hemd. Kurze Hosen und kurze Ärmel erregen Anstoß bei der Sittenpolizei, der „Mutawas".

Umgangsformen: Rücksicht auf die religiösen Unterschiede nehmen. Nur mit der rechten Hand essen und gestikulieren, die linke gilt als unrein. Füße auf dem Boden lassen, Beine nicht überkreuzen. Ungeduld oder Eile zu zeigen gilt als extrem unhöflich. In Bezug auf Körperkontakt gilt: Männer und Frauen berühren einander nur, wenn's unbedingt notwendig ist. Ansonsten ist Händeschütteln üblich, bei guter Bekanntschaft auch Hand-in-Hand-Gehen, Schulterklopfen, Umarmen und Küssen (im Business-Kontext allerdings nur unter Männern).

Geschenke: Werden als Zeichen der Wertschätzung ausgetauscht. Aus Österreich eignen sich Swarovski-Figuren, Konfekt und Musik. Aus Deutschland Porzellan, Glas und regionale Spezialitäten. Aufpassen: Keine Dinge schenken, die Abbildungen von christlichen Symbolen oder Lebewesen zeigen oder darstellen. So musste zum Beispiel die Swiss Air deklarieren, dass ihr Logo – ein Kreuz – nichts mit Religion zu tun hat.

Geschäftsessen/Einladungen: Geschäftsessen am Abend beginnen gegen 20 Uhr. Zuerst ist Zeit zum Reden, das Essen wird erst gegen 23 Uhr serviert. Danach verabschiedet man sich zügig.

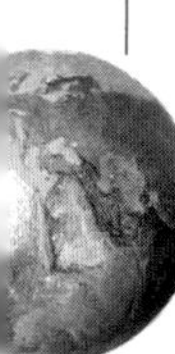

Die westlichen Executives kommen in der Regel nur auf Einladung eines saudi-arabischen Sponsors, der für seine „Ausländer" verantwortlich ist, nach Saudi-Arabien. Sein Ziel ist es, dem Gast den Aufenthalt so angenehm wie möglich zu machen. Dazu gehört, dass er vom Flughafen abgeholt, ins Hotel gebracht wird und dass ihm Sightseeingtouren und Einladungen ins Restaurant geboten werden – auch wenn der Gast ein Lieferant ist. Die Gastfreundschaft ist nicht umsonst sprichwörtlich. Hat der europäische Manager Vertrauen und Freundschaft seines saudi-arabischen Geschäftspartners gewonnen, stehen auch Einladungen ins eigene Haus an und – je nach Vorlieben – am Wochenende Segeltrips.

Gesprächsthemen/Tabus: Religion, Alkohol und Ehefrauen sind grundsätzlich keine guten Themen. Besser: sich nach dem Befinden des Gesprächspartners erkundigen und warten, welches Thema auf den Tisch kommt.

Sicherheit: Hoch. Aufgrund rigoroser Strafen eine sehr geringe Kriminalitätsquote. Einziges Risiko: der Straßenverkehr. Daher sollte man lieber Taxi fahren, als sich ein Mietauto zu nehmen. Frauen dürfen überhaupt nicht Auto fahren.

Visitenkarten: Auf der einen Seite in Englisch, auf der anderen in Arabisch.

Unternehmenskultur/Entscheidungsträger: Hierarchische Strukturen, die die Verhandlungen in die Länge ziehen.

Verhandlungstaktik: Da viele Manager in England oder Amerika studiert haben, werden die Verhandlungen immer westlicher. Dennoch muss der europäische Manager viel Geduld mitbringen. Die Verhandlungen brauchen Zeit – um alle Details gründlich zu besprechen und einander kennen zu lernen. Die Geschäfte finden meistens nur dann statt, wenn eine gute persönliche Beziehung besteht. Daher wird es seitens der Saudis nicht geschätzt, wenn allzu häufig der Manager gewechselt wird.

Verträge: Werden eingehalten.

Umgang mit Konflikten: Kritik so schonend wie möglich vorbringen, nur sachbezogen. Dann ist es möglich, ohne große Emotionen nach Lösungen zu suchen.

Schwarzafrika

Fremd – und doch vertraut

Die Zerstörung der vielfältigen traditionellen Formen gesellschaftlichen Lebens und die Übernahme der von den Kolonialmächten aufgezwungenen Strukturen, Institutionen und Werte erschwerten nach Erlangung der Unabhängigkeit die Herausbildung einer eigenen afrikanischen Identität und die Wiederbesinnung auf das eigene kulturelle Erbe.

„Ich habe noch in der Volksschule gelernt, dass wir von den Galliern abstammen", erzählt ein 45-jähriger Universitätsprofessor aus dem Senegal, der seit 20 Jahren in Österreich lebt. „Erst seit ein paar Jahren gibt es für unsere Kinder in den Schulen entsprechende Bücher, die nicht von und für Franzosen geschrieben wurden." Die Entwicklung der schwarzafrikanischen Länder ist stark von der Geschichte geprägt. Mehr als 300-jährige Fremdherrschaft kann keines der Länder einfach abstreifen. Und auch heute noch ist in den Hauptstädten der ehemaligen Kolonien europäisches Flair zu spüren. In Dakar, der Hauptstadt des Senegals und dem Zentrum wirtschaftlicher Entwicklungen, zum Beispiel. Dort spielt sich das Leben draußen ab. Allerdings gehen die Leute nicht nur spazieren, wie in Paris, sondern sitzen mit ihren Stühlen auf dem Gehsteig, wie in Griechenland.

Kleiner, doch wesentlicher Unterschied: Auch als Fremder ist es ohne weiteres möglich, sich dazuzusetzen und Kontakt mit den Einheimischen aufzunehmen. Generell gilt: Die Phase, in der Distanz eine Rolle spielt, ist sehr kurz. Die Menschen sind freundlich, herzlich und offen. Auch mit westlichen Geschäftspartnern sind die Schwarzafrikaner in der Regel schnell per Du. Und ehe Sie sich's versehen, sitzen Sie schon mit der ganzen Familie am Mittagstisch.

Wer in einer Familie eingeladen ist, kann sich sicher sein, dass es das Beste gibt, was die Gastgeber bieten können. Nicht selten werden Einladungen ausgesprochen, über Nacht zu bleiben. Die Eheleute ziehen kurzerhand ins Kinderzimmer und stellen ihren Gästen ihre Betten zur Verfügung. Das ist eine Selbstverständlichkeit, auch wenn die Gastgeber wenig Geld haben. Man sollte jedoch niemals der Versuchung nachgeben, für die Gastfreundschaft bezahlen zu wollen. Das ist eine tiefe Kränkung. Finanzielle Anerkennung, zum Beispiel Erfolgshonorare, spielt zwar in den ärmsten Ländern der Welt eine große Rolle, muss jedoch in anderem Kontext übergeben werden.

Da die Schwarzafrikaner häufig sehr weit von ihrem Einsatzort entfernt wohnen, fin-

den Geschäftsbesprechungen und -essen immer häufiger in internationalen Hotels statt, die dem Geschäftsreisenden allein schon wegen ihrer Klimaanlage wie eine Oase vorkommen. Denn das feuchte, heiße Klima schlägt häufig auf den Kreislauf. Das Essen selbst ist weniger gewöhnungsbedüftig. Der Geschäftsreisende aus Deutschland, Österreich oder der Schweiz findet viel Bekanntes auf der Speisekarte: Reis, Süßkartoffeln, Fisch, Lamm oder Hähnchen. Solange gegessen wird, ist nur Small Talk angesagt. Anschließend beginnen, ganz wie in Frankreich, Italien oder Spanien, die Verhandlungen. Der europäische Einfluss ist jedoch nicht nur durch die Kolonialzeit gegeben, es bestehen zwischen den europäischen Kolonialmächten und den ehemaligen afrikanischen Kolonien bilaterale Abkommen. Sehr viele Schwarzafrikaner, die heute Spitzenfunktionen in der Wirtschaft besetzen, sind in Europa ausgebildet worden. Allein deshalb kommen uns die Verhandlungsmodalitäten sehr bekannt vor.

Do's & Don'ts

Geschäftssprache: Die der ehemaligen Kolonialmacht: Französisch, Italienisch, Spanisch oder Englisch. Wer sich beliebt machen will, sollte zumindest ein paar Worte „wolof" können (zum Beispiel „danke" = „djörödjöf", „Wie geht's" = „nangadef", „Es geht mir gut" = „mangifirek")

Pünktlichkeit: Hier gilt die akademische Viertelstunde, aus der auch schon einmal eine Stunde werden kann. Die Einhaltung festgesetzter Zeiten wird in der Geschäftswelt nur von Behörden, internationalen/nationalen Institutionen und renommierten Firmen praktiziert.

Dresscode: Westlich im Anzug, die Schwarzafrikaner kleiden sich auch im Berufsleben häufig in traditionellen Gewändern und sehen das als besondere Wertschätzung und Anerkennung, wenn ihre Geschäftspartner ebenfalls in einer entsprechenden Tracht erscheinen. Allerdings erst, wenn sie schon sehr mit den Gepflogenheiten des Landes vertraut sind. Sonst wirkt das Ganze mehr als lächerlich.

Umgangsformen: Es ist dringend angeraten, jedem Afrikaner mit der bei uns üblichen Höflichkeit zu begegnen. Gleichbehandlung und -berechtigung sind ihm sehr wichtig. Zeichen des Unmuts können als Rassismus ausgelegt werden und bedeuten auf jeden Fall Prestigeverlust. Afrikaner können als „Schwarze" oder mit ihrer Nationalität (z. B. „Senegalesen", „Äthiopier") bezeichnet werden, auf gar keinen Fall jedoch als „Neger".

Geschenke: CDs oder Videobänder mit klassischer Musik (Neujahrskonzert), Bildbände von Österreich. Geschenke haben in West- und Zentralafrika einen hohen Stellenwert und sind jederzeit willkommen. Bei der sozial schwachen Bevölkerungsschicht ist Geld allen anderen Geschenken vorzuziehen.

Geschäftsessen/Einladungen: Finden je nach Region in internationalen Hotels oder in Restaurants statt und dienen dem Kennenlernen und der Kontaktpflege. Die Speisekarte umfasst in der Regel Lamm-, Ziegen- und Geflügelfleisch. Dazu gibt es häufig gesäuertes Brot aus dem Mehl heimischer Getreidearten. Empfehlenswert ist auch der würzige Eintopf, der mit Rind- oder Hühnchenfleisch zubereitet wird. Religiöse Richtlinien und Fastenbräuche beeinflussen vor allem bei den Muslimen die Ernährung. Viele Menschen ernähren sich ausschließlich von Getreide und Körnern. In traditionellen Restaurants verzichtet man auf Messer und Gabel. Die Speisen werden mit den Fingern der rechten Hand zum Mund geführt, niemals jedoch mit denen der linken Hand. Immer einen Rest auf dem Teller lassen, sonst denkt Ihr Gastgeber, Sie seien nicht satt geworden.

Gesprächsthemen/Tabus: Die meisten Schwarzafrikaner fachsimpeln gern über die Weltpolitik und über sportliche Highlights (Fußball und Basketball), sie sind stolz auf ihre Kinder und ihre Familie. Wer viele Kinder hat, sollte das unbedingt erwähnen, denn die Schwarzafrikaner nehmen an, dass die Familien im Westen nur ein, maximal zwei Kinder haben – und bedauern sie deswegen ein bisschen.

Sicherheit: Je nach Land erforderlich. Erkundigungen beim auswärtigen Amt und beim jeweiligen Geschäftspartner einholen.

Visitenkarten: Sind üblich, im Normalfall Englisch oder Französisch. Wenn Ihr Gegenüber keine Karte hat, notieren Sie seine Daten kurzerhand.

Unternehmenskultur/Entscheidungsträger: Die meisten Unternehmen sind hierarchisch aufgebaut. Der Chef entscheidet.

Verhandlungen: Sind im Ablauf ähnlich wie bei uns, angereichert mit französischen, italienischen, spanischen Eigenheiten. Langwieriges Feilschen ist durchaus üblich.

Verträge: In Ostafrika (Geschäftsleute sind hauptsächlich Asiaten) sind Nachverhandlungen möglich, ansonsten ist die Sache mit der Unterschrift erledigt. Wichtig ist in jedem Fall, die Bonität des Partners zu prüfen und – sofern möglich – ein unwiderrufliches und bestätigtes Akkreditiv zu vereinbaren.

Umgang mit Konflikten: Diplomatisch und sachbezogen. Auch hier kommt die Spezies der Besserwisser nicht gut an.

Schweden

Königreich Schweden
Einwohner: 8,85 Millionen
BSP/Einwohner: 25.580 $
Hauptstadt: Stockholm
Amtssprache: Schwedisch
Religion: 89 Prozent Evangelisch-Lutherische Schwedische Kirche
Wichtigste Außenhandelspartner: Deutschland, Großbritannien, Norwegen, Dänemark, USA

Schwätzer kassieren schnell die „rote Karte"

Freundlich, fleißig, ordentlich, rechtschaffen, gutgläubig, schüchtern und reserviert, sparsam und ein bisschen schwerfällig – so wird der Schwede von ausländischen Beobachtern beschrieben, und so sieht er sich auch selbst. Ob dieses Klischee stimmt? Überzeugen Sie sich selbst!

Noch vor gut einem Jahrhundert war Schweden ein primitives Bauernland, eines der ärmsten in Europa. Um in dem kargen Klima zu überleben, brauchte man Eigenschaften wie Fleiß, Geduld, Erfindungsreichtum und die Fähigkeit zur Zusammenarbeit. Tugenden, die die Entstehung der heutigen schwedischen Gesellschaft geprägt haben und auch den wirtschaftlichen Erfolg des Landes bedingen. Schweden zählt zu den höchstentwickelten Ländern der Welt: Die Bevölkerung genießt einen hohen Lebensstandard, besitzt ein engmaschiges Sozialnetz und liegt mit ihren Durchschnittslöhnen mit an der Weltspitze.

Schweden ist zwar ein verhältnismäßig kleines Land, aber seine Volkswirtschaft ist ungewöhnlich stark diversifiziert. Traditionelle Industriezweige, die sich auf die beiden wichtigsten Rohstoffquellen – Eisenerz und Holz – stützen, spielen immer noch eine wichtige Rolle. Die Metall verarbeitende Industrie und verschiedene hoch technologische Branchen haben jedoch an Bedeutung gewonnen. Wenige andere Länder von der Größe Schwedens haben eine eigene Luftfahrt- und Kernkraftindustrie und dazu zwei einheimische Kraftfahrzeughersteller, eine hoch entwickelte Rüstungsindustrie, eine spitzentechnologische Telekommunikationsindustrie sowie zwei größere Arzneimittelkonzerne.

Aufgrund seiner hohen Kaufkraft und Homogenität wird der schwedische Markt international stark umworben. Da eine Trennung von Person und Geschäft schwedischen Partnern meist schwer fällt, ist es sehr wichtig, sich von vornherein angemessen zu verhalten. Forsches, betont zielstrebiges oder gar aufdringliches Verhalten kommt bei Schweden überhaupt nicht an. Die Nachfahren der Wikinger pflegen ihre Worte abzuwägen und anderen nicht ins Wort zu fallen. Diese – durchaus nachahmenswerte – Art erwarten die Schweden auch von ihren Geschäftspartnern. Kontroversen – hingegen – werden nach Möglichkeit vermieden. Wortreiche Überredungsversuche, große Gesten und eine selbstgefällige Attitüde oder werbemäßige Übertreibungen erzeugen bei Schweden eher eine schwer überwindliche Skepsis. Ebenso ist den meisten Schweden lautes und heftiges Sprechen wesensfremd.

Auch im Schriftverkehr sollten die Geschäftspartner der Schweden sachlich, knapp und ohne Floskeln formulieren. Die gleichen Regeln gelten für Werbematerial: Werbefolder klar und nüchtern aufmachen, ohne Übertreibungen und auffälliges Tamtam.

Die Schweden sind nicht nur Meister im Understatement, sie neigen sogar dazu, sich selbst in allen möglichen Zusammenhängen herabzusetzen. Wenige Völker dürften die negativen Seiten ihres Heimatlandes so begierig hervorheben wie gerade die Schweden. Ein Außenstehender, der Schweden über ihr Land sprechen hört, gewinnt leicht den Eindruck, die Schweden seien ein äußerst antinationalistisches Volk. Dieser Eindruck ist allerdings grundfalsch. Das Nationalgefühl ist bei schwedischen Geschäftsleuten viel stärker ausgeprägt als bei deutschen oder österreichischen. Dies ist bereits daran zu erkennen, dass der Schwede zu Hause wie im Ausland gern „seine Flagge“ zeigt. Der Fahnenmast vor dem Haus ist dabei fast ebenso selbstverständlich wie die Abbildung der blaugelben Flagge oder das Reichswappen auf Werbegeschenken. Die Klagen der Schweden sind statt dessen Ausdruck eines weiteren Charakterzuges: des Perfektionismus. Alles, was nicht perfekt ist, kann verbessert werden und muss deshalb nach schwedischer Auffassung beklagt werden. Hüten Sie sich jedoch davor, ebenfalls – egal in welcher Form – Kritik anzubringen.

Do's & Don'ts

Geschäftssprache: Englisch. Anfragen können allerdings auch auf Deutsch gestellt werden, mit dem Verweis, alle weitere Korrespondenz bei Bedarf auf Englisch führen zu können. Besonders die ältere Generation spricht Deutsch.

Pünktlichkeit: Termine werden sehr genau eingehalten. Vor der Besprechung macht man sich aus, wie lange sie dauern soll. Auch diese Zeitvorgabe sollte eingehalten werden. Verspätungen, wenn auch unverschuldete, beeinträchtigen das Gesprächsklima.

Dresscode: Konventionell, Männer im Anzug, Frauen im Kostüm. Auch wenn der schwedische Geschäftspartner sportlich und leger gekleidet sein sollte.

Umgangsformen: Witzige und ironische Bemerkungen zu Anfang des Geschäftskontaktes stoßen auf Unverständnis, denn in der Regel dauert es ein paar Meetings lang, bis Schweden „auftauen". Die Nachfahren der Wikinger geben sich ernsthaft, kühl, reserviert, nüchtern und sachlich. Auch wenn man schnell zum „Du" wechselt, gilt es, lockere Umgangsformen, ausschweifende – womöglich mit Anekdoten geschmückte – Schilderungen zu vermeiden. Absolut verpönt ist es, anderen ins Wort zu fallen, sich oder seine Leistungen anzupreisen oder gar zu versuchen, seinen Geschäftspartner zu drängen oder überreden zu wollen. Das erzeugt Misstrauen und Antipathie.

Geschenke: Da Alkohol in Schweden sehr teuer ist, kommen hochwertige Weine und Brände gut an.

Geschäftsessen/Einladungen: Finden häufig zu Mittag statt, wobei oft Lokale mit Selbstbedienung gewählt werden. Hier gilt es, Unkonventionalität zu beweisen.

Relativ rasch wird der österreichische Geschäftspartner ins Privatleben eingeladen. Man verbringt die Freizeit gemeinsam mit Golfen und Segeln oder erhält Einladungen zur Elchjagd oder zum Sportfischen. Gesellschaften im privaten schwedischen Heim können sehr formell gestaltet sein. Finden sie im Sommerhaus statt, kann man sich auf lockere Atmosphäre einstellen. Dennoch: Mit dem Trinken wartet man normalerweise, bis der Gastgeber das Skål ausgesprochen hat. Zudem ist es üblich, sich selbst von den Gerichten auf dem Tisch zu bedienen. Daher signalisieren Reste auf dem eigenen Teller, dass es dem Gast nicht besonders gut geschmeckt hat. Also immer alles aufessen und anschließend eine kleine Dankesrede halten.

Gesprächsthemen/Tabus: Wer Sport treibt und die Natur liebt, sollte damit nicht hinterm Berg halten. Hier stößt er auf Gemeinsamkeiten. Positiver Gesprächsstoff ist in jedem Fall die Schönheit des Landes, der Natur, der hohe Lebensstandard, die Vorliebe für Folklore, Volksfeste und traditionelle Bräuche. Kritik am schwedischen Gesellschafts- und Wohlfahrtsmodell gilt es auf jeden Fall zu vermeiden, auch wenn sich der schwedische Geschäftsfreund selber negativ darüber äußert. Wer schlecht über das Königshaus spricht, kassiert sofort die rote Karte.

Sicherheit: Keine besonderen Sicherheitsvorkehrungen notwendig.

Visitenkarten: Auf Deutsch oder Englisch. Akademische Titel werden in Schweden weder bei der schriftlichen noch bei der mündlichen Anrede verwendet.

Unternehmenskultur/Entscheidungsträger: Flache Hierarchien, Entscheidungen werden in Teams getroffen. Dennoch sollte der Geschäftseinstieg möglichst hoch begonnen werden. In Klein- und Mittelbetrieben sollte anfangs immer der geschäftsführende Direktor (VD = Verkställande Direktör), in großen Unternehmen der Einkaufs- oder Exportchef angeschrieben werden. Obwohl Selbstständigkeit sowie Planungs- und Handlungsspielraum der Mitarbeiter verhältnismäßig groß sind.

Verhandlungstaktik: Nicht lange herumreden, sondern direkt und offen zum Thema kommen. Ein deutliches „Nein" wird eher geschätzt als ein „Vielleicht" oder „Wir werden sehen". Emotionen oder Humor zu zeigen sind in Verhandlungen unerwünscht. Geschäfte gelten als ernste Angelegenheit, Zeit für lockere Plaudereien findet sich in den Kaffeepausen. Wer laut wird und heftig gestikuliert, sammelt Minuspunkte. Wer sich pünktlich, genau und zuverlässig an Vereinbarungen hält und zu seinem Geschäftspartner eine persönliche Beziehung aufbaut, schafft für dauerhafte Geschäftsverbindungen eine solide Basis. Dann erweisen sich Folgeverhandlungen als kurz und unkompliziert.

Verträge: Handschlagqualität. Mündliche Absprachen haben Gewicht.

Umgang mit Konflikten: Kontroversen werden nach Möglichkeit vermieden. Ist das nicht möglich, sucht man schnell, nüchtern und emotionslos nach Lösungen.

Schweiz

Schweizerische Eidgenossenschaft
Einwohner: 7,1 Millionen
BSP/Einwohner: 39.980 $
Hauptstadt: Bern
Amtssprache: Deutsch, Französisch, Italienisch, Rätoromanisch
Religion: 46,1 Prozent Katholiken, 40 Prozent Protestanten
Wichtigste Außenhandelspartner: Deutschland, Frankreich, Italien, USA

Die Meister des Understatements

Qualitätsbewusstsein, finanzielle Stabilität und auch die Handschlagqualität sowie eine – speziell in Nischen – hervorragende Produktqualität: Diese oft vorhandenen Gemeinsamkeiten machen die Schweiz sowohl zum guten Absatz-Markt für deutsche Erzeugnisse als auch zum idealen Kooperationspartner auf dem globalen Markt. Angenehm ist ebenfalls die Mentalität der Schweizer. Fast immer vorhandene Verlässlichkeit, Pünktlichkeit und Seriosität – speziell in der Deutschschweiz – lädt im Allgemeinen zur Zusammenarbeit ein!

Erledigungen werden normalerweise rasch und zügig vorgenommen. Obwohl in der Schweiz die Uhren bekanntlich anders gehen, nämlich perfekter – und deshalb auch etwas langsamer. Drängeln wird allerdings ungern gesehen. Und für Österreich gilt zusätzlich: Achtung beim Einsatz des Wiener Schmähs! Der kommt westlich des Rheins nicht wirklich gut an. Besonders nicht, wenn Sie im neckischen Ton auf die Erfolge österreichischer Wintersportler aufmerksam machen. Nüchtern, sachlich, projektbezogen – so verhalten Sie sich am besten. Auch auf Anbiederungsversuche und unangemessenes vertrauliches Getue reagieren die meisten Schweizer allergisch. Die Schweizer sind im Allgemeinen eher reserviert und brauchen lange, bis sie auftauen. Daher gilt: Nichts Persönliches erzählen, keine persönlichen Fragen stellen und schon gar nicht lange um den heißen Brei herumreden. In französisch oder italienisch sprechenden Gebieten ist vor den Geschäftsgesprächen zwar ein bisschen Small Talk angesagt, aber in der Deutschschweiz beginnt man gleich mit Punkt eins der Agenda. Offene, direkte Gespräche und ein klares „Ja"' oder „Nein" werden eher geschätzt als ein langes Herumreden um ein diffiziles Thema. Zeit zum Plaudern findet sich bei Geschäftsessen, die übrigens fast immer in einem hochwertigen

Ambiente stattfinden – mit einem qualitativ guten Angebot an Speisen und Getränken. Aber auch in dieser etwas gelockerten Atmosphäre sollte sich der Geschäftsreisende hüten, mit den Erfolgen seines Unternehmens bzw. denjenigen der heimischen Fußballer oder Skifahrer anzugeben. Auch wenn es nur als kleine Spitze gemeint ist. Prahlen und Anbiedern sind Verhaltensweisen, die den meisten Schweizern ein Gräuel sind. Geschätzt wird Bescheidenheit. „Understatement ist in der Schweiz nahezu eine nationale Tugend", sind sich zahlreiche Manager, die in der Schweiz agieren, einig. Zum Beispiel nutzen hochrangige Persönlichkeiten oftmals die öffentlichen Verkehrsmittel oder das Fahrrad.

Do´s & Don'ts:

Geschäftssprache: Deutsch, Französisch, Italienisch, je nach Region, wobei die Deutschschweizer zumeist besser das Französische beherrschen als die Welschschweizer das Deutsche. Niemand erwartet vom ausländischen Besucher, dass er Schwyzerdütsch spricht, und er sollte sich auch nicht anbiedern, indem er versucht Schweizer Dialekt zu sprechen.

Pünktlichkeit: Die Schweizer sind im Allgemeinen selbst sehr pünktlich und erwarten dies auch von ihren Geschäftspartnern aus dem Ausland. Wer zu spät kommt, wird kritisch unter die Lupe genommen, da er damit zugibt, ein schlechtes Timemanagement zu haben.

Dresscode: Branchenbedingt sehr unterschiedlich. Eher formell.

Umgangsformen: Es bestehen gewisse Unterschiede, speziell im Höflichkeitsempfinden, zwischen der direkten, herberen Deutschschweiz und der eher schon südländisch geprägten, herzlicher scheinenden Umgangsart der französisch-/italienischen Schweiz. Titel werden eher nicht verwendet, außer bei sehr offiziellen Anlässen. Besitz wird meist nicht zur Schau gestellt, Understatement gilt fast als nationale Tugend!

Geschenke: Mit Geschenken sind die Schweizer großzügig. So sollte sich auch der ausländische Geschäftspartner „nicht lumpen lassen". Üblich sind kostspielige Blumenarrangements und zusätzlich kleinere Geschenke, wie Bildbände vom Herkunftsland, CDs mit klassischer Musik etc.

Geschäftsessen/Einladungen: Sind üblich und finden meistens in Restaurants der gehobeneren Klasse statt.

Persönliche Einladungen sind abhängig vom Grad der Geschäftsbeziehungen bzw. der privaten Sympathie. Einladungen in die Privatsphäre sind allerdings extrem selten.

Gesprächsthemen/Tabus: Obwohl die bilateralen Verhandlungen zwischen der

Schweiz und der EU abgeschlossen sind und die neuen Verträge bereits im Laufe dieses Jahres in Kraft treten, gehört das Thema EU noch immer zu den sensiblen. Hohes Ansehen genießt das Schweizer Bundesheer, also keine Kritik. Und auch nicht mit den Erfolgen heimischer Sportler angeben. Besser: über Reisen, die Schönheit der Schweiz und übers Geschäft reden.

Sicherheit: Die Schweiz ist vergleichsweise ein sehr sicheres Land. In den letzten Jahren gibt es allerdings vermehrt Kleinkriminalität, speziell durch „Kriminaltouristen" bzw. auch Drogenabhängige, besonders auf Bahnhöfen und Flugplätzen.

Visitenkarten: Sind, wie überall im Geschäftsleben, essentiell. Allerdings werden in der Schweiz Titel weit weniger verwendet. Auf in der Schweiz verwendeten Visitenkarten finden sich oft keine Titel und wenn, dann häufig nur unterhalb des Namens.

Unternehmenskultur/Entscheidungsträger: In Schweizer Unternehmen werden Angestellte oft als gleichberechtigte Mitarbeiter gesehen und geschätzt. Es bestehen eher flache Führungshierarchien und die Kommunikation untereinander scheint zwangloser als bei uns. Funktionelle Bezeichnungen werden verwendet als Titel und förmliche Anreden. Die Entscheidungsträger sind meist eindeutig zu identifizieren und wichtige Entscheidungen fallen oft im Team.

Verhandlungstaktik: Höflichkeit, gepaart mit Geradlinigkeit und absoluter Verlässlichkeit, gehört in der Schweiz zu den Erfolgsfaktoren. Außerdem: Wer sich anbiedert, erntet Misstrauen. Es empfiehlt sich stets ein offenes, direktes Gespräch. Langes Herumreden wird speziell in der Deutschschweiz nicht geschätzt; lieber ein klares „Nein" als ein zögerndes „Vielleicht". Verhandlungen können auf jeder Ebene geführt werden. Bei Entscheidungen sind Interventionen von „oben" nicht gerne gesehen.

Verträge: Werden im Allgemeinen („Schweizer Verlässlichkeit") penibel eingehalten, wenn es auch – wie nun nahezu überall in der wirtschaftlichen Welt – zunehmend „schwarze Schafe" gibt. Probleme kann es bei Insolvenzfällen dadurch geben, dass das Insolvenzrecht in der Schweiz Kantonsache ist und somit mitunter anderen Regelungen unterliegt als bei einem einheitlichen, transparenteren Bundesrecht, wie z. B. in Österreich. So kann z. B. ein Unternehmen im Konkurs mitunter ein identes Unternehmen in einem anderen Kanton etablieren und seine Tätigkeit dort oftmals „problemlos" fortsetzen.

Umgang mit Konflikten: Interventionen werden eher ungern gesehen und Erledigungen im Allgemeinen rasch und zügig vorgenommen. Falls es dennoch zu gerichtlichen Auseinandersetzungen kommt, werden solche Verfahren objektiv durchgeführt, können aber sehr teuer kommen.

Singapur

Republik Singapur
Einwohner: 3,1 Millionen
BSP/Einwohner: 30.170 $
Hauptstadt: Singapur
Amtssprache: Malaiisch, Chinesisch, Tamilisch, Englisch
Religion: 31,9 Prozent Buddhisten, 21,9 Prozent Daoisten, 14,9 Prozent Muslime, 12,9 Prozent Christen
Wichtigste Außenhandelspartner: USA, Japan, Malaysia, VR China, Thailand, Rep. China, Rep. Korea, Deutschland

Die Schweiz Asiens

Sumpf und Elend kontra Sauberkeit und Effizienz. Staatsoberhaupt Lee Kuan Yen (1965 bis 1990) hat der Welt gezeigt, wie man mit eiserner Disziplin, attraktiven Wirtschaftsbedingungen und hartem Einsatz ein Land aus der Unterentwicklung an die Spitze führen kann. Singapur ist dafür das beste Beispiel: ein boomendes Wirtschaftszentrum in Südasien, mit geringer Kriminalitätsquote und hohem hygienischem Standard. Erreicht durch rigorose Verbote, sodass die Bevölkerung für den enormen Erfolg letztendlich einen großen Teil ihrer persönlichen Freiheit eingebüßt hat. Unter Strafe stehen Einfuhr und Verkauf von Kaugummi, Umweltverschmutzung – dazu gehört das achtlose Wegwerfen von Papier genauso wie das Ausspucken auf der Straße –, Rauchen in öffentlichen Anlagen und Geistesabwesenheit im Straßenverkehr. Besitz von illegalen Drogen wird sogar mit Todesstrafe geahndet.
„Singapur is a fine city, they fine you for everything", so der Wortlaut eines Sprichwortes, das die Situation treffend beschreibt. Doch niemanden scheint das zu stören. Die Chinesen, die 80 Prozent der Bevölkerung Singapurs ausmachen, sind echte Pragmatiker und einer ihrer höchsten Grundwerte heißt Stabilität. Um diesen Zustand zu erreichen, ist ihnen jedes Mittel recht. Angenehme Nebenprodukte: keine Korruption, hohe Sicherheit, sauberer als die Schweiz und professionelle Abwicklung von Geschäften.
Ein weiterer Vorteil: Auf die lokalen Arbeitnehmer ist Verlass. Die Devise „Schaffe, schaffe, Häusle baue" entspricht auch ihrer Mentalität, alle Aktionen sind von Fleiß und Effizienz gekennzeichnet. Nicht umsonst hat Singapur eines der höchsten Pro-

Kopf-Einkommen der Welt, jeder Bürger wohnt in einer Eigentumswohnung. Ein Erfolg, der natürlich auf Zielorientiertheit und professionelle Abwicklung von Geschäftsverhandlungen basiert. Termine werden pünktlich eingehalten, und es ist durchaus üblich, ohne Höflichkeitsfloskeln zum Thema zu kommen. Trotzdem will der Singapurer ein Vertrauensverhältnis zu seinem Geschäftspartner aufbauen, und so sind sogar persönliche Fragen nach dem Einkommen oder nach dem Grund, warum man noch nicht verheiratet ist, möglich. Akzeptiert wird allerdings auch ein geheimnisvolles Lächeln mit ausweichender Antwort. Unhöflich oder unfreundlich sollte der europäische Manager allerdings niemals werden. Auch Ärger und Wut laut zu verbalisieren gehört zu den absoluten Tabus. Zornausbrüche sind für Chinesen – und wie gesagt, 80 Prozent der singapurischen Bevölkerung sind Chinesen, und nur sie geben in der Wirtschaft den Ton an – ein Zeichen von Schwäche. Und solche Schwächlinge respektieren sie nicht.

Do's & Don'ts

Geschäftssprache: Englisch.

Pünktlichkeit: Lieber eine Viertelstunde zu früh als eine Minute zu spät. Einen Singapurer warten zu lassen ist unhöflich und wird als Beleidigung aufgefasst.

Dresscode: Trotz tropischem Klima, hoher Luftfeuchtigkeit und großer Hitze (durchschnittliche Tagestemperatur 31 Grad Celsius) bestehen die Singapurer auf konventioneller Businesskleidung: Anzug, zumindest lange Hose, Hemd und Krawatte. Frauen sollten sich eher konservativ kleiden.

Umgangsformen: Keine ausholenden Gesten, Arme nicht in die Hüften stemmen, langsame Bewegungen, nicht mit dem Zeigefinger auf Menschen zeigen, nur die rechte Hand verwenden (die linke gilt als unsauber), Füße auf dem Boden halten, Beine nicht überschlagen. Kein klares „Nein", besser: verschieben, nachdenken wollen, mit dem Headquarter Rücksprache halten. Ein „Nein" gilt als unhöflich, es besteht die Gefahr, dass der Gegenüber das Gesicht verliert. Und das sollte unter allen Umständen vermieden werden. Auch der Singapurer verzichtet, wenn irgend möglich, auf dieses Wort und sagt lieber gar nichts, bevor er „Nein" sagt. Klares Signal für ein „Nein": Luft durch die Zähne einsaugen.

Geschenke: Singapur hat eine strenge Antikorruptiongesetzgebung, deshalb ist bei Geschenken Vorsicht geboten. Willkommen sind Swarovski-Figuren, französischer Wein, hochwertiger Whisky, Schokolade – immer teure Markenprodukte wählen.

Geschäftsessen/Einladungen: Geschäfte auf dem Golfplatz zu machen ist gerade groß in Mode. Singapur hat 23 Golfplätze. Es geht sehr fair und sehr britisch zu. Im Restaurant trifft man einander eher, um Geschäftsabschlüsse gebührend zu feiern. Private Einladungen sind selten.

Gesprächsthemen/Tabus: Gute Themen sind Tourismus, Reisen, Pläne für die Zukunft, Erfolge des Unternehmens, Kulinarisches. Tabus: Religion, Politik, Todesstrafe, Sexuelles.

Sicherheit: Eine besondere Sicherheitsgefährdung für Geschäftsreisende besteht nicht, die Kriminalitätsquote in Singapur ist vergleichsweise sehr gering.

Visitenkarten: Die Funktion ist wichtiger als der Titel (auch in der Anrede). Karte mit beiden Händen übergeben, dabei leicht verneigen. Die Karte des Gegenübers nicht einfach einstecken, sondern entsprechend würdigen: vor sich auf den Tisch legen und ab und zu wohlwollend einen Blick darauf werfen. Wichtig ist, seinen Namen auf der anderen Seite der Visitenkarte in chinesische Schriftzeichen übersetzen zu lassen. Wundern Sie sich nicht, dass Ihnen der Name Ihres Gesprächspartners irgendwie bekannt vorkommt: Es gibt nur etwa 400 Namen; Wong, Wang und Huang ist die englische Version des gleichen chinesischen Clan-Namens.

Unternehmenskultur/Entscheidungsträger: Die Unternehmen sind meist hierarchisch aufgebaut, an der Spitze steht häufig der Älteste. Da vor dem Alter hoher Respekt besteht, sollte der junge europäische Manager zumindest von einem älteren Kollegen begleitet werden. Der Entscheidungsträger gibt sich schnell zu erkennen und verhandelt sehr pragmatisch.

Verhandlungstaktik: Wie bei uns gilt es, die beste Qualität zum besten Preis zu ergattern. Dabei bleiben die Singapurer höflich und freundlich, lassen sich aber nicht in die Karten schauen. Oft lachen sie in Situationen, die wir als unangenehm oder ärgerlich empfinden – für Singapurer ist Lächeln eine Möglichkeit, die echten Gefühle zu verstecken.

Verträge: Sehr formal und detailliert, nach britischem Vorbild (das singapurische Rechtssystem ist britischen Ursprungs).

Umgang mit Konflikten: Professionell und lösungsorientiert. Sofern es sich um eine Reklamation oder Ähnliches handelt. Konflikte persönlicher Art werden in Singapur niemals direkt angesprochen, man schweigt und zieht sich zurück. Besonders, wenn man – nach eigenem Ermessen – das Gesicht verloren hat. Und das kann sehr schnell gehen.

Slowakei

Slowakische Republik
Einwohner: 5,4 Millionen
BSP/Einwohner: 3700 $
Hauptstadt: Bratislava (Pressburg)
Amtssprache: Slowakisch, regional Ungarisch
Religion: 60 Prozent römisch-katholische-Katholiken, 7,9 Prozent Protestanten
Wichtigste Außenhandelspartner: Deutschland, Tschechische Republik, Russland, Italien, Österreich

Mit Zurückhaltung ans Ziel

Im Jahre 1993 trennte sich der ärmere Landesteil, die Slowakische Republik, von Tschechien. Die fast 1000-jährige kulturelle Fremdbestimmung hatte bei den Slowaken einfach einen Drang nach Selbstständigkeit ausgelöst. Der konnte auch durch eine weit reichende Autonomie in der ČSSR nicht gestoppt werden. Die Unterschiede zu den Tschechen, deren Landesteile Böhmen wie Mähren auf eine 1000-jährige Geschichte zurückblicken und bedeutende Weltstädte wie Prag sowie Industriezentren wie Brünn, Ostrau und Pilsen hervorgebracht hatten, waren einfach zu groß.
Mittlerweile haben die Slowaken aufgeholt. Nach Abschaffung der zentralen Planwirtschaft kam die Marktwirtschaft und die Öffnung des Marktes ins Rollen. Der Schwerpunkt der Wirtschaftsaktivität liegt im Westen, vor allem im Raum Bratislava, und ist von einem typischen West-Ost-Gefälle gekennzeichnet. Andere Wirtschaftszentren befinden sich im Raum von Kosice, Banská Bystrica und Martin.
Im zwischenmenschlichen Bereich funktioniert die Kontaktaufnahme zwischen deutschen, österreichischen und slowakischen Geschäftsleuten besonders problemlos. Zwar wirken die Slowaken beim Erstkontakt etwas verschlossen, aber sie tauen verhältnismäßig schnell auf. Besonders wenn man signalisiert, dass man sie als gleichwertige Partner akzeptiert. Höflichkeit und gesellschaftliche Formalitäten spielen noch immer eine große Rolle, genauso wie das Anreden mit Titeln.
Kleiner Exkurs zu Benimmregeln à la Knigge: Damen werden zuerst vorgestellt, der Jüngere dem Älteren, hierarchiemäßig erfolgt die Vorstellung jeweils nach oben. Bei offiziellen Anlässen und auch bei Geschäftsverhandlungen sollten in der Sitzordnung interne Hierarchien berücksichtigt werden.

Do's & Don'ts

Geschäftssprache: Slowakisch, entlang der Donau auch Ungarisch. In Bratislava sprechen fast alle deutsch, das Englische setzt sich als Standard immer mehr durch. Verhandlungen in der Süd- oder Ostslowakei, insbesondere mit staatlichen Stellen, sollten vorsichtshalber auf Slowakisch geführt werden. Dolmetscher organisieren!

Pünktlichkeit: Keine übertrieben ausgeprägte Tugend, ausländische Partner jedoch empfehlenswert.

Dresscode: Geschäftlich und privat ähnlich wie in Deutschland, Österreich und in der Schweiz. Übertriebener Chic wird nicht goutiert.

Umgangsformen: Der älteren Generation ist eine gute und ruhige Atmosphäre wichtig. Bei jüngeren Managern steht rascher Erfolg und materieller Gewinn im Vordergrund. Je nach Gesprächspartner punktet man durch unaufdringliches Verhalten, Höflichkeit und Zurückhaltung – denn so begegnen die meisten Slowaken ihren Verhandlungspartnern. Alles, was nach Besserwisserei, nach Überheblichkeit oder Rechthaberei ausschauen könnte, vermeiden. Auch direkten, langen Augenkontakt.

Geschenke: Sind nach wie vor – aufgrund des relativ niedrigen Durchschnittseinkommens – von nicht zu unterschätzender Bedeutung. Willkommen sind noch immer die typischen Werbegeschenke, wie hochwertiges Schreibmaterial, Timer, Organizer etc., aber auch leichte alkoholische Getränke, wie Wein und Sekt, Konfekt, Blumen etc.

Geschäftsessen/Einladungen: Dienen der Kontaktpflege und finden zu Mittag oder am Abend in Restaurants statt. Meistens als Abschluss einer geschäftlichen Besprechung. Lädt der ausländische Partner ein, sollte er berücksichtigen, dass zum Essen Alkohol üblich ist, im Straßenverkehr jedoch 0,0 Promille gelten. Einladungen in den privaten Bereich sind eher selten und daher als hohe Gunsterweisung zu bewerten.

Gesprächsthemen/Tabus: Tabu ist alles, was mit Politik zu tun hat. Gespalten auch das Verhältnis zwischen den Ungarn und den Roma, die in der Slowakei leben. Auch Vergleiche mit Ungarn, Tschechien oder Polen („Ihr seid ja noch nicht so weit wie die ...") werden wenig geschätzt. Besser: Den Beitritt der Slowakei zur EU begrüßen, Komplimente über die Küche und die schöne Landschaft machen.

Sicherheit: Auf das Auto muss man nach wie vor gut aufpassen. Auch bewachte Parkplätze halten nicht, was sie versprechen. Beim Parken auf die Vorschriften achten: Auf jeden Fall Parkschein lösen, sonst läuft man Gefahr, sein Auto, mit Radklammern versehen, anzutreffen. Alkohol im Straßenverkehr ist absolut tabu: Es gelten 0,0 Promille und Alkoholtests kommen häufig vor.

Visitenkarten: Zweisprachig. Auf der einen Seite in Slowakisch, auf der anderen in Deutsch, mit Titel und Funktion. Auch der slowakische Gesprächspartner legt darauf Wert, richtig angesprochen zu werden. Mit Herr, Frau, Titel, Name – oder Herr, Frau und Funktion (z. B. Herr Ingenieur, Herr Doktor etc.).

Unternehmenskultur/Entscheidungsträger: Fleißig und hoch motiviert, sofern sie Verantwortung tragen dürfen und Anerkennung bekommen. Bei Niederlassungen hat sich Tandem-Management sehr bewährt – dem slowakischen Geschäftsführer einen ausländischen Manager zur Seite stellen, der ein- bis zweimal pro Woche zur Unterstützung einreist. In größeren staatsnahen Betrieben halten sich noch immer viele alte Strukturen aus der Zeit vor der Wende. Ein Teil der Unternehmen wurde unter etwas fragwürdigen Umständen privatisiert, die Eigentümer verfügen kaum über Managerkenntnisse und Umgangsformen. In kleineren Privatbetrieben setzt sich eher die angelsächsische Auffassung durch, westliche Managementkonzepte findet man nur in Joint-Venture-Unternehmen oder in internationalen Niederlassungen.

Verhandlungstaktik: Mit staatlichen Stellen zeitaufwendig und schwierig, die Newcomer sind offen, risiko- und entscheidungsfreudig. Dennoch ist Vorsicht und Kontrolle angesagt, denn oft wird mehr versprochen, als gehalten werden kann.

Verträge: Unbedingt schriftlich, sehr genau auf die Formulierungen achten. Mit Liquiditätsproblemen muss man rechnen. Vorauskasse vereinbaren!

Umgang mit Konflikten: Der oft vorherrschenden Rigidität begegnet man am besten durch eine ruhige bestimmte Art.

Slowenien

Republik Slowenien
Einwohner: Knapp 2 Millionen
BSP/Einwohner: 9780 $
Hauptstadt: Ljubljana (Laibach)
Amtssprache: Slowenisch
Religion: 74,2 Prozent Christen, 1,5 Prozent Muslime
Wichtigste Außenhandelspartner: Deutschland, Italien, Frankreich, Österreich

Slowenien: Kein Balkanstaat

Der Name „Slowenien" ist eigentlich eine Kunstform, die im Zuge des nationalen Erwachens Mitte des vorletzten Jahrhunderts aufkam und sich von „Slawen" ableitet. Ein alter Begriff für die Slowenen war auch der der „Alpenslawen". In die Geschichte traten die Slowenen aber als Karantanier ein, als sie sich um 450 nach Christus im Alpenraum niederließen. Daraus entstand später der Name für das österreichische Bundesland Kärnten, in dem noch heute Slowenen leben. Durch die 1500 Jahre währende Herrschaft von Bayern und Österreich orientierte sich die slowenische Kultur sehr stark an den Nachbarn im Norden. So klingt die Volksmusik ähnlich wie die der anderen Alpenländer. Und selbst sieht sich Slowenien nicht als Balkanstaat, sondern als mitteleuropäisches Land.

Und so kann man mentalitätsmäßig keine großen Unterschiede feststellen. Als kleinste, aber erfolgreichste Republik des ehemaligen Jugoslawien wurde es schnell mit den Gepflogenheiten des globalen Business vertraut. Nach den letzten Meldungen internationaler Rating-Agenturen hat Slowenien gemeinsam mit Ungarn die beste Wertung aller Reformstaaten. Das ist ein Beweis des anhaltenden Vertrauens in die slowenische Wirtschaft. Trotz eines erheblich höheren Lohnniveaus als das der anderen osteuropäischen Beitrittskandidaten wird Slowenien gute Konkurrenzfähigkeit zugesprochen. Fortschritte, die richtunggebend für die künftige Entwicklung zum Erreichen der EU-Vollmitgliedschaft sein könnten.

Im Umgang mit Slowenen gilt: Da die persönliche Beziehung mehr im Vordergrund steht als bei uns, sollten Sie sich mehr Zeit nehmen, Ihre Geschäftspartner wirklich kennen zu lernen. Ohne Vertrauen lässt sich fast kein Geschäft anbahnen. In so einem kleinen Land verbreiten sich negative Nachrichten wie ein Lauffeuer. Daher ist es umso wichtiger, sorgfältig zu arbeiten und sich auch im Umgang mit slowenischen Geschäftsleuten als partnerschaftlich zu erweisen. Besserwisser haben schnell ihren Ruf ruiniert, denn ein Teil der slowenischen Bevölkerung hat große Angst vor einer wirtschaftlichen Dominanz Österreichs oder Deutschlands. Und daher ist gerade bei Vertretern aus diesen Ländern Sensibilität angebracht.

Do's & Don'ts:

Geschäftssprache: Fast alle sprechen Englisch oder Deutsch. Ein paar Worte Slowenisch können jedoch nicht schaden und erhöhen die Sympathie. Guten Tag – dobr dan, auf Wiedersehen – na svidenje, danke – hvala.

Pünktlichkeit: Wird genau so gehandhabt wie bei uns. Die Slowenen halten Ihre Termine ein und erwarten das auch von ihren österreichischen Geschäftspartnern. Im Zeitalter des Handys sollte es kein Problem sein, Verspätungen anzukündigen.

Dresscode: Anzug und Krawatte, Damen im Kostüm oder Hosenanzug.

Umgangsformen: Höflich und so lange distanziert, bis sich eine persönliche – auf Vertrauen basierende – Beziehung etabliert hat. Fragen nach der Machbarkeit werden allzu oft mit den Worten „Kein Problem, das werden wir schon erledigen!" beantwortet. Hier ist Vorsicht angesagt, oft ist die Einschätzung der Slowenen zu positiv.

Geschenke: Herkömmliche Werbegeschenke, wie Schreibutensilien, Kalender, Mappen, Timer, Organizer etc., aber auch regionale Spezialitäten werden geschätzt. Erst wenn man einander kennt, sollten die Geschenke – zum Beispiel zu Neujahr oder zum Geburtstag – persönlich werden.

Geschäftsessen/Einladungen: Finden zu Mittag und auch am Abend in Restaurants statt und dienen der Beziehungspflege. Für abends ist oft „open end" angesagt: Nach einem mehrgängigen Menü plaudert man bis nach Mitternacht.

Die Slowenen sind in der Regel sehr reiselustig und Einladungen werden gerne angenommen.

Gesprächsthemen/Tabus: Tabu ist die politische Vergangenheit, gute Themen gibt's zuhauf: schöne Landschaft, gute Küche. Da die meisten Slowenen davon träumen, einen Garten, eine Obstplantage oder einen Weinberg ihr Eigen zu nennen, kann man auch mit Gesprächen über Gartenarbeit Interesse wecken. Wer ausspricht, dass er Sloweniens Beitritt zur EU begrüßt, erntet ebenfalls Pluspunkte.

Sicherheit: Wie in deutschen Großstädten.

Visitenkarten: Wer viel in Slowenien unterwegs ist, sollte die Karte übersetzen lassen. Ansonsten reichen auch deutsche Karten.

Unternehmenskultur/Entscheidungsträger: Mit zunehmender Privatisierung setzen sich moderne Managementkonzepte durch. Bei lokalen Unternehmen ist die Position des Direktors nicht immer gefestigt. Bei größeren Geschäften muss der Direktor Entscheidungen erst vom Arbeiterrat absegnen lassen. Daher ist auch das Verhältnis des Direktors zum Arbeiterrat zu hinterfragen.

Verhandlungstaktik: Vertrauensbildende Maßnahmen zu setzen heißt noch lange nicht, um den heißen Brei herumzureden oder übertrieben vertraulich zu sein. Nach kurzem Small Talk auf den Punkt kommen. Und den slowenischen Partner als gleichwertig akzeptieren. Da die Slowenen schon zu jugoslawischen Zeiten sehr an westlichen Märkte orientiert waren und zahlreiche ausländische Unternehmen gerade hier investiert haben, kennen Slowenen das Geschäftsverhalten von Ausländern oft recht gut. Auf Besserwisserei und Überheblichkeit reagieren die meisten allergisch. Besser: ehrliche Unterstützung anbieten.

Verträge: Die teilweise veraltete Gesetzeslage macht immer wieder Probleme, für alles und jedes wird ein Notar oder Rechtsanwalt benötigt. Derzeit kommt es verstärkt zu Zahlungsproblemen. Vorauszahlungen sind angebracht, respektive genaues Managen der Außenstände.

Umgang mit Konflikten: Bei einer guten persönlichen Beziehung zwischen den Geschäftspartnern werden Konflikte in der Regel lösungsorientiert gehandhabt. Dennoch bietet die große Zahl anhängiger Gerichtsverfahren Grund zur Sorge. Nach Angaben der EU-Kommission lagen die ungelösten Gerichtsverfahren mit Stichtag 31.12.2000 bei insgesamt 533.225 – bei einem Staat von zwei Millionen Einwohnern ungewöhnlich hoch.

Spanien

Königreich Spanien
Einwohner: 39,4 Millionen
BSP/Einwohner: 14.100 $
Hauptstadt: Madrid
Amtssprache: Spanisch, regional Katalanisch, Galicisch und Baskisch
Religion: 96 Prozent Katholiken
Wichtigste Außenhandelspartner: Deutschland, Italien, Großbritannien, USA

Spanien auf Erfolgskurs

José María Aznar, Spaniens konservativer Ministerpräsident, kann stolze Zahlen vorweisen: Spaniens Wirtschaft wächst jährlich um fast vier Prozent, mehr als das Doppelte des EU-Durchschnitts. Spanien hat in vier Jahren fast zwei Millionen neue Arbeitsplätze geschaffen – mehr als die Hälfte aller in Europa entstandenen Jobs. Arbeitsmarktreformen, Steuersenkungen, Abbau der Staatsschulden bringen die Wirtschaft in Schwung. Manche sprechen gar vom „spanischen Wunder".

Die gemütlichen Zeiten sind schon lange vorbei. Siesta, Fiesta und Flamenco haben zwar in Spanien noch immer einen hohen Stellenwert, wer jedoch glaubt, die Spanier würden sich hauptsächlich vom Feiern erholen, irrt sich gewaltig. Profitstreben und Konkurrenzdenken haben auch in Spaniens Wirtschaftsleben Einzug gehalten und so arbeiten die Spanier fast mehr als die Deutschen. Die spanischen Manager sind großteils kompetent, ambitioniert und belastbar, wie sonst nirgendwo in den Anrainerstaaten des Mittelmeers.

Dennoch gilt nach wie vor: Der persönliche Kontakt geht über alles. „Eine gute Beziehung zu seinem spanischen Geschäftspartner öffnet Tür und Tor", sagt ein deutscher Exportmanager aus der Automobilbranche. „Nicht nur, dass Verhandlungen mit ihm unkomplizierter verlaufen, der Spanier wird auch versuchen, seine Kontakte zur Verfügung zu stellen." Denn: „Deine Freunde sind auch meine Freunde", heißt in Spaniens Geschäftsleben eines der ungeschriebenen Gesetze. Erledigungen für Unbekannte dauern hingegen sehr lange. Wenn jedoch ein guter Geschäftsfreund um eine Gefälligkeit für einen Dritten bittet, ist es für den Spanier eine Ehre zu helfen. Stolz, Taktgefühl, Höflichkeit, Damen gegenüber sogar echte Ritterlichkeit, sind geschätzte und gepflegte Tugenden, die bis heute auch im nüchternen Business überlebt haben. Eine Verletzung seiner Ehre oder seines Stolzes ist für den Spanier nach wie vor

unverzeihlich und häufig das Ende jeglicher Geschäftsbeziehungen. Umso wichtiger ist, wie gesagt, der gute persönliche Kontakt. Mit guten Bekannten lässt sich fast jeder Streit außergerichtlich glätten.
Auch bei Verhandlungen wird zuerst höflich kommuniziert, bevor es zur Sache geht. Man redet über die Familien und über sportliche Ereignisse, zeigt Interesse an Land und Leuten, macht Komplimente über die Schönheit der Landschaft und die gute Küche Spaniens – ganz ungezwungen, wie bei uns. Tabus im Gespräch gibt es weniger. Wer das spanische Sprichwort „Rede nicht über dich selbst und nie schlecht über andere“ beherzigt, minimiert das Risiko, in ein Fettnäpfchen zu treten, ganz ungemein.
Auf dem Gebiet der Kunst hat Spanien eine ganze Menge zu bieten, in der Architektur, in der Malerei und auch in der Literatur. Namen, die man kennen sollte: Antoni Gaudi (Erbauer der La Sagrada Familia – der unvollendeten Kathedrale in Barcelona), die Maler Bartolomé Esteban Murillo, Salvador Dali, Picasso und Joan Miró, und – unvergessen – Miguel de Cervantes, Verfasser des „Don Quichote“.
Der Landesname „Spanien“ lässt sich übrigens auf den Namen Hispania zurückführen, den die Römer ihren spanischen Besitzungen gaben. Er geht seinerseits wahrscheinlich auf eine phönizische Bezeichnung zurück, die so viel wie „Küste der Kaninchen“ bedeutet.

Do's & Don'ts

Geschäftssprache: Spanisch (Baskisch, Katalanisch). Viele sprechen zwar ganz gut Englisch oder sogar Deutsch, doch für die Verhandlungen sollte man vorsichtshalber einen Dolmetscher organisieren, wenn man nicht selbst verhandlungssicheres Spanisch spricht. Angebote, technische Unterlagen, Bedienungsanleitungen und Werbematerial generell ins Spanische übersetzen lassen.
Pünktlichkeit: Pünktlichkeit gehört nicht unbedingt zu den größten Tugenden der Spanier. Deshalb gilt: Über eventuelle Unpünktlichkeit des Geschäftspartners großzügig hinwegschauen, selbst aber rechtzeitig kommen.
Dresscode: Immer formell und dem Anlass entsprechend. Auch im Business Look ist modischer Chic angesagt. Generell legen die Spanier großen Wert auf ein gepflegtes Erscheinungsbild. Allerdings warnen viele davor, allein vom persönlichen Auftreten auf die Seriosität des dahinter stehenden Unternehmens bzw. die Ehrlichkeit der jeweiligen Absicht zu schließen. Nach dem Motto: „Es ist nicht alles Gold, was glänzt.“
Umgangsformen: In der Regel sind die Spanier sehr herzlich und offen. Man wird

schnell umarmt, auf die Wangen geküßt und per „Du“ angeredet. Titel spielen keine Rolle, außer im Gespräch mit hohen Würdenträgern.

Geschenke: Bei privaten Einladungen Blumen an die Damen des Hauses vorab schicken, nicht mitbringen. Ansonsten kommen Geschenke mit Heimatbezug gut an: Schokolade, Sachertorte, Swarovski-Figuren, Hutschenreuther Porzellan, Bildbände und CDs mit klassischer Musik.

Geschäftsessen/Einladungen: Finden meistens im Restaurant statt, dienen hauptsächlich der Kontaktpflege und dauern in den meisten Fällen mindestens drei Stunden. Gegessen wird viel später als in Österreich. Zum Mittagessen, das zwischen 14 und 16 Uhr stattfindet, werden meistens *tapas* – kleine Portionen warmer oder kalter Speisen (Salate, Fisch, Meeresfrüchte, belegte Brote oder gefüllte Omelettes, die so genannten *tortillas*) – serviert. Zum Abendessen (ab 21 Uhr) hält die spanische Küche zahlreiche Spezialitäten bereit. Wichtig ist, sich Kompetenz in Sachen Wein anzueignen, denn eine Weinprobe wird sicherlich dabei sein. Erst bei näherer Bekanntschaft wird – in gehobenen Kreisen – zur Jagd, auf den Landsitz oder auf die Segelyacht eingeladen.

Gesprächsthemen/Tabus: Zu vermeiden ist Kritik jeglicher Art, an Gesellschaft, Religion, Stierkampf, der als Kunstform gilt – auch wenn die Spanier selber lästern. Die Ära Franco und die Baskenfrage sind auch keine gute Themen. Besser: Komplimente über die Schönheit der Landschaft und die spanische Küche machen, mit Kenntnissen über Kultur und Geschichte punkten und über Familie und Fußball reden.

Sicherheit: Keine besonderen Maßnahmen nötig.

Visitenkarten: Ins Spanische übersetzen lassen. Titel werden so gut wie gar nicht verwendet.

Unternehmenskultur/Entscheidungsträger: Klein- und Mittelbetriebe sind deutlich hierarchisch gegliedert. Hier entscheidet der Geschäftsführer. Konzerne verfügen über moderne Managementkonzepte.

Verhandlungstaktik: Gegenseitiges Vertrauen und eine gute persönliche Beziehung haben im Geschäftsleben einen hohen Stellenwert. Daher kommt es nicht gut an, häufig den ausländischen Manager zu wechseln. Für Verhandlungen viel Zeit einplanen, erst durch Small Talk ein positives Gesprächsklima erzeugen, den spanischen Partner niemals unter Druck setzen. Auf die Zwischentöne achten. Auch wenn alles „kein Problem“ zu sein scheint, sind – trotz des spanisches Improvisationstalents – irgendwann die Grenzen der Machbarkeit erreicht. Die meisten Spanier neigen dazu, alles ein wenig zu optimistisch zu sehen.

Verträge: Auch wenn alles „unter Dach und Fach" zu sein scheint, ist es möglich, dass der spanische Geschäftspartner nachverhandeln will.

Umgang mit Konflikten: Probleme werden dann geregelt, wenn sie auftreten – bis dahin macht man sich kaum Sorgen darüber. Trotzdem gilt „Vertrauen ist gut, Kontrolle ist besser." Um Konflikte zu vermeiden: Aufträge stets auf ihren Fortgang hin überprüfen und Zahlungsbedingungen zum Gegenstand der Verhandlungen machen.

Südafrika

Republik Südafrika
Einwohner: 41,4 Millionen
BSP/Einwohner: 3310 $
Hauptstadt: Pretoria
Amtssprache: Englisch, Afrikaans, Ndebele, Norsotho, Südsotho, Setswana, Swati, Tsonga Venda, Xhosa, Zulu
Religion: 78 Prozent Christen, 1,8 Prozent Hindus, 4 Millionen Anhänger von Naturreligionen
Wichtigste Außenhandelspartner: Deutschland, Großbritannien, USA, Japan

Kurs: „Black empowerment"

Südafrika hat sich seit dem 27. April 1994 in vielerlei Hinsicht grundlegend verändert. Nicht nur zum Positiven. Jahrzehntelang war die Republik Südafrika ein Synonym für Rassismus und geriet wegen der Apartheid international in die Isolierung. Seit dem Ende des Apartheidstaates Anfang der 90er-Jahre hat Südafrika zwar an Ansehen gewonnen, aber die enormen sozialen Probleme bedrohen weiterhin die Stabilität. Für Millionen von Schwarzen, die sich von dem Ende der weißen Dominanz ein besseres Leben erhofften, haben sich die wirtschaftlichen Bedingungen noch immer nicht grundlegend geändert.
Kleiner Exkurs in die Historie: Die ersten Menschen, die San – von den Europäern „Buschmänner" genannt – und die Khoikhoe – von den Europäern als „Hottentotten" bezeichnet –, lebten schon vor 40.000 Jahren im südlichen Afrika. Sie waren Jäger und Sammler und lebten als Nomaden. Später bekamen sie Konkurrenz von den Bantuvölkern aus dem Norden, Nguni und Sotho-Tswana, die bereits feste Siedlungen bauten und Ackerbau betrieben. Die holländischen Siedler, heute Afrikaans oder Buren genannt, breiteten sich bereits ab 1652 an der südlichsten Spitze des afrikanischen Kontinents aus, während die Briten erst Ende des 18. Jahrhunderts auf der Bildfläche der Kapkolonien erschienen. Letztendlich setzten sie sich durch: Nach zwei Kriegen gegen die Buren siegten die Engländer schließlich 1902. Anschließend fügten sie das ganze südafrikanische Territorium zu einer einzigen Kolonie zusammen und gründeten 1910 die Südafrikanische Union. In der gleichen Zeit wurde auch der Vorläufer des African National Congress (ANC) gegründet.

Noch während Südafrika an der Seite der Allierten im 2. Weltkrieg kämpfte, etablierte sich am Kap die Apartheidpolitik – systematische Trennung der schwarzen und weißen Bevölkerung. Die Schwarzen wurden in so genannten „Homelands" zusammengepfercht, der Zugang zum „weißen Südafrika" war ihnen nicht erlaubt. Die Diskriminierung betraf alle Bereiche, auch den Zugang zu Schulen, Universitäten, anderen Ausbildungsstätten und Unternehmen. Natürlich versuchten die Schwarzen, Widerstand zu leisten, erfolglos, ihr Anführer, Nelson Mandela, landete im Gefängnis.
Im Wirtschaftsleben waren bis 1994 hauptsächlich Weiße anzutreffen, Schwarze nur als billige Arbeitskräfte. Weiß ist in Südafrika jedoch nicht gleich Weiß. Trotz gleicher Hautfarbe stehen einander die Nachfahren der Holländer und die der Engländer nach wie vor nicht gerade freundlich gegenüber. Offen gesagt, sie mögen einander nicht besonders und wollen daher auf keinen Fall verwechselt werden. Buren sind freundlich und höflich, lockerer als die Engländer und der Mentalität auf dem „Kontinent" (wie die Briten immer sagen) näher. Die Engländer hingegen sind – wie in ihrer Heimat – zwar ebenso freundlich, aber reservierter und sehr formell.
Aufgrund internationaler Sanktionen begann in der Apartheidpolitik Ende der 80er-Jahre ein Umdenken. Nelson Mandela wurde aus dem Gefängnis entlassen und am 27. April 1994 als Vorsitzender des ANC zum ersten schwarzen Präsidenten gewählt. Eines der Hauptziele der neuen Regierung war und ist zweifelsohne die Verbesserung der wirtschaftlichen Lage der schwarzen Bevölkerungsmehrheit. In diesem Zusammenhang wird in Südafrika häufig von „affirmative action" (wirtschaftliche Förderung und Bevorzugung der Schwarzen, z. B. bei Universitäten und Staatsunternehmen) und „black empowerment" gesprochen. Letzteres äußert sich in der Praxis durch Umverteilung der wirtschaftlichen Kontrolle, zum Beispiel durch Inbesitznahme von an der Johannesburger Börse notierten Aktiengesellschaften durch schwarze Unternehmer.
Um dem Willen des ANC nach rascher Veränderung der Eigentumsverhältnisse entgegenzukommen, wurden nach 1994 schwarzen Geschäftsleuten zahlreiche Unternehmen zu günstigen Bedingungen zum Kauf angeboten. Da diese in der Regel aber nur über wenig Eigenkapital verfügten, wurden komplizierte Finanzierungskonzepte erdacht, um ihnen dennoch den Erwerb der Aktienmehrheit zu ermöglichen. Banken und andere Investoren stellten das benötigte Kapital hauptsächlich in der Hoffnung zur Verfügung, dass Unternehmen unter schwarzer Leitung (aufgrund ihrer Bevorzugung durch die Regierung) einen schnellen Anstieg ihres Aktienkurses erzielen würden.

Da der Börsenwert vieler schwarzer Unternehmen während der letzten fünf Jahre jedoch nicht gestiegen ist, befinden sich inzwischen fast drei Viertel der auf diese Weise finanzierten Aktiengesellschaften in finanziellen Schwierigkeiten. Gab es 1998 noch 130 Übernahmen durch schwarze Firmen, so ist diese Zahl im letzten Jahr auf 50 gesunken. Wegen dieser enttäuschenden Entwicklung haben inzwischen auch führende schwarze Unternehmer eingesehen, dass es nicht genügt, wenn eine kleine Elite zu bedeutendem Wohlstand gelangt, der Großteil der schwarzen Bevölkerung aber weiterhin in Armut lebt.

Durchweg positiv wird die Entwicklung kommentiert, dass immer mehr Schwarze als Franchisenehmer ihre unternehmerische Laufbahn beginnen. Die bislang in Südafrika praktizierte, überhastete und oberflächliche Änderung der Besitzverhältnisse börsennotierter Unternehmen dürfte keine Zukunft haben.

Bis heute gilt: Die Befriedigung „schwarzer" Erwartungen weckt Existenzangst bei den wirtschaftlich unentbehrlichen Weißen und veranlasste (und veranlasst) viele auszuwandern. Die Gründe: die extrem hohe Kriminalitätsquote (Südafrika hat die weltweit zweithöchste, gleich nach Brasilien), AIDS (mehr als 4 Mio. Südafrikaner sind bereits infiziert), Unsicherheit wegen künftiger Regierungspolitik, wirtschaftliche Stagnation, allgegenwärtige Korruption und Chaos in der öffentlichen Verwaltung, Unfähigkeit und Bestechlichkeit der Politiker, katastrophale Zustände beim Großteil der staatlichen Schulen für schwarze Kinder sowie bei gewissen Universitäten, Arbeitsgesetzgebung, Mangel an geschulten Kräften und – nicht zuletzt – die politische Macht kommunistisch orientierter Gewerkschaften. Trotz Südafrikas erfolgreicher Geld- und Fiskalpolitik, seiner Achtung der Menschenrechte und seines unabhängigen Richterstandes sowie seiner freien Presse gehört das Land für die Außenwelt eben doch zu einem unberechenbaren Kontinent.

Wirtschaftlicher Erfolg ist momentan nur aufgrund guter persönlicher Kontakte möglich. Egal ob Schwarzer, Bure, Engländer, Coloured, Inder, Kap-Malaye oder Chinese – in Südafrika geht nichts, ohne dass man vorher eine persönliche Basis gefunden hat. Die Südafrikaner legen Wert auf gute Beziehungen zu ihren Geschäftspartnern. Daher wird man auch häufig eingeladen. Meistens in ihr privates Haus. Der Spruch „My home is my castle" trifft immer häufiger zu, allerdings eher aufgrund der hohen Kriminalitätsquote als auf persönliche Distanz. Auch die Privilegierten des „black empowerment" leben am Stadtrand, in mit Stacheldraht umzäunten Villen, wo Gärten und Parkanlagen von abgerichteten Hunden bewacht werden. Geschäftsreisende sollten sich vor der Reise erkundigen, wie sie sich zu verhalten haben. Am besten, Sie lassen sich von ihrem Geschäftspartner bereits vom Flughafen

abholen und in ein sicheres Hotel führen. Von Unternehmungen auf eigene Faust ist unbedingt abzuraten.
Relativ sicher sind sportliche Veranstaltungen. Hier werden häufig so genannte Lounges gemietet, um die Gäste zu bewirten. Ganz locker, bei Bier und Brötchen – vergessen alle die innenpolitischen Schwierigkeiten. Die meisten Südafrikaner haben für Geselligkeit viel übrig. Auch im Berufsleben. Noch immer ist es üblich, auch Erfolge oder Projektabschlüsse in den Firmen zu feiern. Und zwar ganz zwanglos mit der gesamten Belegschaft.

Do's & Don'ts

Geschäftssprache: Englisch und Africaans (ähnelt dem Holländischen).

Pünktlichkeit: Wird erwartet, Verspätungen bis zu einer halben Stunde sind allerdings kein absoluter Fauxpas.

Dresscode: Im Business formell mit Anzug und Krawatte, Frauen in Kostüm oder Hosenanzug in gedeckten Farben, bei Einladungen am Abend casual.

Umgangsformen: Nach amerikanischem Vorbild ist man schnell beim Vornamen. Trotzdem höfliche Distanz wahren! Die farbigen Südafrikaner bezeichnen sich selbst als „Blacks" (Schwarze). Andere Bezeichnungen sind tunlichst zu unterlassen. Körperkontakt: Händeschütteln zum Abschied und zur Begrüßung, auch Verträge werden durch einen Handschlag besiegelt.

Geschenke: Werden gern gesehen, besonders regionale Spezialitäten, wie Konfekt und Schokolade, Torten (z. B. Sacher- oder Schwarzwälder Kirschtorte), Spirituosen (besonders Obstbrände und Likör), aber auch Bildbände aus Europa und klassische Musik.

Geschäftsessen/Einladungen: Finden – aufgrund der hohen Kriminalitätsquote – meistens im Privaten statt. In ist, bei sportlichen Veranstaltungen (z. B. Autorennen) eine Lounge zu mieten und dort die Geschäftsfreunde zu bewirten.

Gesprächsthemen/Tabus: Gespräche über Apartheidpolitik & Co. sind zu unterlassen. Besser: Die Schönheit der Landschaft loben und über das Leben in Europa reden.

Sicherheit: Die Kriminalitätsquote ist, wie bereits erwähnt, extrem hoch. Spaziergänge in Johannesburg, Pretoria, Durban und Kapstadt können nach Geschäftsschluss oder an Sonntagen lebensgefährlich sein (besonders in den Townships). Autofahrten nur mit verriegelten Türen und Fenstern. Besonders in der Nacht an roten Ampeln nicht halten: Überfall- und Entführungsgefahr! Abgeraten wird in den

Großstädten auch vom Benutzen der Vorortzüge (auch 1. Klasse nur zu den Hauptverkehrszeiten).

Visitenkarten: Sollten ins Englische übersetzt werden.

Unternehmenskultur/Entscheidungsträger: Die Unternehmen sind stark hierarchisch aufgebaut. Daher können Entscheidungen lange dauern. Ergebnisse werden immer wieder diskutiert, bei Einwänden der Headquarter muss alles neu verhandelt und wieder vorgelegt werden. Daher sollten sich europäische Manager bemühen, so schnell wie möglich zu den Entscheidungsträgern durchzudringen. Häufig wird allerdings nur auf gleicher Ebene verhandelt.

Verhandlungstaktik: Alles „very british". Der südafrikanische Geschäftspartner wird seine Ziele klar deklarieren, alle Punkte detailliert besprechen und sich doppelt absichern.

Verträge: Werden in der Regel eingehalten.

Umgang mit Konflikten: Branchenabhängig. In der Regel allerdings professionell lösungsorientiert.

Syrien

Arabische Republik Syrien
Einwohner: 15,3 Millionen
BSP/Einwohner: 1020 $
Hauptstadt: Damaskus
Amtssprache: Arabisch
Religion: 90 Prozent Muslime
Wichtigste Außenhandelspartner: Deutschland, Italien, Frankreich, Türkei, USA, Japan

Historiker punkten auch im Business

Die ersten menschlichen Spuren im Bereich des heutigen Syrien werden auf ein Alter von über 200.000 Jahren geschätzt. Damaskus und Aleppo gelten als die ältesten permanent besiedelten Städte der Welt. Viele Hochkulturen, nämlich Babylonier, Phönizer, Griechen, Römer, Byzantiner, die islamischen Omayaden und zuletzt die Türken wechselten einander in der Beherrschung dieses Landstriches ab. Dementsprechend stolz sind die Syrer auf ihre Kultur. Womit wir gleich bei einem guten Einstieg in erfolgreiche Geschäftsverhandlungen wären: Zeigen Sie Ihrem syrischen Gesprächspartner, dass Sie mit der syrischen Geschichte vertraut sind. Das wird ihm schmeicheln. Außerdem lieben Syrer Komplimente. Der Fantasie und dem Umfang sind da keine Grenzen gesetzt. Stopp: Eine Grenze gilt es doch zu berücksichtigen – Komplimente über Ehefrau und Töchter sollten vermieden werden.

Obwohl die syrische Frau um vieles emanzipierter ist als die Frauen in den meisten arabischen Ländern und sogar Auto fahren darf, sollte nicht vergessen werden, dass auch in Syrien 89,6 Prozent der Menschen Anhänger des Islam sind. Daher sollten weibliche Manager auf extrem konservative Kleidung achten. Und in puncto Verhalten steht für Frauen ganz oben auf der „To-do-Liste": Distanz wahren und Blickkontakt meiden.

Ansonsten gelten die Gesetze des Koran: kein Alkohol, kein Schweinefleisch, Ramadan, nicht über Frauen reden, nicht mit der linken Hand essen und niemandem die Fußsohle zuwenden.

Allerdings sind die ausländischen Geschäftsreisenden in Syrien nicht zur totalen Askese gezwungen, wie in anderen arabischen Ländern. In den internationalen Hotels kann man Alkohol kaufen und während des Ramadans mit ruhigem Gewissen auch zur Mittagszeit dinieren. Bemerkenswert, dass die Einfuhr von Lebensmitteln – laut Handelsstatistik – gerade während des Ramadans um ein Drittel steigt.

Offensichtlich nützt man die Zeit zwischen Sonnenuntergang und Sonnenaufgang für ausgedehnte Mahlzeiten. Die sind in Syrien nämlich sehr beliebt. Die syrische Küche kennt eine enorme Vielfalt an Vorspeisen, „Mezzeh" auf Arabisch genannt, die oft alleine schon sättigen. Und durchs Essen (und Reden) kommen bekanntlich die Menschen zusammen. Genau wie bei uns.

Ganz wichtig in Syrien: Zum Geschäftspartner eine gute persönliche Beziehung aufbauen! Auch wenn diese schon vorhanden ist, können sich Verhandlungen ganz schön in die Länge ziehen, besonders wenn Sie mit staatlichen Unternehmen verhandeln. Hier gilt: Nicht die Geduld verlieren und zum richtigen Zeitpunkt in die richtigen Leute investieren. Da man als Ausländer allerdings nie wirklich weiß, wer genau die Fäden in der Hand hat, sollte man sich einen „Sleeping Agent" organisieren. Einen Agenten, der in Wirklichkeit hellwach ist und über gute, informelle Kontakte zu wirklichen Entscheidungsträgern in staatlichen Unternehmen verfügt. Da bei Geschäften mit dem öffentlichen Sektor ein Vertreter offiziell nur dann eingeschaltet werden darf, wenn der Vertretungsvertrag ordnungsgemäß beim syrischen Handelsministerium registriert wurde, arbeiten die meisten Agenten „undercover" – und in der Regel auch nur für ein bestimmtes Projekt beziehungsweise für einen Kunden. Genauer gesagt: Die so genannten „Sleeping Agents" treten offiziell nicht in Erscheinung, verfügen aber über besonders gute Beziehungen zu den ausschreibenden Stellen. Wer anbieten will und geeignete Vertreter sucht, kann sich an seine Außenhandelskammer wenden.

Zum Schluss noch ein Wort zu den Einreisebestimmungen: gültiger Reisepass, der kein Israel-Visum enthalten darf, und ein Visum, das die syrische Botschaft ausstellt. Die bei der Einreise auszufüllende weiße „Entry/Exit Card" ist während der Dauer der Reise aufzubewahren und bei der Ausreise wieder abzugeben. Wer die Karte nicht vorweisen kann, muss mit gröberen bürokratischen Formalitäten rechnen.

Do's & Don'ts

Geschäftssprache: Englisch, Französisch und Arabisch. Ausländer müssen nicht die arabische Sprache beherrschen. Verständliches Englisch wird aber erwartet. Ebenso, dass sämtliche Unterlagen ins Englische – wenn möglich sogar ins Arabische – übersetzt worden sind. Ein paar Worte Arabisch, wie „schukran" (danke) und „salam aleikum" (guten Tag), signalisieren Interesse an Land und Leuten. Bei wichtigen Verhandlungen vorsichtshalber einen Dolmetscher mitbringen.

Pünktlichkeit: Syrische Geschäftspartner halten Termine meistens ein. Das trifft bei privaten Einladungen nicht ganz zu.

Dresscode: Eher formell, Anzug mit Krawatte, für Frauen Kostüm oder Hosenanzug in gedeckten Farben – Schultern und Beine müssen unbedingt bedeckt sein (islamische Religion).

Umgangsformen: Die meisten syrischen Geschäftsleute sind sehr kultiviert und legen auf gutes Benehmen sehr großen Wert. Höflichkeit im Umgang miteinander ist eine Selbstverständlichkeit. Aufpassen, dass keiner „sein Gesicht verliert". Das geht so weit, dass ein „Nein" regelrecht vermieden wird. Aber auch ein „Ja" heißt bestenfalls „Vielleicht". Ansonsten gelten alle moslemischen Regeln: kein Schweinefleisch, keinen Alkohol, nur die rechte Hand verwenden, die Füße auf dem Boden halten.

Geschenke: Geschenke mit regionalem Bezug werden sehr geschätzt, wie Swarovski-Figuren, Porzellan, Süßigkeiten etc. Da die meisten Syrer starke Raucher sind, kommen auch exklusive Feuerzeuge gut an, aber auch hochwertige Füllfedern. Bei einem Besuch staatlicher Stellen gilt: Ist der Besuchte in seiner Stellung unter einem Direktor, ist jede Art von Werbegeschenk passend. Allerdings sollte das Firmenlogo nicht allzu aufdringlich wirken. Bei privaten Einladungen Blumen mitbringen. Beliebt sind üppige Sträuße.

Geschäftsessen/Einladungen: Dienen der Kontaktpflege und finden meistens im Restaurant statt. Allerdings sind die Mahlzeiten später als bei uns. Mittagessen ab 14 Uhr, Abendessen ab 22 Uhr. Auf Salate, ungeschältes Obst und nicht durchgebratenes Fleisch sollte man aus Gesundheitsgründen besser verzichten.

Die Syrer sind in der Regel sehr gastfreundlich, kümmern sich rührend um ihre Partner und schätzen Auslandsreisen. Bei privaten Einladungen: Nicht den Teller leer essen, ein kleiner Rest signalisiert dem Gastgeber, dass man wirklich satt ist.

Visitenkarten: Genug mitnehmen und jedem eine geben. Auf der Visitenkarte kann man ruhig etwas übertreiben. Titel und die Stellung einer Person spielen in Syrien eine große Rolle. Eine Seite sollte ins Englische und die andere ins Arabische übersetzt werden.

Gesprächsthemen/Tabus: Gespräche über Religionen, Politik, Frauen und die „schlechten Zustände" im Land gehören zu den Tabuthemen. Vorsicht bei Diskussionen übers Weltgeschehen. Unbedingt auf arabische Ansichten sensibel Rücksicht nehmen. Die Israel-Problematik am besten ganz vermeiden. Auch wenn die Syrer selber über ihr Land und die Bürokratie schimpfen, nichts Negatives sagen. Sehr geschätzt werden Komplimente, zum Beispiel über die große Kultur Syriens (als eine der ältesten Zivilisationen der Welt). Ein gutes Thema ist auch das Befinden der Familie.

Unternehmenskultur/Entscheidungsträger: 60 Prozent Klein- und Mittelbetriebe, mit patriarchalischem Führungsstil. Die Söhne managen zwar alles, aber der Vater hat das letzte Wort. Hierarchische Strukturen prägen auch die Kultur der staatlichen Unternehmen. Verhandlungen ziehen sich meistens in die Länge. Die tatsächlichen Entscheidungsträger sind nicht für jeden ersichtlich, manchmal sind sie sogar in Saudi-Arabien zu finden. Meistens wissen nur gut informierte Geschäftsleute vor Ort, wer die Fäden wirklich in der Hand hält. Hier empfiehlt sich der Einsatz eines syrischen Vertreters mit guten Kontakten.

Verhandlungstaktik: Syrer sind Händler und betrachten das Spiel des Verhandelns regelrecht als Sport. Für den Anbieter heißt das, immer Rabatte einkalkulieren! Gängige Strategie: Um den Preis zu drücken, stellen die syrischen Geschäftsleute oft eine große Bestellung in Aussicht. Real ist dann in der Regel die Abnahme einer kleinen Menge, und die wollen sie ebenfalls zu dem niedrigen Preis. Außerdem sollten Sie sich auf technische, ins Detail gehende Fragen einstellen. Und mit Unterbrechungen durch Telefonanrufe oder Besucher rechnen.

Verträge: Syrische Kaufverträge müssen mit Stempelmarken im Wert von 1,248 Prozent der Vertragssumme versehen werden. Empfohlene Zahlungskondition: Lieferung nur gegen Barvorauszahlung oder gegen bestätigtes, unwiderrufliches Akkreditiv.

Umgang mit Konflikten: Der kultivierte Syrer scheint zwar alles sehr gelassen zu nehmen, reagiert aber auf Kritik sehr empfindlich und ist schnell beleidigt. Gesichtsverlust vermeiden – auf beiden Seiten. Man selbst verliert zum Beispiel bei Zornausbrüchen das Gesicht, der andere, wenn er durch Ungeduld und Eile unter Druck gesetzt wird.

Taiwan

Republik China (auch Taiwan)
Einwohner: 21,9 Millionen
BSP/Einwohner: 12.333 $
Hauptstadt: Taipeh
Amtssprache: Chinesisch
Religion: 43 Prozent Buddhisten, 34 Prozent Daoisten
Wichtigste Außenhandelspartner: Japan, USA, Rep. Korea, Deutschland, VR China

Je älter, desto höher der Respekt

Der unabhängige Inselstaat Taiwan liegt gegenüber der Südostküste Chinas und beeindruckt seit den 50er-Jahren mit einem enormen Wirtschaftswachstum. Billige Arbeitskräfte und eine enorme Promotion für taiwanesische Produkte brachten das Land an die 13. Stelle unter den Handelsnationen. Und das obwohl Taiwan noch bis vor 40 Jahren kaum mehr als Zucker und Reis produzierte. Heute müssen selbst Lebensmittel importiert werden.

Entsprechend ihrer Mentalität sind die Taiwanesen ein sehr freundliches, kommunikatives Volk, das auf uns mitunter sehr hektisch wirkt. Alles läuft immer auf Hochtouren, das Lebenstempo ist sehr schnell. Dennoch wird im Geschäftsleben Wert auf eine gute persönliche Beziehung gelegt. Und hier zählen Taten mehr als Worte. „Sie können ruhig sagen, dass Sie ab jetzt öfter kommen und wirklich beabsichtigen, sich um die Bedürfnisse und Anforderungen Ihres taiwanesischen Geschäftspartners zu kümmern. Er wird es erst wirklich registrieren, wenn Sie mindestens viermal da waren", sagt ein Tierfuttermittelhersteller, der Asien wie seine Westentasche kennt. Beim ersten Besuch, sind Sie noch ein „unknown nobody", beim zweiten Mal ein „known nobody", um bei Ihrem dritten Besuch bereits zum „nobody" aufzusteigen (gemäß den Redensarten der erfahrenen Exporteure). Erst dann werde man langsam von seinen potentiellen Kunden akzeptiert, der Respekt wächst und es baut sich ein persönliches Vertrauensverhältnis auf.

Bezüglich der taiwanesischen Höflichkeit variieren die Erfahrungen der europäischen Verhandler. Die einen beschreiben die Höflichkeitsnorm damit, dass es verpönt ist, andere auf ihre Fehler direkt hinzuweisen. Die anderen haben das Gegenteil erfahren: „Die Taiwanesen versuchen immer, Ihnen für irgendetwas den Schwarzen Peter zuzuschieben, um so Schuldgefühle zu wecken und für sich Vorteile herauszuholen", sind sich die Exporteure aus der Industrie einig und raten bei unangebrachter Kritik: „Am besten Sie bleiben cool und gehen auf Vorwürfe gar nicht ein. Reizthemen sollten Sie möglichst elegant umschiffen und als Lieferant Schuldzuweisungen vermeiden. So gewinnen Sie treue Kunden, mit denen es auch keine Zahlungsschwierigkeiten gibt."

Do's & Don'ts

Geschäftssprache: Taiwanesisch, Mandarin und Englisch. Allerdings sind die Kenntnisse der englischen Sprache nicht perfekt, sodass man langsam und einfach reden sollte. Verschiedene Themen gleichzeitig zu besprechen, sollte man vermeiden.

Pünktlichkeit: Trotz chaotischer Verkehrsverhältnisse und dicht gedrängtem Terminkalender ist in Taiwan Pünktlichkeit angesagt.

Dresscode: Trotz tropischem Klima, hoher Luftfeuchtigkeit und großer Hitze (durchschnittliche Tagestemperatur 31 Grad Celsius) bestehen die Taiwanesen auf konventioneller Business-Kleidung: Anzug, zumindest lange Hose, Hemd und Krawatte. Frauen sollten sich eher konservativ kleiden.

Umgangsformen: Keine ausholenden Gesten, Arme nicht in die Hüften stemmen, langsame Bewegungen, nicht mit dem Zeigefinger auf Menschen zeigen, nur die rechte Hand verwenden (die linke gilt als unsauber), Füße auf dem Boden halten, Beine nicht überschlagen. Körperkontakt nein, Blickkontakt ja.

Geschenke: Willkommen ist alles, was glitzert und glänzt, wie zum Beispiel Swarovski-Figuren, aber auch französischer Champagner oder Rotwein, hochwertiger Whisky, Schokolade – immer teure, bekannte Marken wählen. Keine Uhren schenken! Sie sind ein Zeichen der Vergänglichkeit. Geschenke am besten in rotes (Glück) oder grünes (Leben) Papier einpacken, Weiß ist die Farbe der Trauer. Und mit beiden Händen übergeben. Der Beschenkte wird das Päckchen nicht in der Gegenwart seines Geschäftspartners auspacken, aus Angst vor eigenem Gesichtsverlust. Aber auch, um den Schenkenden nicht zu kompromitieren, falls ihm das Geschenk nicht gefällt.

Geschäftsessen/Einladungen: So lange warten, bis man einen Platz am Tisch zugewiesen bekommt, der übrigens von der Rangordnung abhängig ist. Der beste Platz ist mit dem Rücken zur Wand und mit dem Blick zur Tür. Ansonsten sollte man sich darauf einstellen, seine „Trinkfestigkeit" unter Beweis stellen zu müssen. Wer keinen Alkohol verträgt und konsequent bei Tee bleibt, hat gute Chancen, nüchtern davonzukommen. Mit Bier zu beginnen und dann zu Tee zu wechseln ist allerdings nicht möglich, das gilt als echte Niederlage. Nach dem Essen punkten die mutigsten

Sänger. Taiwanesen sind ganz wild auf Karaoke und erwarten von ihren Geschäftspartnern ein Ständchen, auch wenn er keine gute Stimme hat. Das Lied „Edelweiß" von der Familie Trapp ist der Renner.

Gesprächsthemen/Tabus: Gute Themen sind Business, Geld, Erfolge des Unternehmens, Kulinarisches. Man kann sich auf persönliche Fragen, wie zum Beispiel nach Gehalt und dem Familienstand, gefasst machen. Das gilt durchaus nicht als aufdringlich. Tabus: Religion, Politik, alles Negative, wie Krankheiten und Tod.

Sicherheit: Die Unternehmen zahlen in der Regel Schutzgelder für Sicherheit. „Mafiosi-Gruppen kontrollieren den größten Teil des Geschäftslebens."

Visitenkarten: Mit beiden Händen übergeben, dabei leicht verneigen. Die Karte des Gegenübers nicht einfach einstecken, sondern entsprechend würdigen: vor sich auf den Tisch legen und ab und zu wohlwollend einen Blick darauf werfen. Wichtig ist, seinen Namen auf der einen Seite der Visitenkarte in chinesische Schriftzeichen übersetzen zu lassen, auf der anderen Seite ins Englische. Genügend einstecken, da man mit Visitenkarten großzügig sein muss.

Unternehmenskultur/Entscheidungsträger: Taiwans Wirtschaft besteht in der Mehrzahl aus kleinen und mittleren Familienunternehmen. Sie sind hierarchisch aufgebaut, an der Spitze steht der Älteste und in jeder Position sitzt ein Verwandter. Da vor dem Alter hoher Respekt besteht, sollte der junge europäische Manager zumindest von einem älteren Kollegen begleitet werden. Versteckenspielen wie in China gibt es übrigens nicht: Der Entscheidungsträger gibt sich schnell als solcher zu erkennen und verhandelt sehr pragmatisch.

Verhandlungstaktik: Zeit ist zwar Geld, doch wer keine Zeit investiert, macht kein Geschäft. Die Anlaufzeit und die Verhandlungsdauer sind in Taiwan wesentlich länger als in vielen anderen Regionen. Erber: „Sie müssen erst beweisen, dass Sie an langfristigen Beziehungen interessiert sind. Und zwar nicht durch Worte, sondern durch Taten." Ist man selber Kunde, wird man natürlich anders behandelt.

Verträge: Sind eher als Bestandsaufnahme zu sehen.

Umgang mit Konflikten: Durch geschickte Kompromisse sollte man seinem Gegenüber die Möglichkeit geben, sein Gesicht zu wahren. Andersherum wird es nicht immer so sein. Es ist möglich, dass Ihr taiwanesischer Verhandlungspartner versucht, Ihnen für irgendetwas den Schwarzen Peter zuzuschieben, um so Schuldgefühle zu wecken und für sich Vorteile herauszuholen. Am besten cool bleiben und gar nicht darauf eingehen."

Thailand

Königreich Thailand
Einwohner: 61,2 Millionen
BSP/Einwohner: 2160 $
Hauptstadt: Bangkok
Amtssprache: Thai
Religion: 94 Prozent Buddhisten, 4 Prozent Muslime

Verhandlungen im „freien" Land

„Thai" heißt übersetzt „frei". Und in der Tat ist Thailand das einzige asiatische Land, das zu keiner Zeit von Kolonialmächten besetzt war. So vereint Thailand, das alte Siam, als Königreich Vergangenheit und Gegenwart in einzigartiger Harmonie. Seine unerschöpfliche kulturelle Vielfalt, die atemberaubende Schönheit seiner Landschaften und die Gastfreundschaft und Herzlichkeit der Bevölkerung machen es zur beliebtesten Reisedestination Asiens. Aber auch die Geschäftsreisenden kommen immer wieder gerne ins „Land des ewigen Lächelns". Denn obwohl die Thais schwer zu durchschauen sind, treten sie doch allen Menschen überaus freundlich und herzlich gegenüber.

Sanuk, Sabai und Suay – diese drei Worte gehören zur thailändischen Lebensphilosophie. „Sabai" heißt so viel wie „gemütlich", „angenehm" oder „bequem". Das Wort „suay" bedeutet „schön". Beim Einkaufen ist „suay" ein wichtiges Kriterium. Das rein Äußerliche ist meistens viel wichtiger als der funktionale Nutzen bei Gegenständen oder die inneren Qualitäten eines Menschen. Beispielsweise wird während der Nachrichtensendungen im Fernsehen vorwiegend auf die äußere Erscheinung des Moderators geachtet, die vermittelten Informationen hingegen spielen oft eine geringe Rolle. Last, not least: „Sanuk" entspricht – grob übersetzt – unserem Begriff „Spaß haben".

Bekannt für ihre natürliche Anmut und Schönheit, sind die Thais sehr lebensfreudige und kommunikative Menschen. Auch als Geschäftsreisender kann man leicht eine persönliche Beziehung zu ihnen aufbauen. Zum Beispiel durch gemeinsames Essen und später auch Singen.

In den meisten Fällen hat der europäische Geschäftsreisende mit Chinesen zu tun. Hier gelten fast die gleichen Umgangsformen: Linkshänder haben es schwer, denn man darf die linke Hand weder zum Essen noch zur Begrüßung verwenden, sie gilt als unrein. Beim Sitzen darauf achten, dass beide Beine auf dem Boden stehen. Es gilt als Angriff und Beleidigung, jemandem die Schuhsohle zu zeigen. In Verhandlungen ruhig und gelassen bleiben, auch wenn Thais (oder Chinesen) unendlich lange in ihrer Muttersprache diskutieren.

Do's & Don'ts

Geschäftssprache: Englisch. Einige Worte in Thai sind jedoch empfehlenswert und signalisieren echtes Interesse an Land und Leuten. „Mai pen rei" zum Beispiel, werden Sie oft hören. Das heißt so viel wie: „Gerne", „Ist nicht der Rede wert".

Pünktlichkeit: Wird vom Europäer erwartet, eigene Verspätungen entschuldigen Thai mit einem Lächeln.

Dresscode: Anzug und Krawatte, Frauen in Hosenanzug oder Kostüm bzw. in Bluse mit langen Ärmeln und langem Rock.

Umgangsformen: Der traditionelle Gruß ist der Wai, bei dem werden die beiden Handflächen mit ausgestreckten Fingern zusammengelegt und etwa in Brusthöhe angehoben. Gleichzeitig senkt sich dabei der Kopf in Richtung der Hände. Dieser Brauch bzw. die ganze dahinter stehende Einstellung ist in jeder Beziehung auch charakteristisch für den Thailänder selbst. Zeigt es ihn doch als liebenswürdigen Menschen, höflich, freundlich, friedliebend in seiner Art und bestens bekannt für Toleranz und Gastfreundschaft. So treten Thais ihren Geschäftspartnern gegenüber. Und dieses Verhalten erwarten sie auch: Lautes, aggressives Verhalten stößt auf Unverständnis. Thailänder nicht berühren, schon gar nicht am Kopf (auch keine Kinder).

Geschenke: Werden gerne angenommen, auch gegeben, jedoch nicht auspacken, solange der Geber noch gegenwärtig ist. Gut kommen international bekannte, exklusive Marken an: Zigaretten und Feuerzeuge, Parfum, Whisky (bei Johnny Walker nur Black Label, niemals Red Label), aber auch Süßigkeiten und Bildbände unserer Heimat.

Geschäftsessen/Einladungen: Finden meist in internationalen Hotel-Restaurants statt. Je nach Bekanntschaftsgrad auch in lokalen Event-Lokalen. Eine Zeit lang waren „No hands"-Restaurant sehr in, wo Sie von Ihrem thailändischen Geschäftspartner gefüttert werden. Bestellen Sie nicht „spicy", die normalen Gerichte sind scharf genug.

Private Einladungen sind eher selten, aber kommen nach gewisser Zeit vor. Meist wird thailändische Küche serviert. Höflich Küche und Köchin loben.

Gesprächsthemen/Tabus: Komplimente über die Schönheit der Landschaft und die gute Küche kommen gut an. Auch Themen betreffend der wirtschaftlichen Situation sind okay. Bei Politik nur zuhören, widerstehen Sie jeglichem Kommentar, besonders wenn's ums Königshaus geht.

Sicherheit: Nicht viel gefährlicher als deutsche Großstädte bei Nacht. In den meisten Fällen ist man höchstens Opfer von Taschendieben.

Visitenkarten: Viele mitnehmen und allen Gesprächspartnern – mit beiden Händen – eine geben. Titel (sind wichtig) und Funktion auf der einen Seite in Englisch, auf der anderen in Thai.

Unternehmenskultur/Entscheidungsträger: Im Geschäftsleben trifft man häufig auf Chinesen (siehe unter China). Generell gelten strenge hierarchische Strukturen, die Führungsspitze (meistens der Älteste) entscheidet.

Verhandlungstaktik: Nicht „straight to the point", sondern erst einmal ein wenig Small Talk. Generell gilt: Thais planen und reagieren oft sehr spontan und kurz entschlossen. Blitzschnell wird umdisponiert oder auf das vorhin Vereinbarte verzichtet. Geduld, Geduld und nochmals Geduld lautet daher die zielführende Taktik. Bleiben Sie auch gelassen, wenn die Thais während der Verhandlung lange in ihrer Sprache diskutieren.

Verträge: Unbedingt mit Anwälten ausarbeiten.

Umgang mit Konflikten: Thailänder vermeiden noch mehr als andere asiatische Völker das Wort „Nein" bzw. negative Anworten. Auch wenn sie nicht verstehen, was wir meinen, nicken Sie höflich und lächeln. Konflikte sind somit programmiert. Dennoch keine persönliche Kritik! Beachten Sie: Wenn Thais in Streitsituationen lächeln, so ist dies ein Versuch, ihr Gegenüber zu besänftigen und einen schlimmeren Konflikt zu verhindern.

Tschechien

Tschechische Republik
Einwohner: 10,3 Millionen
BSP/Einwohner: 5150 $
Hauptstadt: Prag
Amtssprache: Tschechisch
Religion: 40 Prozent konfessionslos, 39 Prozent Katholiken, 2,5 Prozent Protestanten
Wichtigste Außenhandelspartner: Deutschland, Slowakei, Österreich, Frankreich

Tschechien: Beliebte Destination ausländischer Investoren

Der ehemalige Ostblockstaat Tschechoslowakei existierte genau 75 Jahre lang. Im Jahre 1918, nach dem Zerfall des Habsburgerreichs von Tomas Masaryk, dem ersten Präsidenten der ČSSR gegründet, gipfelte die separatistische Bewegung 1993 in eine friedlicher Teilung. Seitdem gibt es zwei unabhängige Staaten: die Tschechische und die Slowakische Republik. Der größte Teil der Tschechischen Republik umfasst die ehemaligen Gebiete des alten Königreichs Böhmen; dazu kommen noch Mähren und Teile des „historischen" Schlesien.

Die anfänglichen Schwierigkeiten bei der Umstrukturierung von einer zentralen Plan- zu einer freien Marktwirkschaft hat Tschechien verhältnismäßig schnell überwunden. Seit 1995 steuert Vaclav Havels Republik auf stabilem Kurs. Seit Ende November 1998 laufen die Beitrittsverhandlungen mit der EU, der effektive Beitritt wird voraussichtlich im Jahr 2005 stattfinden. Begünstigt wurden die positiven Entwicklungen durch das immer stärkere Engagement ausländischer Investoren, deren Investitionen die Privatisierung der staatlichen Unternehmen ermöglichen. Die vorübergehenden Schwierigkeiten, verursacht durch die „Voucher Privatisierung", scheint überwunden. Ausländisches Kapital kann wieder ungehindert ins Land fließen.

Derzeit lassen sich die tschechischen Unternehmen in drei Gruppen unterteilen: Erstens sind da die Betriebe, die sich noch im staatlichen Mehrheitseigentum befinden. Da der Staat derzeit auf Käufersuche für seine Anteile ist, verharren die Mitarbeiter in einer Art Warteposition. Dann die neuen, kleinen Newcomer (z. B. EDV und E-Commerce), mit risikofreudigem und hoch motiviertem Personal. Und drittens die

Niederlassungen und Joint Ventures der westlichen Unternehmen. Je nach Zugehörigkeit des Unternehmens können sich Geschäftsverhandlungen kurz und effektiv oder langwierig und kompliziert entwickeln. Die staatlichen Stellen entscheiden in Gremien. Oft sind unzählige Meetings nötig, bis alle Modalitäten geklärt sind. Hier braucht der westliche Verhandlungspartner viel Geduld und einen langen Atem. Zumal auch die Preisvorstellungen (zum Beispiel beim Verkauf der staatlichen Anteile in der Festnetz- und Mobilnetztelefonie sowie für die Vergabe von UMTS-Lizenzen) horrend sind. Auf der anderen Seite wollen die Tschechen selbst alles so günstig wie möglich einkaufen. Zwar werden sie auch immer qualitätsbewusster, dennoch ist das entscheidende Kriterium fast immer der Preis.

Trotzdem: Tschechien steht auf Platz 2 der Beliebtheitsskala bei ausländischen Investoren (auf dem 1. Platz behauptet sich Polen). Der Grund: Neben stabilen politischen Rahmenbedingungen gibt es im Vergleich ein sehr niedriges Lohnkostenniveau, das Direktinvestitionen begünstigt. Und auch Ausbildungsstand und Motivation vieler tschechischer Arbeitnehmer sind relativ hoch. Das kann ein Spezialist für Industrieelektronik nur unterstützen: „Die Qualität der Ausbildung ist in Tschechien sehr gut. Das Land ist ein hoch entwickelter Industriestaat mit hohem technischem und wissenschaftlichem Niveau." Dennoch funktioniert die tschechische Wirtschaft noch nicht reibungslos. Immer wieder kommt es zu Liefer- und Zahlungsschwierigkeiten. „Das ist durchaus üblich", so der Tschechien-Experte weiter. „Finanziell traut keiner dem anderen. Auch innerhalb Tschechiens nicht."

40 Jahre Kommunismus sind eben nicht spurlos vorübergegangen. Vertrauen und Zuversicht aufzubauen ist ein langsamer Prozeß. So laufen auch Geschäfte in erster Linie über persönliche Beziehungen. Und die werden am besten bei gutem Essen und einem gepflegtem Pils geknüpft. Denn für ihr gutes Bier sind die Tschechen auf der ganzen Welt berühmt.

Do's & Don'ts

Geschäftssprache: Fast alle Tschechen sprechen Englisch, viele sogar Deutsch. Verhandlungen, insbesondere mit staatlichen Stellen, sollten vorsichtshalber auf Tschechisch geführt werden. Dolmetscher organisieren!

Pünktlichkeit: Termine werden pünktlich eingehalten, Verspätungen sind telefonisch anzukündigen.

Dresscode: Geschäftlich und privat ähnlich wie in Deutschland, Österreich oder in der Schweiz, übertriebener Chic könnte als Anmaßung empfunden werden.

Umgangsformen: Unaufdringliches Verhalten, Höflichkeit und Zurückhaltung – so begegnen die Tschechen ihren westlichen Verhandlungspartnern, und das erwarten sie auch von ihnen. Alles, was nach Besserwisserei, nach Überheblichkeit oder Rechthaberei ausschauen könnte, sollte vermieden werden.

Geschenke: Willkommen sind Süßigkeiten, regionale Spezialitäten (auch Spirituosen), klassische Musik sowie typische Werbegeschenke, wie hochwertiges Schreibmaterial, Timer, Organizer etc.

Geschäftsessen/Einladungen: Finden meistens am Abend in Restaurants statt und dienen hauptsächlich der Kontaktpflege. Einladungen ins Private sind eher selten und daher als hohe Gunsterweisung zu bewerten.

Gesprächsthemen/Tabus: Tabu ist alles, was mit Politik zu tun hat. Auch Sprüche wie „Ihr seid ja noch nicht so weit" werden wenig geschätzt. Komplimente über die tschechische Küche, insbesondere über das einheimische Bier, aber auch über tschechische Literatur und Musik, öffnen Herzen und Türen. Mit Komponisten wie Smetana, Dvorak und Janacek, Schriftstellern wie Hasek (Schwejk), Seifert (Nobelpreisträger) und Kundera oder dem Regisseur Milos Forman haben die Tschechen das europäische Kulturerbe bereichert.

Sicherheit: Angesichts häufiger Autodiebstähle und -aufbrüche empfiehlt es sich, Fahrzeuge bei längerem Aufenthalt in verschlossenen Garagen oder auf (bewachten) Hotelparkplätzen abzustellen. Von außen deutlich sichtbare Wegfahrsperren (z. B. Lenkradkrallen), leere Innenräume und andere Diebstahlsicherungen sind angebracht. Taschendiebstähle sind besonders in Prag vermehrt aufgetreten.

Visitenkarten: Brauchen nicht übersetzt zu werden.

Unternehmenskultur/Entscheidungsträger: In staatlichen Betrieben entscheiden immer noch Gremien. Das kann mitunter lange dauern und nervenaufreibend sein. In den privatisierten Unternehmen variieren die Managementkonzepte, doch wer die Verhandlungen führt, hat in der Regel auch Entscheidungskompetenz.

Verhandlungstaktik: Mit staatlichen Stellen noch immer zeitaufwendig und schwierig, die meisten Manager der privatwirtschaftlichen Unternehmen und auch die der neu gegründeten Firmen sind offen und etwas entscheidungsfreudiger. Dennoch ist Vorsicht und Kontrolle angesagt: Oft wird mehr versprochen, als gehalten werden kann.

Verträge: Werden im Normalfall eingehalten, bis auf die Zahlungsmodalitäten. Mit Liquiditätsproblemen muss man rechnen. Vorauskasse vereinbaren!

Umgang mit Konflikten: Lösungsorientiert.

Tunesien

Tunesische Republik
Einwohner: 9,3 Millionen
BSP/Einwohner: 2060 $
Hauptstadt: Tunis
Amtssprache: Arabisch
Religion: 99 Prozent Muslime
Wichtigste Außenhandelspartner: Frankreich, Italien, Deutschland, Indonesien, Spanien

Nordafrika, Orient oder Europa?

Die Republik Tunesien liegt zwischen Algerien und Libyen an der Mittelmeerküste und ihre Geschichte ist durch einen starken europäischen Einfluss geprägt. In der Antike war Karthago – an der nordafrikanischen Küste – eine der bedeutendsten Städte im Mittelmeerraum. Von dort aus zog Hannibal mit Elefanten über die Alpen und machte sich Rom zum Feind: 146 v. Chr. machten die Römer Karthago dem Erdboden gleich. Nach 439 war das Land Mittelpunkt des Wandalenreiches, das 533 an Ost-Rom fiel und später von den Arabern erobert wurde. 1535 eroberte der habsburgische Kaiser Karl V. Tunis, um der sarazenischen Piraterie ein Ende zu setzen, musste aber bald wieder abziehen. 1574 von den Türken erobert, blieb Tunesien jahrhundertelang in osmanischem Besitz, bis Frankreich das Land 1881 zum Protektorat machte. 1956 wird Tunesien unabhängig, seit 1969 besteht ein Assoziierungsabkommen mit der EG, das 1976 in ein Kooperationsabkommen umgewandelt wurde.

Tunesien hat weniger Bodenschätze als die anderen Länder des Magrebhs (Magrebh = Algerien, Marokko, Tunesien). Eine umsichtige Wirtschaftspolitik hat dem Land jedoch einen gewissen Wohlstand gebracht. Landwirtschaft und Bergbau sind die Grundlagen der Wirtschaft. Die wichtigsten Agrarerzeugnisse sind Oliven, Weizen, Gerste, Olivenöl, Wein und Obst. Es wird viel Phosphat, Eisen, Blei und Zink abgebaut. Tunesien exportiert auch Erdöl in kleinen Mengen. Die herstellende Industrie ist klein und beschränkt sich auf Petroleumderivate und die Veredelung von Phosphaterzen. Die vermehrte Ausfuhr von Elektrogütern hat zu einem beträchtlichen Exportzuwachs geführt. Die Regierung bemüht sich mit Unterstützung des Internationalen Währungsfonds und der Einführung liberaler Handelsgesetze um einen Ausbau der Wirtschaft.

Die Tunesier sehen sich nicht als Afrikaner. „Wir haben wahrscheinlich bessere Kontakte zu Zentralafrika als Tunesien selbst", sind sich deutsche Exporteure sicher. „Allein schon aufgrund der schlechten Verbindungen in den Süden." Die Tunesier verstehen sich als Maghrebiner. Gemäß ihrer Mentalität sind die Tunesier allerdings eher mit den Ägyptern zu vergleichen als mit den Algeriern oder Marokkanern. Bestechung ist hier beispielsweise nicht an der Tagesordnung. Und auch ihre Umgangsformen sind – obwohl der Islam Staatsreligion ist – relativ locker. Andere Religionen werden toleriert, mit dem Alkoholverbot nimmt man es nicht so genau und auch die Stellung der Frau ist stärker als in den anderen islamischen Ländern. Zahlreiche Frauen sind in Schlüsselpositionen anzutreffen.

Herzlich, offen und gastfreundlich – so treten die Tunesier nicht nur den zahlreichen Touristen, sondern auch ihren Geschäftspartnern gegenüber. Großen Wert legen sie – wie überall in der islamischen Welt – auf gute Bewirtung. Und auch im Handeln herrschen die Gesetze des Orients: Ein Feilschen wie im Bazar wird durchaus erwartet, man sollte sich von Anfang an einen Spielraum lassen, um Konzessionen machen zu können! Die Wirklichkeit ist immer relativ: Der Geschäftsreisende wird sich fragen: Wo bin ich hier eigentlich? In Nordafrika? Im Orient? Oder in Europa?

Do's & Don'ts

Geschäftssprache: Von einem Ausländer wird nicht vorausgesetzt, dass er Arabisch spricht. Perfektes Französisch ist allerdings ein Muss, genauso wie die Übersetzung sämtlicher Unterlagen in dieser Sprache. Mit Englisch oder Deutsch kommt man nur in Touristengebieten weiter.

Pünktlichkeit: Wird von europäischen Managern erwartet. Für sich selbst sind die Tunesier toleranter. Verspätungen bis zu einer Stunde sind keine Seltenheit.

Dresscode: Ausgefallene Kleidung ist zu vermeiden. Für Herren formell, im Anzug. Frauen am besten im Hosenanzug oder im Kostüm mit langem Rock.

Umgangsformen: Freundlich, herzlich und höflich. Man begrüßt sich per Handschlag. Anders als die Bewohner der meisten islamischen Länder haben die Tunesier keine Vorschriften, welche Hand für welche Tätigkeit zu benutzen ist. Älteren Menschen wird hoher Respekt gezollt, Frauen hingegen weniger. Obwohl viele bereits in Schlüsselpositionen zu finden sind. Generell ist es angezeigt, vieles mit wohlwollendem Humor zu nehmen – Zornausbrüche, wenn etwas nicht funktioniert – sind unbedingt zu vermeiden. Nach dem Motto: „Wer lächelt statt zu toben, ist immer der Stärkere."

Geschenke: Geschenke mit regionalem Bezug werden sehr geschätzt (Schokolade, Torte, Porzellan etc).

Geschäftsessen/Einladungen: Üblich sind Einladung zum Essen ins Restaurant, sowohl zu Mittag als auch am Abend. Geschäfte werden erst nach dem Kaffee besprochen. Traditionellerweise essen Tunesier mit den Fingern von einem gemeinsamen Teller und benutzen Brot, um Saucen und Speisen aufzunehmen. In Managementkreises ist es jedoch üblich, von getrennten Tellern und mit Besteck zu essen. Wird man in die Familie eingeladen, kann es sein, dass man zum Essen auf dem Boden Platz nimmt, um einen niedrigen Holztisch herum. Der Gastgeber besteht im Allgemeinen darauf, dass die Gäste einen zweiten oder dritten Nachschlag nehmen. Die Höflichkeit gebietet es den Gästen, diese anzunehmen. Wenn man satt ist, zeigt man mit dem Wort „el-Hamdullah" („Gott sei Dank"), dass die Mahlzeit geschmeckt hat. Gern angenommen werden Einladungen nach Deutschland, Österreich oder in die Schweiz. Da es für Tunesier schwierig ist, eine Reisegenehmigung zu bekommen, sollten diese Einladungen als Schulungen, Abnahmen oder Inspektionen deklariert werden.

Gesprächsthemen/Tabus: Vermieden werden sollten Diskussionen über Religion, Politik und die Stellung der Frau. Komplimente über die tunesische Küche, Lebensweise oder Kultur und die große Tradition des Landes werden sehr geschätzt. Namen, die man kennen sollte: Hannibal, Feldherr von großem Einfallsreichtum, Borgiba als erste Staatspräsident Tunesiens nach 1956 und Begründer der erfolgreichen Politik zur Entwicklung des Landes.

Sicherheit: Relativ sicher, fast überall ist Security-Personal im Einsatz.

Visitenkarten: Sollten in die französische Sprache übersetzt sein. Auf tunesischen Visitenkarten steht zuerst der Familienname, dann der Vorname.

Unternehmenskultur/Entscheidungsträger: Es besteht ein großer hierarchischer Unterschied zwischen Chef, Managern und Mitarbeitern sowie eine strikte Rangordnung innerhalb der Gruppe.

Verhandlungstaktik: Es gilt als unhöflich, gleich mit der Tür ins Haus zu fallen. Fragen nach dem persönlichen Wohlbefinden und nach der Familie sind bei jedem Gespräch üblich. Allerdings geht der Trend immer mehr in Richtung nüchterner westeuropäischer Verhandlungstaktik, in der nicht die persönliche Beziehung das Geschäft bestimmt, sondern Preis und Qualität.

Verträge: Die Unterschrift gilt. Offizielle Einkaufsbedingungen der staatlichen Behörden unbedingt einhalten.

Umgang mit Konflikten: Lösungsorientiert, obgleich eine sachbezogenen Kritik immer besser ankommt als eine persönliche.

Türkei

Republik Türkei
Einwohner: 63,5 Millionen
BSP/Einwohner: 3160 $
Hauptstadt: Istanbul
Amtssprache: Türkisch
Religion: 99 Prozent Muslime
Wichtigste Außenhandelspartner: Deutschland, USA, Italien, Frankreich

Du kommst als Fremder – und gehst als Freund

„Insallah" (wenn Gott will) scheint so ziemlich in jeder gesellschaftlichen Transaktion und im Handel der Leitsatz der Türken zu sein. Eine Einstellung, die deutsche Geschäftsleute immer wieder zur Verzweiflung bringt. „Ich wünschte mir oft, dass meine Geschäftspartner klar Stellung beziehen. Aus ihrer Auffassung von Höflichkeit haben sie das nicht immer getan. Aber man lernt, zwischen den Zeilen zu lesen", erzählt ein Türkei-Experte. Im Umgang miteinander steht in der Türkei Höflichkeit an erster Stelle. Zur Höflichkeit gehört es allerdings auch, das Wort „nein" so sparsam wie möglich zu verwenden und keine abschlägigen Antworten zu geben. Das müssen Kunden zum Beispiel einkalkulieren, wenn gewisse Terminvorgaben eingehalten werden sollen. Niemand wird zugeben, dass er Probleme bei der Materialbeschaffung, keine Zeit für die prompte Reparatur hat, oder dass ihm ein Ersatzteil fehlt. Das wäre einfach zu unhöflich.

Und, wie steht es da mit der Ehrlichkeit? Der Türke handelt weder in böswilliger Absicht, noch will er seinen Vertragspartner mutwillig übers Ohr hauen, er beurteilt höchstens die Lage etwas zu optimistisch. Irgendwie wird's schon gehen. „Insallah" denkt er sich, und meistens geht es dann auch – irgendwie.

In Bezug auf die termingerechte Ausführung einer Dienstleistung oder die Beschaffenheit einer Ware zu lügen, würde dem islamischen Ethos widersprechen.

Die objektive Einschätzung des Wertes einer Ware steht hingegen auf einem anderen Blatt. Feilschen ist zwingend vorgeschrieben. Der Händler erwartet geradezu, dass der deutsche oder österreichische Manager orientalische Sitten ausprobiert – und würde sich mehr als wundern, wenn er ohne mit der Wimper zu zucken den genannten Preis bezahlen würde.

Geschäftsabschlüsse zu tätigen, wie wir es gewohnt sind, gilt übrigens auch als unhöflich. Das persönliche Gespräch steht im Mittelpunkt. Der Geschäftspartner will

wissen, woher man kommt, wohin man geht, wie groß die Familie ist, wie's allen geht. Das ganze Gespräch sollten Sie nicht als geschicktes Ablenkungsmanöver abtun, sondern als ernstes Interesse werten. Noch immer gilt in der Türkei das Sprichwort: „Du kommst als Fremder und gehst als Freund". Das gilt auch für Geschäftsreisende. Dennoch: Vorsicht ist geboten, wenn es um Finanzierungen diverser Projekte geht. Oft schätzen die Türken ihre Situation ein wenig zu optimistisch ein. Gerne schließen sie Geschäfte mündlich, einfach per Handschlag, schriftliche Dokumentationen sind den meisten ein Gräuel.

In den letzten Jahren zeigt sich eine neue Tendenz in der türkischen Unternehmens- und Verhandlungstaktik. Bedingt durch bessere Ausbildung und Studienaufenthalte im Ausland, hat die neue Managergeneration gelernt, sich an westliche Standards anzupassen. In diesen jüngeren türkischen Managern steckt ein enormes Potential. Sie sind hoch motiviert und streben nach Geschäftserfolgen. Sie können besser mit westlichen Geschäftspartnern kommunizieren, sind mutiger, toleranter und entscheidungsfreudiger – leider werden ihnen immer wieder von patriarchalischen Führungskräften die Hände gebunden.

Do's & Don'ts

Geschäftssprache: Die Fremdsprachenkenntnisse der wirtschaftstreibenden Türken sind groß: Englisch, Deutsch oder auch Französisch. Geschäftsbriefe können auch in Englisch verfasst sein. Ein paar Worte Türkisch erhöhen die Sympathie.

Pünktlichkeit: Verabredungen werden eingehalten, das gebietet schon allein die Höflichkeit.

Dresscode: Konservativ im Anzug mit Krawatte, Frauen sollten darauf achten, dass Schultern und Knie bedeckt sind.

Umgangsformen: Der Fastenmonat Ramazan heißt in anderen muslimischen Ländern Ramadan. Wer die sprichwörtliche türkische Gastfreundschaft kennen lernen möchte, sollte den Ramazan als Reisemonat meiden. In dieser Zeit ist die Stimmung gedämpft, weil die Menschen auf Essen, Trinken und auf Rauchen von Sonnenauf- bis Sonnenuntergang verzichten müssen. Und auch als Geschäftsreisender sollte man während dieser Zeit Essen, Trinken und Rauchen in der Öffentlichkeit vermeiden. Das Geschäftsleben läuft in dieser Zeit auch wesentlich geruhsamer ab als sonst: Ämter, Geschäfte und Banken sind nur vormittags geöffnet, die meisten Restaurants sind mindestens bis mittags geschlossen. Tipps zum Lesen der Gesten: Kopfschütteln heißt „Ich verstehe nicht", eine Augenbraue hochziehen oder beide zusammen heben: Unwille, „Nein". Generell gilt: Beide Füße auf den Boden stellen; dem Gegenüber die Fußsohle zu zeigen gilt als unhöflich.

Geschenke: Pralinen, Blumen, CDs oder englische Bücher sind willkommen. Vorsicht bei Alkoholgeschenken: Strenge Moslems trinken keinen Alkohol, aber im Allgemeinen schätzen die Türken guten Wein oder Hochprozentiges.

Geschäftsessen/Einladungen: Finden zu Mittag und auch abends statt. Kleine Snacks sind eher unüblich. Ebenso wie Messer beim Besteck. Meistens wird alles in mundgerechten Bissen serviert, da man nur mit der rechten Hand isst, die linke Hand gilt als unrein. Essgeräusche bei Tisch sind wiederum durchaus in Ordnung, Nase putzen jedoch nicht.

Die türkische Gastfreundschaft ist sprichwörtlich. Und so können Sie davon ausgehen, dass Sie bei näherer Bekanntschaft in die Familie ihres Verhandlungspartners eingeführt werden. Dazu wird die Hausfrau den ganzen Tag am Herd stehen und ein opulentes, mehrgängiges Menü zaubern. Bringen Sie Ihr Blumen oder Süßigkeiten mit und denken Sie auch an die Kinder. Loben Sie nichts überschwänglich, sonst fühlt sich der Türke verpflichtet, Ihnen das Gelobte zu schenken!

Gesprächsthemen/Tabus: Menschenrechtsverletzungen, Zypern und die Kurden sind tabu, ebenso wie Kritik am Islam. Gute Themen: die ottomanische Vergangenheit, in der die Türkei eine große Rolle im Nahen Osten, Nordafrika und auf dem Balkan gespielt hat. Oder: die Familie, insbesondere die Söhne und die Statussymbole (Auto, Kunstwerke etc.).

Visitenkarten: Müssen nicht ins Türkische übersetzt werden. Englisch oder Deutsch ist okay. Wichtig ist, jedem eine zu geben.

Sicherheit: In Istanbul treiben Taschendiebe ihr Unwesen, besonders im Gedränge auf dem Bazar. Ansonsten ist die Türkei für den Geschäftsreisenden relativ sicher. Über die politische Situation vor der Reise, z. B. beim Auswärtigen Amt Erkundigungen einholen.

Unternehmenskultur/Entscheidungsträger: In den meisten Firmen herrschen eine strenge Hierarchie und ein patriarchalischer Führungsstil. In der Regel hat der Älteste das Sagen.

Verhandlungstaktik: Ihrem türkischen Geschäftspartner ist nicht egal, mit wem er verhandelt. Er möchte wissen, mit wem er es zu tun hat, und ein paar Details über Ihre Einstellungen, Ihr Leben und Ihre Familie kennen. Geben Sie bereitwillig Auskunft und erkundigen auch Sie sich nach der Familie Ihres Partners. Das gehört zu den allgemeinen Gesetzen der Höflichkeit. Generell laufen Verhandlungen mit

gedrosseltem Tempo. Abwarten und Tee trinken, heißt das Erfolgsmotto – im wahrsten Sinne des Wortes.

Verträge: Werden in der Regel eingehalten.

Umgang mit Konflikten: Kritik immer so schonend wie möglich und sachbezogen äußern. Die meisten Türken sind sehr empfindlich.

Ungarn

Republik Ungarn
Einwohner: 10,1 Millionen
BSP/Ungarn: 4510 $
Hauptstadt: Budapest
Amtssprache: Ungarisch
Religion: 6,6 Römisch-Katholische, 2 Millionen Calvinisten, 430.000 Lutheraner
Wichtigste Außenhandelspartner: Deutschland, Österreich, Italien, Russland, Frankreich

Die verschiedenen Bedeutungen des Wortes „Ja"

Das Verhältnis zwischen Deutschen und Ungarn ist ungetrübt. Im 2. Weltkrieg stand Ungarn auf Seiten des faschistischen Deutschland. Fast 45 Jahre später ermöglichten sie die Deutsche Einheit, da sie zuließen, dass Tausende der damaligen DDR-Bürger über Ungarn in die Freiheit flüchteten. Zu Österreich und seinen Staatsbürgern haben die Ungarn ein ambivalentes Verhältnis. Zwar bietet die gemeinsame Vergangenheit eine Reihe von positiven Anknüpfungspunkten, doch sieht man in Österreich im besten Fall den großen Bruder. Im schlimmsten Fall die ehemalige Besatzungsmacht. Daraus ergeben sich eine ganze Reihe Konsequenzen bezüglich ihres Verhaltens: So stößt man bis zum heutigen Tag in Ungarn nicht mit Bier an – da dies angeblich anlässlich der Niederschlagung des Aufstandes von 1848 durch die Habsburger erfolgt sei. Bei Geschäftsreisen in Deutschland brechen allerdings viele Ungarn dieses Prinzip, allein aus Höflichkeit und um ihren deutschen Partner – den ja keine Schuld trifft – nicht vor den Kopf zu stoßen.

Und so sollten auch Sie peinlich darauf achten, Ihren ungarischen Geschäftspartner nicht zu verletzen. Er reagiert extrem sensibel auf jegliche Art von Belehrungen, auf abschlägige Antworten und auf offene Kritik. Wichtig ist, dass der ungarische Partner in jeder Situation „sein Gesicht wahren" kann. Der Verhaltencodex ist zwar nicht ganz so kompliziert wie in Asien, dennoch: Die Ungarn sind ein stolzes Volk, treten zwar selbstbewusst auf, sind aber leicht verletzbar. Umgekehrt kümmern sie sich allerdings rührend um das Wohlergehen ihrer Geschäftspartner. Das geht sogar so weit, dass sie unerfreuliche Nachrichten vor einem verbergen. In der Regel sind sie nicht bereit, mit hierarchisch Höheren Konflikte einzugehen oder auch nur analytisch zu diskutieren. Widerspruch gilt als unhöflich, genauso wie das Wort „Nein".

Deshalb gibt es in Ungarn fünf verschiedene Formen, „Ja" zu sagen. Und es ist Sache des Verhandlungspartners herauszufinden, was gemeint ist. „Ja, wenn nichts dazwischen kommt," heißt schon soviel wie „Nein". Und bei Formulierungen wie „Ich bin ganz Ihrer Meinung, aber ...", sollten Sie genau hinhören, was nach dem „Aber" kommt. Fingerspitzengefühl und eine wirklich gute persönliche Beziehung sind die Voraussetzungen, um in Ungarn erfolgreich Geschäfte zu machen. Nehmen Sie sich Zeit, Ihre Geschäftspartner gut kennen zu lernen. Ungarn sind in der Regel sehr zuverlässige Partner auf der menschlichen Ebene. Und es macht Spaß, mit ihnen zu arbeiten. Auch, wenn manchmal die Hindernisse – vor allem im Behördenbereich – unüberwindlich scheinen. Der richtige Tonfall, bisweilen gemischt mit gewisser Insistenz, vermag Berge zu versetzen. Wer früh aufgibt, hat meist das Nachsehen.

Do's und Don'ts

Geschäftssprache: Viele Ungarn sprechen Deutsch oder Englisch. Dennoch immer abklären, ob alles richtig verstanden wurde. Bestimmte Begriffe vorab definieren. Kenntnisse der ungarischen Sprache werden nicht erwartet. Die meisten Ungarn sind stolz darauf, dass Ungarisch nicht leicht zu erlernen ist. Dennoch wird der Versuch, sich in der Sprache Ungarns auszudrücken, immer auf Beifall stoßen. Vorsicht: Die kleinste phonetische Abänderung kann den Sinn eines nett gemeinten Wortes oder Satzes in einen z. B. eher unsittlichen verwandeln.

Pünktlichkeit: Wird erwartet.

Dresscode: Eher formal, dunkler Anzug, für Frauen Kostüm oder Hosenanzug.

Umgangsformen: Gastfreundlich und höflich. Wichtig ist, dass der Gesprächspartner immer die Möglichkeit hat, sein Gesicht zu wahren. So sollte man auch mit Belehrungen vorsichtig sein und Kritik, nur mit Wertschätzung kombiniert, anbringen. Unter Druck sagt er vielleicht sogar zu Ihren Forderungen: „Ja, ich werd's versuchen", „Ja, wenn nichts dazwischen kommt", das heißt in den meisten Fällen allerdings genauso viel wie „Nein".

Geschenke: „Kleine Geschenke erhalten die Freundschaft." Wer Unternehmen oder Behörden besucht, sollte kleine Werbegeschenke großzügig streuen. Bei Geschäftspartnern versuchen, die persönlichen Vorlieben zu entdecken. Wie zum Beispiel guten Cognac, edle Krawatten, teure Schreibgeräte, klassische Musik etc. Übrigens: Beschenken Sie Ihren Geschäftspartner auch zum Namenstag!

Geschäftsessen/Einladungen: Einladungen am Abend in Begleitung der Ehefrau sind optimal, um eine persönliche Beziehung zu etablieren. Auch Geschäftsabschlüsse sind ein guter Anlass, eine kleine Feier zu inszenieren. Da das Ganze meist feucht-fröhlich abläuft, besser ein Hotelzimmer buchen. Im Straßenverkehr gelten 0,0 Promille.

Gesprächsthemen/Tabus: Die meisten Ungarn sind stolz auf ihre gute Küche, die hervorragenden Weine und die schöne Landschaft. Auch die positiven wirtschaftlichen Entwicklungen sind lobenswert. Tabus: Die hohe Selbstmordquote in Ungarn sollte man besser nicht ansprechen, auch die kommunistische Ära nicht. Wenn Ihr Geschäftspartner ständig über steigende Kosten, Regierung und Bürokratie schimpft, fragen Sie ihn höchstens, was er dagegen unternehmen könnte. Stimmen Sie ihm auf keinen Fall zu.

Sicherheit: Die Gefahr von Autodiebstählen ist gegeben. In Budapest werden täglich ca. 30–40 Kraftfahrzeuge gestohlen. Besonders „beliebt" sind die Modelle: Mercedes, Audi, Volkswagen, BMW, Cherokee Jeep, Mitsubishi Pajero, Nissan Terrano und Minibusse. Es wird dringend empfohlen, die Fahrzeuge nur auf bewachten Parkplätzen und nachts in Hotelgaragen abzustellen und in keinem Fall Wertgegenstände oder persönliche Reisedokumente im Fahrzeug zurückzulassen. Auch elektronische Wegfahrsperren bieten nicht immer eine Garantie gegen Diebstahl. Taschendiebstähle sind – besonders in Budapest – nicht auszuschließen

Visitenkarten: Brauchen nicht ins Ungarische übersetzt zu werden, Deutsch oder Englisch genügt. In jedem Fall alle Titel und Berufsbezeichnungen erwähnen und die Karten großzügig verteilen. Wer keine bekommt, fühlt sich übergangen. Auf ungarischen Visitenkarten steht zuerst der Familienname, dann der Vorname. Nicht selten wird man nur mit seiner Berufsbezeichnung angeredet, z. B. „Herr Architekt/Ingenieur" etc.

Unternehmenskultur/Entscheidungsträger: Eher hierarchisch, besonders bei den Behörden. Das kann zu Verzögerungsprozessen führen.

Verhandlungstaktik: Der persönliche, freundschaftliche Kontakt wird geschätzt. Nicht zu direkt aufs Thema zugehen, erst das Feld aufbereiten und sich dann zum Kernthema tasten. Immer prüfen, ob der ungarische Gesprächspartner noch folgen kann und alles richtig verstanden hat. Auch wenn es den Anschein hat, der Geschäftsfreund verfüge über perfekte Deutschkenntnisse. Verhandlungsgeschick gilt als „Nationalsport" und wird gleichzeitig auch vom Partner erwartet.

Verträge: Eine schriftliche Fixierung des guten Willens, Nachverhandlungen sind nicht auszuschließen.

Umgang mit Konflikten: Kritik muss immer gut verpackt werden, damit der ungarische Geschäftsfreund sein Gesicht wahren kann. Konflikte entstehen oft aus Missverständnissen.

Vereinigte Arabische Emirate

Föderation von 7 autonomen Emiraten
Einwohner: 2,7 Millionen
BSP/Einwohner: 17.870 $
Hauptstadt: Abu Dhabi
Amtssprache: Arabisch
Religion: 96 Prozent Muslime
Wichtigste Außenhandelspartner: Japan, Großbritannien, USA, Deutschland, Italien, Indien

Geschäfte in den reichsten Ländern der Welt

Die reichen Erdölvorkommen haben die Vereinigten Arabischen Emirate (V.A.E.) zu einer der wohlhabendsten Region der Welt gemacht. Abu Dhabi, Dubai, Scharjah, Ajman, Umm al-Kaiwain, Ras al-Khaimah und Fujeirah – die von sieben Emiren regierten Staaten an der Südküste des Persischen Golfs schlossen sich im Jahre 1971/72 zusammen, um gemeinsam handelspolitisch an Einfluss zu gewinnen. Jedes Emirat ist eine absolutistische Monarchie, dessen Herrscher Mitglied des Obersten Rates ist. Die Emire wählen aus ihrer Mitte einen Präsidenten und einen Vizepräsidenten und ernennen zudem ein beratendes Gremium, das 40 Mitglieder zählt. Ihr Rechts- und Wertesystem basiert auf den Grundsätzen des Islam. Dadurch ergeben sich eine ganze Reihe von Verhaltensregeln, die allerdings nicht ganz so streng gehandhabt werden, wie zum Beispiel in Saudi-Arabien. Dennoch gilt: kein Schweinefleisch, kein Alkohol und fünfmal täglich das Glaubensbekenntnis. Genauso zu befolgen wie der Fastenmonat Ramadan. In dieser Zeit sollte auch der Geschäftsreisende vermeiden, in der Öffentlichkeit Mahlzeiten oder Getränke zu sich zu nehmen. In den internationalen Hotels kann man jedoch das Essen aufs Zimmer bestellen. Und dort darf auch Alkohol ausgeschenkt werden.

Besonders Dubai ist sehr offen und sehr westlich orientiert. Für Investoren besonders interessant: die Jebel Ali Freezone, die größte Freihandelszone der Welt mit mehr als 1300 Firmen. Neben der Steuer- und Zollfreiheit existieren dort eine perfekte Infrastruktur und der Zugang zu einem Markt mit 1,4 Milliarden Konsumenten. Außerdem tritt die freezone als Sponsor auf, sodass man auf die Akquisition eines lokalen Sponsors verzichten kann.

Trotz aller Modernität gelten für Frauen strikte Bekleidungsregeln: Über ihren traditionellen Kleidern tragen sie, wie im Iran, schwarze Umhänge (Abayas). Ein Hauch von Luxus ist allerdings auch hier sichtbar: Die Abayas sind mit schwarzen, glitzernden Kristallen verziert. Die Herren präsentieren sich in weißem Gewand. Der typische Emir kleidet sich in einer Dishdasha. Das ist eine weiße Kutte, darüber ein weißes Tuch, die Ugal. Dazu Sandalen und ein Mobiltelefon in der Hand sowie mindestens noch eines in der Tasche. Oft ist er mit einem Landcruiser unterwegs.

Für alle Bereiche gilt: Die Einheimischen der Scheichtümer lieben alles, was mit Luxus zu tun hat. Viele bewohnen einen kleinen Palast. BMWs der siebener und achter Serie gibt es in Dubai nur in der L-Version. Die Wolkenkratzer übertreffen sich in puncto fantastischer Architektur und luxuriöser Ausstattung. Als „Gigantomanie pur" charakterisieren zahlreiche Geschäftsreisende das neue 6-Stern-Hotel „Burj Al Arab": Ein Dom, höher als der Eiffelturm, in dem insgesamt mehr als 10.000 Quadratmeter Blattgold verarbeitet wurden. Besonders beeindruckend: das Unterwasserrestaurant. Allerdings auch der Preis: Die billigste Suite kostet 800 US-Dollar (950 Euro).

Da Geld nicht wirklich eine Rolle spielt, zählen bei Geschäftsverhandlungen die persönliche Sympathie und die Qualität des Produktes wesentlich mehr als der Preis. Zum Aufbau einer intakten Beziehung gehören wie überall auf der Welt Zeit, Vertrauen und gute Gespräche. Die finden allerdings vor dem Essen statt. Ein Beispiel für den typischen Ablauf einer Einladung: Beginn ist etwa 20 Uhr, es wird geplaudert bis etwa 23 Uhr, dann gibt es etwas zu essen. Gegessen wird im Stehen und nur mit der rechten Hand, ein Stück Fladenbrot ersetzt oft die Gabel. Nach dem Essen wird noch so lange Kaffee oder Tee gereicht, bis der Gast mit der Tasse schwenkt, dann ist Zeit zum Aufbruch.

Die meisten Geschäftsleute verfügen über zwei Empfangsräume, in denen sie mit ihren Gästen plaudern: eines im arabischen Stil, dort sitzt man auf Kissen auf dem Boden, und eines im westlichen Stil möbliert. Mit einer Einladung in seine private arabische Welt signalisiert der Geschäftspartner Vertrauen, Freundschaft und höchste Wertschätzung.

Do's & Don'ts

Geschäftssprache: Englisch und Arabisch. Schriftverkehr findet in englischer Sprache statt. Zum Aufbau einer persönlichen Beziehung macht es sich gut, ein paar Worte Arabisch zu lernen. Dadurch signalisiert man dem Geschäftspartner ehrliches Interesse an Land und Leuten.

Pünktlichkeit: Vom ausländischen Manager wird zwar die so genannte Höflichkeit

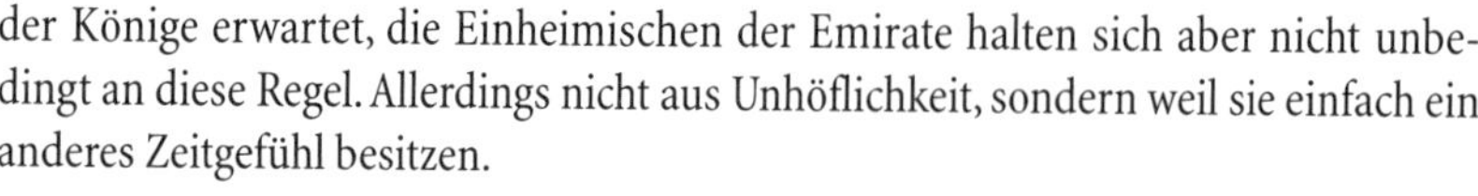

der Könige erwartet, die Einheimischen der Emirate halten sich aber nicht unbedingt an diese Regel. Allerdings nicht aus Unhöflichkeit, sondern weil sie einfach ein anderes Zeitgefühl besitzen.

Dresscode: Eher konservativ, mit Anzug und Krawatte. Frauen sollten darauf achten, nicht zu freizügig zu wirken. Das heißt Kostüm mit langem Rock, trotz der Hitze lange Ärmel und hochgeschlossene Blusen.

Umgangsformen: Höflichkeit ist Trumpf. Frauen nicht per Handschlag, nur mit einem Kopfnicken begrüßen. Hat der arabische Geschäftspartner Vertrauen und ein gutes Gefühl seinem westlichen Verhandlungspartner gegenüber, sind Bruderküsse und Umarmungen durchaus üblich. Genauso wie Handhalten. Nehmen Sie Rücksicht auf die religiösen Unterschiede: Nur mit der rechten Hand essen und gestikulieren, die linke gilt als „unrein". Füße auf dem Boden lassen, Beine nicht überkreuzen. Ungeduld oder Eile zu zeigen gilt als extrem unhöflich. Während des Ramadans darf auf öffentlichen Plätzen weder gegessen noch getrunken (auch nicht Wasser!) oder geraucht werden. In den 5-Stern-Hotels kann man die Mahlzeiten während dieser Zeit auf das Zimmer bestellen.

Geschenke: Swarovski-Figuren sind sehr beliebt, besonders der Falke. Die Eule besser nicht schenken. Sie gilt nicht wie bei uns als schlaues Tier, sondern als dummes. Beliebt ist auch die Moschee. Ansonsten kommen Geschenke mit regionalem Bezug gut an, wie Torte, Mozart-Kugeln und Pralinen. Auch wenn man weiß, dass der arabische Geschäftspartner im Ausland eine Ausnahme macht und sich den einen oder anderen Schluck Wein gönnt: keinen Alkohol schenken! Dadurch fühlt sich der Geschäftspartner kompromittiert.

Geschäftsessen/Einladungen: Finden in internationalen Hotels statt oder – je nach Vorlieben des Geschäftspartners – in japanischen, thailändischen oder indischen Restaurants. Bei Einladungen zu uns: kein Schweinefleisch servieren. Ist die Beziehung gut, wird der westliche Geschäftspartner auch in die privaten Häuser bzw. Paläste eingeladen. Hierbei gibt es einiges zu beachten: sich darauf einstellen, dass das Essen erst gegen 23 Uhr serviert wird, nur mit der rechten Hand essen und sich nach dem Kaffee/Tee relativ bald verabschieden.

Gesprächsthemen/Tabus: Nahostpolitik, Israel, Religion und Ehefrauen sind keine guten Gesprächsthemen. Eher über die Reise plaudern und sich nach dem Befinden der Familien bzw. der Söhne erkundigen.

Sicherheit: Maßnahmen zur persönlichen Sicherheit sind nicht erforderlich. Es gelten jedoch besondere strafrechtliche Vorschriften. So sollten Sie sich nicht dabei erwischen lassen, militärische Anlagen, Häfen, Flughäfen, Herrscherpaläste, öffentliche Gebäude, Industrieanlagen und Erdöl-/Erdgasanlagen zu filmen oder zu fotografieren. Auch Alkoholkonsum ist nicht überall erlaubt: nur in lizenzierten Hotels und schon gar nicht am Steuer. Alkoholverstöße werden in den VAE streng bestraft. Während des Fastenmonats Ramadan ist öffentliches Essen, Trinken, Rauchen – selbst Kauen von Kaugummi – von Sonnenaufgang bis Sonnenuntergang bei Strafe verboten.

Visitenkarten: Eine Seite auf Englisch, eine Seite auf Arabisch übersetzt.

Unternehmenskultur/Entscheidungsträger: Hierarchischer Aufbau, patriarchalischer Führungsstil. Meistens ist der Älteste auch der Einflussreichste. Entscheidungen dauern mitunter sehr lange. Geduld! Jegliches Zeichen von Ungeduld gilt als äußerst unhöflich.

Verhandlungstaktik: Auf gar keinen Fall gleich zum Thema kommen. Die Aufwärmphase kann sehr lange dauern, daher immer großzügige Zeitreserven einplanen. Letztendlich entscheiden Sympathie und Qualität den Geschäftserfolg. Immer auf die Formulierungen achten: Die Worte „insh allah“ – wenn Gott will – können „Ja“, „Vielleicht“ oder sogar „Nein“ bedeuten. Alles ist offen.

Verträge: Haben Handschlagqualität.

Umgang mit Konflikten: Kritik immer sorgfältig verpacken. Der Mentalität vieler Araber entspricht, sich schnell persönlich angegriffen zu fühlen und daher unangemessen zu reagieren.

Venezuela

Bolivarische Republik Venezuela
Einwohner: 23, 2 Millionen
BSP/Einwohner: 3530 $
Hauptstadt: Caracas
Amtssprache: Spanisch
Religion: 93 Prozent Katholiken, 5 Prozent Protestanten
Wichtigste Außenhandelspartner: USA, Kolumbien, Deutschland, Japan, Mexiko

Morgen ist auch noch ein Tag

In Venezuela findet derzeit eine vom Präsidenten Chavez verordnete „friedliche Revolution“ statt. Die hat dazu geführt, dass das politische Fundament des Landes zur Gänze umgebaut wird. Wie in allen Entwicklungsländern hat die Politik großen Einfluss auf die Wirtschaft. Die schwierige Wirtschaftslage schließt allerdings nicht aus, dass auch unter diesen Bedingungen gute Geschäfte gemacht werden können. Risikobereitschaft und Ausdauer müssen Sie jedoch mitbringen. Denn die normal bereits langwierige Entscheidungsfindung in den Unternehmen zieht sich derzeit noch etwas mehr in die Länge. Je nach Komplexität können sich Verhandlungen über zwei bis drei Jahre ziehen. Echtes Pech ist, wenn in der Zeit die Regierung wechselt. Denn dadurch werden meistens auch die Verhandlungspartner ausgetauscht.

Aber auch, wenn Ihr Geschäftspartner schon lange „in Amt und Würden“ ist, sollten Sie ein wenig vorsichtig sein und nicht alles für bare Münze nehmen, was er sagt. „Die meisten Venezolaner neigen dazu, stark zu übertreiben“, erzählt ein Industrieller, der Venezuela wie seine Westentasche kennt. „Auch wenn er vom Geschäft spricht.“ So sei die tatsächliche Abnahmemenge oft weit von der versprochenen entfernt. Hier ist die Fähigkeit des ausländischen Vertreters gefragt, zwischen den Zeilen zu lesen. Die scheinbare Ähnlichkeit mit europäischen Gepflogenheiten und die freundliche Offenheit der Geschäftspartner sollten nicht dazu verführen, jegliches Misstrauen über Bord zu werfen. Auch der Umgang mit Ablehnung ist anders als bei uns. Es ist unhöflich, Nein zu sagen. So ist es oft schwierig festzustellen, ob ein Geschäft wirklich zustande kommen wird.

Der Venezolaner plant in der Regel nicht. Nach dem Motto „Mañana“ („Morgen ist auch noch ein Tag“) sei es üblich, alles auf die letzte Minute zu verschieben. Daher müssen erhebliche Zeitverzögerungen einkalkuliert werden.

Do's & Don'ts

Geschäftssprache: Zwar sprechen viele Geschäftsleute Englisch, dennoch ist es besser, auf Spanisch zu verhandeln. Angebote, technische Dokumente und Bedienungsunterlagen sollten generell ins Spanische übersetzt werden.

Pünktlichkeit: In Anbetracht der turbulenten Verkehrssituation in Caracas sind Verspätungen bis zu einer Stunde keine Seltenheit und werden durchaus verständnisvoll toleriert.

Dresscode: In der Business-Metropole Caracas kleiden sich die Manager konservativ grau in grau. Im Hinterland ist es durchaus üblich, auf Anzug und Krawatte zu verzichten.

Umgangsformen: Höflich, herzlich und freundlich. Körperkontakt ist intensiver als bei uns. Selbst wenn man zum ersten Mal in eine Familie kommt, wird man sofort geherzt und geküsst. Besonders von den Frauen.

Geschenke: Werden gern gesehen, besonders hochwertiger Whisky und guter Wein. In der Regel legen die Kunden ihre anfängliche Bescheidenheit schnell ab und geben genaue Auskunft über ihre Wünsche. Wichtig ist, beim „Schenken" niemanden zu übergehen.

Einladungen/Geschäftsessen: Die Venezolaner sind sehr gastfreundlich. Besonders im ländlichen Bereich wird der europäische Geschäftspartner schnell in die Familie eingeführt und reichlich bewirtet. Als Dank kommt eine Gegeneinladung in ein gehobenes Restaurant gut an. Gemeinsames Essen dient zwar ausschließlich der Beziehungspflege, dennoch wird Geschäftsinteresse angedeutet.

Gesprächsthemen/Tabus: Zu vermeiden ist Kritik am teilweise sehr legeren Arbeitsstil der Venezolaner, an Gesellschaft und Politik – auch wenn der Gesprächspartner selber lästert.

Sicherheit: Die schlechtere Wirtschaftslage hat dazu geführt, dass noch stärkere Rücksicht auf die persönliche Sicherheit genommen werden muss. Spaziergänge im Zentrum von Caracas mit Aktentasche, Halskette und einer teuren Uhr am Handgelenk sollten vermieden werden. Ketten werden schnell von Dieben auf Motorrädern abgerissen.

Visitenkarten: Ins Spanische übersetzen. Visitenkarte des Gesprächspartners nicht einfach wegstecken, sondern mit Respekt behandeln.

Unternehmenskultur/Entscheidungsträger: Hierarchische Strukturen und überdimensionale Bürokratie machen es manchmal schwer, an den Entscheidungsträger heranzukommen. Hier leisten Geschenke an der richtigen Stelle gute Dienste.

Verhandlungstaktik: Erst in Gruppen, dann separat mit jedem Einzelnen. Auch hier ist es wichtig, niemanden zu übergehen, weil sonst die Gefahr besteht, dass der Geschäftsakt stillschweigend „schubladisiert“ wird. Verhandlungen sind in der Regel langwierig und mühsam, je nach Umfang des Geschäfts können sogar zwei bis drei Jahre kalkuliert werden. Dabei kann es dann häufiger – aufgrund des Wechsels in der Politik – zu einem Austausch der Verhandlungspartner kommen. Generell gilt: Auch bei gutem Willen können Versprechen mangels Entscheidungskompetenz manchmal nicht gehalten werden. Dahinter steckt in den seltensten Fällen böswillige Absicht.

Verträge: Sind alle Details verhandelt und schriftlich festgehalten, ist die Unterzeichnung ein besonderer Akt, der meistens durch ein gemeinsames Essen entsprechend gewürdigt wird. Bei so viel Tamtam sollte die Einhaltung desselben außer Frage stehen.

Umgang mit Konflikten: Schwierigkeiten, die auftreten, werden meistens nach Ansicht des venezolanischen Geschäftspartners von anderen verursacht und nicht von ihm. Das geht so weit, dass er, wenn er einen Autounfall hat, nicht davon spricht, dass er einen Zusammenstoß verursacht hat, sondern vielmehr behauptet, wenn Sie auf sachlicher Ebene argumentieren „man hat mir mein Auto angefahren“. Nachdem er sozusagen für sein Versagen nicht verantwortlich ist, sieht er auch nicht die Notwendigkeit, sich zu entschuldigen. Im Geschäftsleben sind die Verhandlungspartner jedoch durchaus kompromissbereit.

USA

Vereinigte Staaten von Amerika
Einwohner: 270 Millionen
BSP/Einwohner: 29.240 $
Hauptstadt: Washington
Amtssprache: Englisch
Religion: 26 Prozent Katholiken, 16 Prozent Baptisten, 6 Prozent Methodisten, 3,7 Prozent Lutherianer
Wichtigste Außenhandelspartner: Kanada, Japan, VR China, Deutschland

Verhandlungssicher im US-Business

Ebenso bunt und vielfältig wie das Land sind Amerikas Menschen und Kulturen. Kein Wunder, bei 270 Millionen Einwohnern, die aus aller Herren Länder zusammengewürfelt sind. An der Ostküste, in den Metropolen New York, Washington und Boston, regiert das Geld – und den konservativ gekleideten Managern sieht man ihre knallharte Geschäftspolitik an. Daher gilt: Time is money. Seien Sie unbedingt pünktlich. Auch wenn es sich um ein – durchaus übliches – Business-Frühstück um sieben Uhr in der Früh handelt. Und: Fassen Sie sich kurz. US-Amerikaner sind es gewohnt, beinhart mit dem ersten Punkt der Agenda zu beginnen, auch wenn ihr Verhandlungspartner erst vor einer halben Stunde aus dem Flieger gestiegen ist. Kurzer Check-up: Wie war der Flug? Alles okay? Und schon wird der Startschuss gegeben.
Wer positive Erfahrungen im American Business machen will, sollte folgende Tipps beherzigen: Wie gesagt, zügig zum Thema kommen, keine unnötigen Floskeln. Amerikaner sind es gewöhnt, schnell zum Ziel zu kommen, Geschäfte werden blitzartig abgeschlossen. Ein weiterer Unterschied zu Europa: Junior- und Mittelmanager haben viel mehr Verantwortung. Sie dürfen auch Verhandlungen führen, in denen es um hohe Summen geht. Unterschätzen Sie nie jemanden aufgrund seiner Jugend oder seiner Position. Und in puncto Umgangsformen raten US-Experten: „Auch wenn Ihnen der Geschäftspartner sofort anbietet, ihn beim Vornamen zu nennen: Das ist kein Indiz für Freundschaft und sollte Sie nicht zu vertrauten Bemerkungen verleiten.“
Respekt vor der Haltung des Gegenübers ist natürlich überall auf der Welt angebracht. Aber in Amerika ganz besonders. Regelrechte Tabu-Themen sind: Politik und Religion – auch auf Ihre Heimat bezogen. Wer auf eventuelle Schwierigkeiten angesprochen wird, sollte so neutral wie möglich reagieren. „Nestbeschmutzer“ stoßen

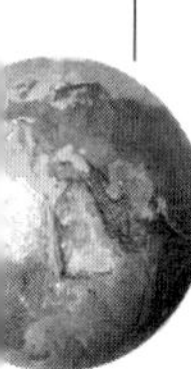

auf Unverständnis. So weit es geht, sollte das Positive im Vordergrund stehen: Egal ob es sich um Politik, Beruf oder Familie dreht. Die US-Amerikaner haben auch einen anderen Umgang mit Fehlern, Misserfolgen und allem Negativen. Sie halten sich nicht mit der Suche nach dem Schuldigen auf, sind ergebnisorientierter und suchen gleich nach den Lösungen. Selbst wenn jemand mit einem Unternehmen in Konkurs gegangen ist, bekommt er von den Banken jederzeit eine neue Chance. Und obwohl die Banker an der Ostküste fast immer ein Pokerface aufsetzen, haben sie Vertrauen in ambitionierte Unternehmer. Wer schon einmal Schiffbruch erlitten hat, wird es beim nächsten Mal besser machen.

An der Westküste, der Heimat der Unterhaltungsbranche, scheinen die Menschen lockerer und relaxter zu sein. Doch nur auf den ersten Blick. Denn: Auch wenn die Manager nicht im Nadelstreif gestylt sind, sind sie dennoch genauso business- und zielorientiert wie ihre Kollegen von der Ostküste. Der Schein trügt auch, was die Umgangsformen angeht. Small Talk ist in, wenn auch im Computerjargon. Schließlich ist die Westküste auch der Sitz der Hightechindustrie (Silicon Valley).

Wirklich entspannt sind die Menschen im Süden: in Atlanta oder Miami. Hier wirken sogar die Top-Manager soft und vertrauensselig. Die persönliche Beziehung zählt. Und es wird viel mehr geredet, bevor ein Geschäft unter Dach und Fach ist. Man überhäuft einander gegenseitig mit Komplimenten, schließt echte Freundschaften und tut so, als ob alles perfekt sei. Und genau deshalb fühlen sich viele Europäer in dieser Region so wohl. Die Einwohner des amerikanischen Südens beherzigen den Rat des alten Goethe: „Wenn wir die Menschen nur nehmen, wie sie sind, so machen wir sie schlechter. Wenn wir sie behandeln, als wären sie, was sie sein sollten, so bringen wir sie dahin, wohin sie zu bringen sind."

Osten hin, Süden her: Generell gilt in den USA – die Firmenkultur steht über regionalen Einflüssen und Umgangsformen. Wenn die Firma eine bestimmte Kultur hat, gilt diese weltweit.

Do's & Don'ts:

Geschäftssprache: Amerikanisches Englisch, in manchen Gebieten auch Deutsch.

Pünktlichkeit: Exakt auf die Minute. Den Geschäftspartner warten zu lassen, ist nicht nur extrem unhöflich, sondern auch teuer. Sie müssen zwar keine direkte Strafe bezahlen, bedenken Sie aber immer das Credo der Amerikaner: „Time is money". Und wenn Sie zu spät kommen, hat die Stimmung schon einmal einen kleinen Dämpfer. Beim dicht gedrängten Terminkalender amerikanischer Verhandler summieren sich auch kleine Wartezeiten. Er selbst wird auf jeden Fall pünktlich sein.

Dresscode: Konventionell, wie in Deutschland, Österreich oder in der Schweiz. Außer in der „new economy" – da ist Individualität erlaubt.

Umgangsformen: Freundlich, offen und direkt. Man ist schnell beim Du, dennoch sollte das nicht gleich als wirkliches Freundschaftszeichen gewertet werden.

Geschenke: Zwar schätzen zahlreiche Amerikaner unsere kulinarischen Spezialitäten, es ist jedoch verboten, Lebensmittel einzuführen. Und daran sollte man sich halten. Besser: Schwarzwälder- oder Sachertorte per Post schicken. Bei Einladungen eine Flasche Wein mitbringen.

Geschäftsessen/Einladungen: Wundern Sie sich nicht über Business-Frühstück um 6.30 oder 7 Uhr. Das ist durchaus üblich. Ansonsten zum Mittagessen – da beginnen die Gespräche übers Geschäft mit der Vorspeise. Abendessen finden in der Regel mit Partnern statt: reine Beziehungspflege.
Immer häufiger finden Einladungen im privaten Rahmen statt, besonders wenn sich die Geschäftspartner schon länger kennen. Häufig wird für die Bewirtung der Gäste ein exklusives Catering-Service organisiert. Beschämen Sie also nicht die Hausfrau, indem Sie sie überschwänglich für das gute Essen loben.

Gesprächsthemen/Tabus: Es ist kein Tabu, über die Höhe seines Gehalts zu sprechen, sozusagen als Indiz für beruflichen Erfolg. Ansonsten unterhält man sich über Sport, Musik, Kino, neue Bücher. Tabu ist alles Negative.

Sicherheit: In Großstädten sollten Sie gewisse Viertel meiden. Erkundigen Sie sich am besten bei Ihrem Geschäftspartner oder beim Auswärtigen Amt.

Visitenkarten: Sind von enormer Wichtigkeit und werden vor Beginn eines Gesprächs ausgetauscht. Ins Englische übersetzen lassen.

Unternehmenskultur/Entscheidungsträger: Flache Hierarchien, auch Junior- und Mittelmanager sind mit der Kompetenz ausgestattet, über hohe Summen zu verhandeln.

Verhandlungstaktik: Regional unterschiedlich. An der Ostküste sollten Sie zügig zum Thema kommen, bestens vorbereitet sein, kurz und präzise argumentieren und keine großen Reden schwingen. Im Süden punktet man durch Freundlichkeit und Interesse an einem (nicht immer nur auftragsbezogenen) Gespräch. Generell ist es üblich, sich viel Positives zu sagen (ausgenommen Äußerlichkeiten). Hier ist es wichtig, Komplimente erfreut aufzunehmen. Auf gar keinen Fall sollten Sie sich selber runtermachen. Das stimmt Ihren Gesprächspartner misstrauisch.

Verträge: Haben Handschlagqualität.

Umgang mit Konflikten: Lösungsorientiert. Niemand hält sich lange mit der Suche nach dem Schuldigen auf.

Vietnam

Sozialistische Republik Vietnam
Einwohner: 76,5 Millionen
BSP/Einwohner: 350 $
Hauptstadt: Hanoi
Amtssprache: Vietnamesisch
Religion: 55 Prozent Buddhisten, 5 Prozent Katholiken
Wichtigste Außenhandelspartner: Singapur, Japan, Rep. Korea, Rep. China, Hongkong, Deutschland

Mit „Zermürbungstaktik" rechnen

Wie in Indonesien muss der europäische Manager auch in Vietnam zunächst folgende Fragen beantworten: Wie alt sind Sie? Sind Sie verheiratet? Wie viele Kinder haben Sie? – Die Vietnamesen stellen solche Fragen nicht aus purer Neugier, sondern um Sie einschätzen zu können. Im vietnamesischen Sprachgebrauch ist die angemessene Grußformel altersabhängig. Damit ein Vietnamese Sie überhaupt grüßen kann, muss er wissen, ob sie jünger oder älter sind als er selbst.
Allem kommunistischen Gedankengut zum Trotz: In Vietnam gibt es kein Gleiches. Es gibt auch kein „Du". Hierarchische Strukturen dominieren. „Steht dieser Partner über oder unter mir?", fragt sich der Vietnamese bei jedem neuen Geschäftspartner. Daher: Verhalten Sie sich nicht zu devot, niemals tief verbeugen. Es reicht ein leichtes Neigen des Kopfes. Von rechthaberischem dominantem Auftreten ist allerdings auch dringend abzuraten. Vietnamesen reagieren beleidigt, wenn andere sie belehren wollen. Zurückhaltendes und respektvolles Verhalten ist der Schlüssel zum Erfolg. Und: „Geduld, Geduld und nochmals Geduld", antworten zahlreiche Vietnamexperten auf die Frage, worauf es bei Geschäftsverhandlungen mit Vietnamesen ankommt. Vietnamesische Manager setzen in der Regel auf Zermürbungstaktik. Oft glaubt man sich am Ziel – wird plötzlich alles wieder in Frage gestellt. Und man steht wieder am Anfang. Generell kann man sich darauf einstellen, dass in einem Gespräch nie alle Punkte auf einmal abgehandelt werden. Mit dem Ziel, kurz vor dem Rückflug des Verhandlungspartners noch Zugeständnisse herauszupressen, verschieben die Vietnamesen wichtige Entscheidungen von Tag zu Tag. Eine gute Gegenstrategie: Lassen Sie sich nicht in die Karten schauen. Auch wenn Sie über die nötige Entscheidungskompetenz verfügen, lassen Sie sich nicht unter Druck setzen. Geben Sie vor, mit

Ihrem Chef Rücksprache halten zu müssen, setzen Sie keine Deadline, kalkulieren Sie Ihren Aufenthalt großzügig und geben Sie nicht den genauen Termin Ihres Rückfluges bekannt.
Wie die Chinesen befolgen auch die Vietnamesen in der Verhandlung ganz die Anweisungen des Experten für militärische Strategie, Sun Tzu, der bereits vor 2500 Jahren die „36 Strategien der Kriegskunst" verfasste. Bereits seit einigen Jahren setzen sich Business-Berater mit den alten Schriften auseinander, die wertvolle Hinweise zu Themen wie Führung, Strategien und Kooperation enthalten. („Die Kunst des Krieges für Führungskräfte", Donald G. Krause, Wirtschaftsverlag Carl Ueberreuter)

Do's & Don'ts

Geschäftssprache: Englisch. Die ältere Generation (die Entscheidungsträger) ist der englischen Sprache oft nicht mächtig. Daher: Übersetzer organisieren.

Pünktlichkeit: Lieber fünf Minuten zu früh als zwei zu spät. Sonst verliert der Wartende sein Gesicht.

Dresscode: Formell mit Anzug und Krawatte, Frauen auf keinen Fall zu offenherzig.

Umgangsformen: Freundlich, offen und respektvoll – so verhalten sich die Vietnamesen selbst zu ihren ehemaligen Feinden. Und dieses Verhalten erwarten sie auch von uns. Zahlreiche Manager haben in der DDR studiert, sind daher mit der deutschen Sprache und den westlichen Umgangsformen vertraut. Da sie allerdings der Meinung sind, alle im Westen sind steinreich, sind sie – besonders in Preisverhandlungen – knallhart und haben ein anderes Rechtsverständnis. Körperkontakt: Langer Händedruck, Schulterklopfen sind besondere Zeichen der Wertschätzung, intensiver Augenkontakt wird jedoch als unangenehm empfunden.

Geschenke: Sind gern gesehen, besonders alles, was glitzert und glänzt. Swarovski-Figuren, exklusiver Cognac, Solarrechner und elektronische Terminkalender. Keine Uhren schenken! Sie sind ein Zeichen der Vergänglichkeit. Und auch keine Messer! Damit signalisieren Sie das Ende einer Freundschaft! Genau wie in China, Geschenke am besten in rotes Papier (Glück) einpacken, Weiß ist die Farbe der Trauer. Und mit beiden Händen übergeben. Der Beschenkte wird das Päckchen nicht in Ihrer Gegenwart auspacken, aus Angst vor Gesichtsverlust.

Geschäftsessen/Einladungen: Große Bankette finden nur zu besonderen Anlässen, meistens in internationalen Hotels, statt. Alles läuft sehr formell und ziemlich steif ab. Nach dem ersten Gang hält der Gastgeber eine Rede, nach jedem weiteren Gang (bis zu 12 Gänge sind üblich) spricht ein anderer einen Toast aus. Zu normalen

Geschäftsessen, bei denen Aufträge besprochen werden, geht man in einheimische Restaurants oder Nudelbars. Wenn Sie Ihren Geschäftspartner in Vietnam einladen, achten Sie darauf, nicht zu dick aufzutragen. Wenn die Kosten fürs Essen sein Monatseinkommen übertreffen, bedeutet das für ihn Gesichtsverlust. Deshalb kann es sein, dass er gar nicht erscheint. Besser: Informieren Sie sich über gute Restaurants, die auch für Vietnamesen erschwinglich sind.

Gesprächsthemen/Tabus: Signalisieren Sie Interesse an Vietnam als Reiseland, loben Sie die vietnamesische Küche, halten Sie sich mit Kritik zurück. Sensible Themen: die Rolle der Partei, das Verhältnis zu China, Amerika etc.

Sicherheit: Die Straßenkriminalität ist sehr hoch, vor allem in Hanoi.

Visitenkarten: Akademische Titel machen auf Vietnamesen großen Eindruck. Die Karte des Gegenübers nicht beschriften, aber auch nicht einfach einstecken, sondern entsprechend würdigen: vor sich auf den Tisch legen und ab und zu wohlwollend einen Blick darauf werfen.

Unternehmenskultur/Entscheidungsträger: Es herrschen hierarchische Strukturen. Entscheidungen werden meistens nur auf höchster Ebene getroffen. Meistens können die Entscheidungsträger aus fadenscheinigen Gründen bei den Erstgesprächen nicht dabei sein. Dieser Strategie sollten sich die Europäer anpassen.

Verhandlungstaktik: Der Ranghöchste, aller Wahrscheinlichkeit nach der Älteste, beginnt zu reden. Gespräche erfolgen im Dialog (bloß nicht unterbrechen, sondern sich Notizen machen und Einwände erst nach der Rede bringen). Generell gilt: Immer wenn man glaubt, man sei ein gutes Stück weitergekommen, fangen die Vietnamesen wieder bei Null an. Vietnam-Experten meinen: „Die Vietnamesen fordern so lange, bis diese Grenze erreicht ist. Wenigstens einmal sollten Sie die Verhandlungen mit dem Hinweis ‚Dann wird es eben nichts!' unterbrechen. Sonst haben Ihre vietnamesischen Geschäftspartner das Gefühl, schlecht verhandelt zu haben." Und: Lassen Sie sich nicht dazu hinreißen, kurz vor der Abreise Zugeständnisse zu machen. Damit rechnen die Vietnamesen und zögern Entscheidungen so lange hinaus. Besser: Kein Timelimit vorgeben, sodass die weitere Verhandlung auf den nächsten Tag verschoben werden kann.

Verträge: Sind oft nur Bekenntnisse des guten Willens, häufig wird nachverhandelt. Trotzdem ist am Tag der Unterschrift ein Geschenk an den Partner üblich. Am besten ein mit Geld gefüllter Briefumschlag.

Umgang mit Konflikten: So schonend wie möglich, damit der Kritisierte auf jeden Fall sein Gesicht wahren kann.